U0937580

上海市特级教师特级校长联谊会 编

一千天，拔节生长

Yiqiantian Bajie Shengzhang

——特级校长、特级教师流动工作亲历记

《上海教育丛书》历届编委会

1994 年至 2001 年

主　　编　吕型伟

副 主 编　姚庄行　袁　采　张民生　刘元璋(常务)

编　　委　于　漪　刘期泽　俞恭庆　江晨清　陆善涛　陈　和　樊超烈

2002 年至 2007 年

主　　编　吕型伟

副 主 编　姚庄行　袁　采　张民生　刘元璋　夏秀蓉　樊超烈

编　　委(以姓氏笔画为序)

于　漪　王厥轩　尹后庆　冯宇慰　刘期泽　江晨清　陆善涛　陈　和　俞恭庆　袁正守

2008 年至 2014 年

顾　　问　李宣海　薛明扬

主　　编　吕型伟

执行主编　夏秀蓉

副 主 编　姚庄行　袁　采　张民生　尹后庆　刘期泽　于　漪

编　　委(以姓氏笔画为序)

王厥轩　王懋功　仇言瑾　史国明　包南麟　宋旭辉　张跃进　陈　和　金志明　赵连根　俞恭庆　顾泠沅　倪闽景　徐　虹　徐淀芳　黄良汉

总 序

建设一流城市，需要一流教育。办好教育，最根本的是要建设好教师队伍和学校管理干部队伍。

在长期的教育实践中，上海市涌现了一大批长期耕耘在教育第一线，呕心沥血、努力探索，积累了丰富经验的优秀教师；涌现了一批领导学校卓有成效，有思想、有作为的优秀教育管理工作者。广大优秀教育工作者教育教学和管理工作的经验，凝聚着他们辛勤劳动的心血乃至毕生精力。为了帮助他们在立业、立德的基础上立言，确立他们的学术地位，使他们的经验能成为社会的共同财富，1994 年上海市领导决定，委托教育部门负责整理这些经验。为此，上海市教育局、上海市中小学幼儿教师奖励基金会组织成立《上海教育丛书》编辑委员会，并由吕型伟同志任主编，自当年起出版《上海教育丛书》(以下称《丛书》)。1995 年上海市教育委员会成立后，要求继续做好《丛书》的编辑出版工作。2008 年初，经上海市教育委员会领导同意，调整和充实了《丛书》编委会，并确定夏秀蓉同志任执行主编，协助主编工作。2014 年底，经上海市教育委员会领导同意，调整和充实了《丛书》编委会，确定尹后庆同志担任主编。至 2021 年 7 月，先后共编辑出版《丛书》136 册。《丛书》的内容涵盖了基础教育和中等职业教育的各个方面，包含有较高理论水平和学术价值的著作，涉及中小学教育、学前教育、师范教育、职业教育、校外教育和特殊教育，以及学校的领导管理与团队工作，还有弘扬祖国优秀文化、促进国际教育交流等方面的著作，体现了上海市中小学教育改革与发展的轨迹，体现了上海市中小学教育办学的水平与质量，体现了优秀教师和教育工作者的先进教育思想与丰富的实践经验。《丛书》出版后，受到广大教师、教育工作者及社会的欢迎。

为进一步搞好《丛书》的出版、宣传和推广工作，对今后继续出版的《丛书》，我们将结合上海教育进入优质均衡、转型发展新时期的特点，更加注重反映教育改革前沿的生动实践，更加注重典型性、实用性和可读性。希望《丛书》反映的教育思想、理念和观点能起到抛砖引玉的作用，引发大家的思考、议论和争鸣；更希望在超前理念、先进思想的统领下创造出的扎实行动和鲜活经验，能引领当前的教育教学改革工作，使《丛书》成为记录上海教育改革历程和成果的历史篇章，成为广大教师和教育工作者的良师益友。限于我们的认识和水平，《丛书》会有疏漏和不尽如人意之处，诚恳地希望广大读者提出宝贵意见，帮助我们共同把《丛书》编好。

《上海教育丛书》编委会

2021年7月

目　录

序言　　尹后庆　　...1

以文化人做教育

学校文化建设是一所学校的根与魂，学校文化精神浸润与熏陶着全校师生砥砺前行。

改变一点点，进步看得见　　张卫星　　...2
勿忘初心，兑现曾经的诺言　　赵其坤　　...9
用一根火柴去点燃一堆火　　罗立新　　...15
用“美好治理”推动“初中薄弱校”焕发生机　　张晓明　　...21
初心如磐，笃行致远　　马园根　　...27

构建“舵手文化”，引领学校发展　王思伟　…34
“榴”园之树，枝条载荣　姚伟国　…40
深挖乡土教育资源，厚植家国情怀教育　吴亚军　…47

诊断把脉谋发展

作为学校的领导者，从教育的全局出发，绘制长期的发展愿景，擘画教育的美好未来。

让教育有温度，让管理有深度，让流动有黏度　沈德茜　…54
弘扬工匠精神，追求教育梦想　李小华　…59
夯实内涵发展，激发学校发展活力　李龙权　…65
吾生有涯，而知无涯　张连芳　…72
有情怀涵养的紫荆人　蒋明珠　…78
校貌换新颜，从“一厘米之变”开始　樊　波　…85
依法治校促和谐，以德育人谋新篇　顾锦匡　…91
点石成金　张悦颖　…97
构筑教育生态，传导教育温暖　肖　铭　…103
内外兼修的支教旅程　刘友霞　…109
扎根强校谋发展，孜孜不已润无声　汤国红　…115
别样的天空，别样的精彩　曹庆明　…122
承继传统，特色发展　潘敬芳　…128
日月既往，弥足珍贵　程核红　…134
卢一实小“云课堂”，起步　吴蓉瑾　…140
我在叶城支教　李跃平　…146

三尺讲台显身手

教学是学校教育的主要内容，以优秀老师的教学示范来提升教师队伍的整体教学水平，助力学校教学质量迈上新台阶。

三尺讲台见证生命的成长　沈　洁 …154
我的支教“支点”　徐燕平 …160
回归学科本源，落实素养培育　施洪昌 …166
三尺讲台显身手　朱燕青 …171
用课题的力量“激发智慧，分享经验”　毛东海 …177
流动课堂的“三力”　徐志强 …184
以敬畏之心甘为人民教师　刘　琪 …189

点燃教育火种

让优质教育资源跨区域交流，搭建起教师互帮、互助、互赢的发展平台，助推师资整体提升。

跨界·兼顾·多赢　姜兰波 …196
不断修炼，砥砺前行　张　丽 …203
清思·构思·反思：为青年教师插上“隐形的翅膀”　袁晓东 …209
磨炼留下的印迹　王桂明 …215
引领推动，点亮专业发展之路　行稳致远，写好流动支教故事
李正辉 …222
体育教师成长的三个“一”　卜洪生 …229
一领众和把歌唱　邵　方 …235
以最初的心，走最远的路　陆　敏 …241

有一种感动叫作“金山情怀” 袁 贇 ...249
我的“支教笔记” 袁晶晶 ...255

收获自身专业成长

在不一样的教育场域，面对不一样的生源，重新调整自己，发现新的教育契机。

一起成长 吴思平 ...262
重新认识教师的职业价值 胡 凌 ...269
在“凶一点”和“等一会儿”之间的选择 阎 俊 ...276
难忘的经历，宝贵的经验 顾燕文 ...282

编后语：流动的生命 孙 鸿 ...288

序　言

教育发展均衡化体现的是一种公平与公正的理念，这不仅是世界教育发展的潮流，而且是教育现代化的核心理念。自义务教育实施以来，上海为推进教育的均衡化，从多方面落实了具体而又实在的举措，取得了引人瞩目的历史性突破与成果。为了持续推进均衡发展，相关工作从未懈怠和停步。2013 年起，上海市实施了特级校长、特级教师流动项目，旨在通过优质教育资源的流动来推动均衡发展，更好地解决城市和郊区教育发展的差异问题，从而办好人民群众家门口的好学校。

至今，上海市教委已选派了 150 多名特级校长和特级教师参与流动，覆盖 16 个区，从单一城区向乡村校流动，拓展到在区域内学区、集团办学和“强校工程”实验校流动。“双特”流动项目的出发点，一是为了实现城郊教育的均衡发展，给流动学校注入新鲜的血液，帮助薄弱校实现跨越式发展，带领郊区学校和薄弱学校的教师拔节生长。二是鼓励进入职业成熟期的教师们走出舒适区，到更广阔的教育天地里开辟新的实践领地，精进自己的专业才能，结出教育的硕果。三是为了提升上海教师队伍的整体能力，深化教育综合改革，让优秀的教师在全新的教育环境下探索中国教育的未来。一百多位特级校长、特级教师在一千天的耕耘奋斗中，不仅实现了自身的拔节生长，而且带动了一群教师、一片区域教育生态枝繁叶茂，硕果累累。

我认为，农村学校和城市学校的教育差距是实实在在的。教育的差距是文化的差距，而这种教育差距是要通过人的文化传递去改变。这些流动到其他学校的特级校长、特级教师们，就是我们希望能够提高流动校教育质量、完善教育生态的人。他们具有教育情怀，具有厚实的教育专业素养，具有敏锐而深邃的教育眼光，他们怀着对教育内涵的深刻理解，以精准、务实、有效的教育行动刷新了流动学校的面貌。

“双特”流动项目已经实施了8年，特级校长、特级教师们在参与流动工作中，展开了深入的思考，适时抓住教育契机，显示了自身的教育机智。现在，他们把亲历流动工作的故事付诸笔端，让我们领略到特级校长、特级教师作为教师队伍中的优秀群体，为助力教育均衡所付出的心力。同时，流动学校及其所在区域对“双特”的关怀与支持，也谱写了教育人的同行情谊与共同的教育梦想。翻开这本书，我感动于“双特”流动工作中的动人故事，也感谢他们为教育均衡作出的不懈努力。

学校文化建设是一所学校的根与魂，不少特级校长尤为注重根据流动校的文化传统，重塑校园文化，成为砥砺全校师生的精神力量。如张卫星校长提出的“改变自我，超越自我”的学校文化精神，王思伟校长提出的“让每一位教师都成功、让每一名学生都进步、让学校持续发展”的“舵手文化”。

特级校长、特级教师们诊断把脉谋发展，通过制度规范和抓学校特色项目，授人以渔，为流动校注入自主发展的原动力。如张连芳校长在朱行中学，依托乡土文化，建立了扎染课程群，让师生在扎染创作中获得自信，让学校形成了文化特色；汤国红校长深入调研流动校的需求，形成了指向流动校办学理念与育人目标实现的“EACH课程”，将适合的教育惠泽每一位孩子。

三尺讲台见证了特级教师们专业的成长，现在，他们又将站住讲台的力量传递给新一代的教师，深入流动校教学一线，为青年教师解疑答惑，铺路搭桥。朱燕青老师带领着青年教师们一遍遍磨课，让他们充满自信地演绎出一堂堂精彩的公开课；刘琪老师深入教学现场，敏锐地捕捉着青年教师的教学行为，助力他们在“课堂闪耀教与学的智慧”，激活孩子们的奇思妙想。

特级校长、特级教师们在流动校，点燃了教育火种，以榜样示范带出了一个个高素质教师团队，将优质的教育资源辐射全区域，育人的星星之火呈燎原之势。王桂明老师以不变的教育初心，以流动校为家，把师生视为家人，一点一滴引资源，一招一式传帮带，组建起青年教师成长的共同体；袁赟老师在金山区成立了名师工作室，将多年在徐汇区所浸润的情怀教育带到了金山，燃起青年教师共同的教育理想并助其修炼师德师技。能够参与流动工作的特级校长、特级教师们也倍感幸运，躬身其中，收获了自身专业的成长。他们在不一样的校园环境中，面对课堂上崭新的面孔，不断调适，打开了更广阔的教育视野，重新审视着“特级校长、特级教师”的内涵。

流动的经历对于特级校长和特级教师而言，也是一段十分难得的经历。经历就是历练，经历就是考验，经历也是财富。对他们来说，这不也是拔节生长吗?

这本书是我们150多位参与流动工作的“双特”为3年的流动支教交上的一份答卷，这也是我们对人民群众对优质教育需求的一种回应。我相信，这本书一定会产生影响力，更新我们的教育理念，激励更多的同仁加入到流动的队伍中来，提升整体的教育质量，为“办好人民满意的教育”群策群力!

尹后庆

以文化人做教育

文化是民族的血脉，学校是以文化人、以文育人的主阵地。学校文化建设是一所学校的根与魂，学校文化精神浸润与熏陶着全校师生砥砺前行。

重塑与振兴学校文化，是“双特”到流动校尤为注重的建设策略。他们以学校原有的文化精神或者所在地区的传统文化为基础，与师生齐心协力，形成新的教育理念与校园文化。“改变自我，超越自我”的学校文化精神，引领着教师提高精神境界，更新教育理念，精进教学实践；激励着学生自信自强，在各类舞台绽放生命的活力。“让每一位教师都成功、让每一名学生都进步、让学校持续发展”的“舵手文化”，培养了学生自主学习和驾驭课堂的能力，从学会到会学；创建了一支大气、开放、乐于合作的优良师资队伍，从青涩到自信。

学校文化的形成，对全体师生、学校的发展会有持久的影响力，以文化建设引领学校发展，打好精神文化的底色。

教育之美就是让学生的生命更灿烂！

张卫星，1982 年 7 月参加教育工作。中学高级教师，特级校长。2019 年 3 月调任上海市六团中学校长。

改变一点点，进步看得见

张卫星

2019 年 3 月，我流动至上海市六团中学任校长。初来乍到，我尽快进入角色，且“自沉河底”，摸清学校各方面现状，努力发现学校的优势，找出存在的问题，并对之分析研究，精准施策。

六团中学是浦东新区农村偏远学校，办学规模小（学生不足 300 人），办学质量不尽如人意，2018 年被列为上海市加强初中建设实验校。

在与众多教师的交谈中，我感觉到教师们朴实无华，但大都安于现状，对专业提升、职称评聘等缺乏追求，进取精神不足。从听课情况看，90％左右的课堂是以“教”代“学”，“灌而输之”，索然无味。我查阅学生资料、与学生和班主任交流、进行课堂观察等，了解到学校 80％左右的生源为随迁子女，学生们精气神、整体学习基础、学习自信心、学习兴趣等较弱。

如何带领全校师生摆脱困境，走出低谷，对我而言是一个不小的挑战！所谓“困兽犹斗”，我的理解是：不困不斗，因困才斗！作为一校之长，我别无选择。

重塑学校文化

我认为，学校应该是文化氤氲之场所，学校没有文化，犹如躯体没有灵魂，一所没有文化的学校，是一所没有“根”的学校，更谈何文化自信？

我组织教师挖掘学校文化精神之内涵。经过讨论、比较和筛选，结合学校实际，确定以“改变自我，超越自我”作为学校文化精神。主要包含师生两个层面：教师不断反思自己教育教学工作中的不足，刻苦钻研业务，不断改变现状，不断超越自我；学生对自己的行为规范、学习情况、个性发展等不断自我反思，不断修正，每天有进步，做更好的自己。另外，我们修正、充实了“一训”和“三风”建设的文化内涵，针对学校当前的教育教学态势，以“勤勉自强”为校训，以“不气馁、不放弃”为校风，以“诲人不倦”为教风，以“学而不厌”为学风，并向全体同仁提出“勠力同心谋发展，遵循规律育人才”的口号，全校上下，同心同德，为尽快改变学校面貌奠基。

文化引领之下，还得寻找出一条学校发展的路线，有了线才能“穿珠”。经过征询、讨论和研究，我们将“改变一点点，进步看得见”作为学校发展的主线。

那么，要改变什么呢？此时的学校，犹如“重修岳阳楼”，要改之处很多，然而一口吃不成胖子，欲速则不达，只能小口吃，慢慢长。我认为，学校的改变，终究是人的改变，即教师和学生的改变。所以，如何改变“人”，便是我的主要任务。

关于教师的改变

教师的作用不言而喻。针对本校大部分教师的具体情况，我的基本策略是“明理念，重实践”。

一是改变精神境界。一个没有崇高精神境界的人，是很难做出一番事业的，教育是一项事业，教师乃“人类灵魂的工程师”，故教师之精神境界尤为重要！针对学校教师精神状态比较低迷的现象，我做了几次专题讲座，并通过教师大会、道德讲堂、教师座谈、专家讲座、教师节表彰先进、组织教师进行读书征文活动等形式进行教师涵养建设，特别重视提升教师的使命感和责任感。在日常会议上以及与教师谈话中，我反复提醒教师务必提高精神境界，务必牢记“立德树人，为党育人，为国育才”的使命，担负起塑造灵魂、塑造生命、塑造新人的时代重任。

二是改变教学理念。教师的教育教学必须要有正确理念的支撑，不同理念支配下的教育教学，结果完全不同。在听课过程中，我发现大部分教师以讲为主，忽视了学生的学，说明其教学理念存在很大问题。我通过教师大会、主动参加教研组的教研活动、个别谈心等途径，积极倡导“以学定教”“以学生的学为核心”等理念；邀请了郭景扬、刘京海等专家来校，就“课堂教学的有效性”等问题进行理论和实践指导；还专门开设系列化“教师论坛”，请本校教师探讨教育教学理念。教师们逐步更新了自己的教育教学理念，以新理念指导和改革课堂教学。

三是改变教学实践。首先是请专家诊断和指点。专家的指点可以让教师们少走甚至不走弯路，实现“弯道超车”，乃至“变道超车”。为进一步摸清我校教师教学实际情况，提高课堂教学的有效性，我邀请浦东新区学科教研员来校对所有教师的教学实践进行诊断，并写出诊断报告，为学校进行课堂教学改革等提供依据；邀请穆晓东、金国樑等专家对数学、英语学科教学情况“把脉”，专家们通过交流、观摩听课，检查作业布置、批改情况等途径了解现状，进行针对性指导；邀请松江九亭二中校长李哲民向我校全体教师作了“如何改变教学质量一直处于低谷的状态”的专题报告；邀请课程专家戴申卫老师分析当前我校教育教学的有关数据，并就下阶段教师如何开展教学实践进行方向性指导。

在确立了“以学定教”的理念后，我着力推进“以学习为核心”的课堂教学实践探索，要求教师以“目标导向学习单”为主要抓手，认真设计学生的“学”，让更多的学生参与“学”；提高学生的学习兴趣，逐步培养学生的“学力”，努力提升学校整体的学业水平。为了起到以点带面的作用，我请青年教师金晓宏上了一堂“如何运用好学习单”的全校公开课。目前，全校所有教师都设计和使用了学习单。

改变学生的“学”并不是终点，教师的“教”更得改变。我认为，师之优者并非会“教”，而是善“导”，如果“教师”都能变成“导师”，那么，我们的教师就是“全优”。鉴于此，我着力倡导教师进行基于学情的“导学设计”，并多次邀请华东师范大学的郭景扬教授具体指导，请乔丽平、颜婉颖等教师带头示范。教师们围绕学科核心素养和课程目标，认真设计情景式问题、梯度性问题、拓展性问题等，逐步培养学生自主分析问题、解决问题的能力。目前，“课堂导学与作业设计”的研究和实践正在学校全面推进，其成果也将由上海教育出版社出版。

我们还借助信息技术丰富和创新教学手段。依托强校内涵建设项目，我们正在推进的工作是建立“信息化支撑的学业质量保障体系”。不久前，我校加入了教育部科技司“智能化背景下的学生自适应学习研究”共同体，我们将这两个项目融合起来。目前，题库、终端设施等正在建立之中，对教师的信息技术、平台操作，以及信息技术如何与学科融合等已进行了多次培训。我也请一位教师上了一堂探索课，研究路径和方法，希望能借助现代信息技术和学科的高度融合，提高课堂教学效率，提升教师的教学水准。

关于学生的改变

一是自信之重建。自信心乃战胜困难之首要条件。对我们学校的学生而言，自信尤为可贵！如果学生在思想境界、学习等方面失去了自信，那么，他就会失去做一个高尚之人的信念，也会失去在学习道路上前进的动力。所以，在改变学生方面，我的策略是“塑自信，求发展”。

为扩大自信学生的数量，学校每学期评选“六中之星”，有行为规范、学习、助人、劳动、卫生、节约粮食、文艺、体育诸方面，学生的自信心不断得到增强。

随着学校以学生的“学”为核心的课堂教学改革的不断深入，学生总体上消极、被动的学习状态正在改变，课堂上的学习活动有了明显增加，“主人”意识明显增强，学习积极性得以调动。

二是“适性”之实验。现代教育的理念是“以学生为本”，促进学生潜能开发和全面而有个性的发展。德智体美劳在人的培育上是一个整体，所以必须坚持“五育融合”，培养德智体美劳全面发展的社会主义建设者和接班人。在我校学生单科学习成绩还无法突破的情况下，应该更加注重“适性发展”。

第一是课题引领。结合“五育融合”的理念和本校学情，我们确定了“适性发展”为“强校工程“实验项目，并提出了“适性发展让每个生命更灿烂”的口号，以课题“基于学情的课堂教学策略的研究实践”为引领，研究适合学生学情的教学策略。

第二是“一生一方案”。针对学校班额少的优势，我注重“小而优”的研究。我召集毕业班教师进行座谈会，以初三年级为试点，请教师们在摸清学生情况的前提下，设计“多对一”(多名学科教师对一位学生)的“一生一方案”。即根据学生个体学情等，制订个体学习方案，促进学生更有效地学习。这是一项比较繁杂的任务，必须对学生了解透彻，否则难以制订出适宜的方案。最终，教师们制订了“一生一方案”并付诸实施，取得了不错的效果。

张豪奇老师班中有位吴同学，初三年级第二次模拟考试语文 88 分、数学 34 分、英语 21 分、物理 33 分、化学 35 分，总分只有 211 分。各科教师“一生一方案”策略具体实施后，临考之前，吴同学告诉班主任张老师：“老师，你放心，我一定好好考。”7 月中旬，张老师收到了吴同学传来的中考分数单：语文 109 分、数学 46 分、英语 37.5 分、物理 65 分、化学 49 分、体育 27 分，总分 333.5，虽然总分数还是不高，但远超二模考试分数，顺利毕业。

这一做法，目前正在其他年级逐步推广。

第三是平台搭建。结合校园文化建设，我们举办了“经典诗文朗诵”比赛，每个班的学生们都踊跃参与。许多学生原本一首小诗要读无数遍才背得出，为了不拖班级后腿，他们下了功夫，较长的诗文也能在很短的时间内背出了。另外，学生们积极参加“学生合唱团”“音乐”“信息技术”等多种兴趣小组。

第四是“适性”课程。“适性发展”要有课程的支撑。在原来的基础上，我努力推进“触式橄榄球”和“校园足球队”作为学校特色课程。2020 年，学校成为浦东新区体育传统项目学校(“触式橄榄球”)。为进一步丰富课程，我又积极动员相关教师编制其他“适性”课程，目前，“丝网花编织”“素描”“浦东人文历史”也成为学校新的特色课程。不久，我们的“3D 打印”“智能机器人”等也将进入校本“适性”课程，吸引更多的孩子参与，为不断提高学生的综合素养、展示学生的才华及可持续发展创造更多的条件。

来六团中学至今已两年多了，我的工作日志也记录了 7 万多字。教师们曾说：这个新校长很烦人的，一会儿要我们改这儿，一会儿要我们改那儿。我能理解那时教师们的埋怨，但在“烦人”的工作中，学校有了长足的进步。

从教师工作的积极性看，70%以上的教师早晨 7：00 左右已到校(上班规定时间为 7：40)；早晨、中午，每个班级都有教师在看护学生；教师利用中午休息时间主动对学生进行个别辅导的次数有了明显增加；关爱学生的教师越来越多，“德才兼备，亦师亦友”的教师形象正在形成。从课堂教学情况看，“灌输”现象正逐步消弭，“以学生的学为核心”的课堂教学新模式正在形成，绝大部分的教师将课堂“还给了学生”，学生的学习活动明显增加，而且教师能关注全体学生、注重差异性，通过激励、表扬等手段，让原本学习基础等较差的学生也能增强自信，积极参与学习活动。

学生的精气神也有了不少改变。督导评估专家们的校园观察、与学生交谈等反映，学生们文明礼貌、积极向上，“不气馁，不放弃”的精神风貌有了很大提升。课堂上，学生的学习主动性有了明显增强，良好的学习氛围开始显现。

2020 年 10 月，浦东新区教育局对本区 18 所市级强校进行了第二次增值评估，六团中学“增值排名”跃居第二。从此次专家们的问卷、访谈等数据看，师生、家长、社区等对学校的满意度与前次评估相比，也有了较大提高。

持续性的一点点改变，改变的就不是一点点。应该说，六团中学的今天比昨天好了。我相信，六团中学的明天一定比今天更好！

立美育人
让学校成为最美
的精神家园

赵其坤，上海市美术特级教师、特级校长、正高级教师。现任新尚海教育研究院院长，兼任上海市“双名工程”高峰计划艺术基地主持人、上海市教师艺术人文素养培养与研究基地主持人导师、上海市美术教育专业委员会主任、上海市教育督学、中国书画学会副主席、上海交通大学和华东师范大学特聘教授等。

流动工作期间，承担了教育部哲学社会科学重大攻关项目研究子课题的研究工作，完成“大中小学艺术教育的德育一体化的理论与实践研究”，并出版了优秀案例集《超越经验的智慧》；主持完成上海市艺术教育重点研究项目“上海市中小学艺术德育一体化理论与实践研究”，出版了研究成果《立美育德》，并获得上海市 2017 年科研成果评选一等奖、上海市教委教学成果综合评审二等奖；主持了《上海教育》杂志社官方微信公众号“其坤话美育”专栏和上海《现代教学》杂志“学校美育”专栏的撰写工作。支教的学校被评为上海市文明单位、上海市教师规范化培训示范单位等。

勿忘初心，兑现曾经的诺言

赵其坤

我带着市教委的一份嘱托，胸怀一份感恩之心，于2015年10月踏上了赴崇明区长兴岛的支教之路。特级校长流动，是我一生中最难以忘怀的经历。3年的支教让我收获了海岛学生们的热情与爱戴，收获了长兴小学教职员工的深情与厚谊。这一份珍贵的回忆，常常激励着我更加勤勉地工作。

一、调研学校发展需求，梳理学校办学传统

担任长兴小学教育集团党支部书记的我，开始了走访、寻访与探访之路。我走遍了每一个村庄，拜访过居委会、村委会、镇委会和相关企业主，了解区教育局领导和各科室负责人的工作要求，拜访长兴中学、长明中学的领导，倾听他们对本岛教育的美好愿景；多次召开学校校务会议和中层以上干部专题座谈会。通过深入的调研，我进一步明晰了长兴岛区域性的资源优势昭示着这所学校要立足于生态教育，我很快地找到了学校发展的重心与改革的突破点。

为了尽快找到学校发展的增长点，我带领学校全体领导班子成员，对学校进行了SWOT分析(即态势分析法)，并且带领校级管理团队到各区走访优秀学校，深入集团内部的4个分校进行调查研究，并且反复调整学校发展规划，细化年度目标和项目计划。

二、读懂学生学习需求，让学生体验艺术美感

在3年的支教中，我在求索中前行，在疲惫中收获，在反思中进取。虽有每天

自驾车往返近100千米的辛苦劳顿，虽有风寒雨雪，交通拥堵之苦，但想到乡村孩子们脸上的欢笑，我仍然从容坚定，怀揣着改变农村教育的美好愿景，将爱心传递下去的初心。我开展了对外来务工人员家庭的走访，通过访谈和座谈，对外来务工人员的子女在学习成长中的困惑与难题进行了摸底、排查与分析，提出了“三个走到”，即要求教师走到学生中去，走到学生的问题中去，走到学生的心灵中去。

为了激励孩子们能多元发展，我携好友捐助学校2800个葫芦丝。通过对艺术教师的培训，将葫芦丝这种简单易学、好听、便携的乐器引入课堂，让每一个孩子都能学会演奏；我带领美术书法教师，引导孩子学会了创意儿童绘画；我推动语文老师全员开展经典古诗词诵读活动，让每个孩子都体验了传统文学艺术的美感。

三、培育学校“攀登文化”，培养教师专业团队

在支教工作中，我能与学校领导班子成员紧密配合，不断深入学校各校区与管理成员进行交流，倾听干部和教工在工作中的困难与建议；强化领导班子的团队建设，优化了学校的内部管理，协助学校开发校本课程资源；帮助和指导国家级乡村学校少年宫的教师配置与专项教学活动，已面向全体学生开设了绘画、书法、扎染、剪纸、舞蹈、合唱、古筝、琵琶演奏等16门课程。

我团结管理团队，通过对学校文化的梳理，将学校的“攀登文化”凝练成“勇攀、智攀、乐攀”，鼓励教师们在教育教学中不仅要勇于探索与改进，更要理性研究与智慧创造，唤醒了全体教师专业发展的活力。在指导带教中，我努力帮助教师开展备课、观课、上课、研课、评课，通过导学、导教、导研，培育优秀教师团队。3年中，学校有16位教师在区、市级大赛中获得各类优秀奖项。

在支教的主体上，我对受援学校的帮扶不是单一的，而是构建了黄浦区教育学院、我所主持的市名师基地团队、市级德育实训基地团队“三位一体”的组团式帮扶模式。其中，我侧重于带头示范和统筹协调，带领专家团队和市基地学员到各个分校区分别进行实践指导和理论指导，3年中共带领黄浦区教育学院教研室

学科教研员16人次，德育研究室德研员6人次，科研部5人次，干训部2人次，市级基地学员60人次，先后深入支教学校的教研组和班级，进行精准指导与教学示范，为海岛教师进行课堂展示和有针对性的专业引领，使受援学校的现场学习更加有效。

四、推广"立美育人"项目，示范引领全区域美育发展

我应区教育局的邀请，担任崇明区第三期中小学艺术名师工作室的主持人导师，带教了13名中小学艺术教师，重点为横沙岛和长兴岛带教培养学科领军人才。为了推动区域均衡发展，我将"立美育人"研究成果在全区全面推广。

在工作室的团队研修中，我注重引导名师后备们准确地理解学校的艺术美育，从而通过开展艺术教育一体化活动，鼓舞青少年走出课堂，去大自然中观察、感受、体验、写生、创作，去爱美，欣赏美，追求美，提高生活情趣，培养家国情怀；通过"以美导德、以美载德、以美辅德、以美促德"，给更多的美术教师搭建了多元化的学习平台，激发和满足了教师与学生的学习兴趣；让农家、农田、农事、农活等环境影响由外而转内，促进了农村更多的中青年教师自主学习，主动发展。

我还进行组合式帮扶，在支教内容上着眼于受援学校的整体提升，从学校管理团队、教师等层面入手，做到了精准、务实、有效。

一是以点带面。以支教学校（长兴小学）为示范点，带动岛上4所小学、2所中学，通过以点带面，实现整体提升。我分别赴前卫校区、平安校区、丰富路校区、凤凰校区、长兴中学、长明中学，以学校管理诊断、课堂教学改进、学校美育指导等方式深入了解学校发展现状，分析学校发展需要关注的主要问题，并提出了具体的改进发展建议。

二是中层领导力提升。我以"学校质量改进与教育品质提升""学校特色创建"为主题，举行了系列专题讲座，分别结合所在学校的关键问题，聚焦于课堂教学改进和教师专业发展两大核心问题，分层递进地分享了学校质量改进和品质提升的经验和策略。

三是教师专业成长。我以狠抓有效教学为主题，先后15次组织青年教师、骨干教师、教研组长和年级组长、班主任等进行教学研讨，提升教师专业化教学水平；围绕“有效课堂教学”的主题开展了课堂教学诊断、优质课展示以及有效教学的专题报告等活动。

四是以制度建设为载体强化长效机制。长效工作机制是支教任务的一个重要维度，我带领领导班子讨论制定了学校一系列机制性的规定和制度等，为学校留下一个后期持续发展的规划蓝图。在这一思想指导下，学校的绩效评估方案、教研制度、艺术特色创建项目、校本课程开发、校园文化建设等都有了显著的发展与完善。

五是以教学研究为载体引领教研氛围。在3年的支教中，为了更好地起到引领示范作用，我又以一名特级教师研究者的身份来从事教学改进工作，先后以市级课题为引领，以实际行动引领广大教师形成了发现问题、研究问题、解决问题的务实作风。我对教学现状、原因、对策进行诊断、会谈，聚焦课堂行为，提升教学实效，强化规范训练，逐步提升了广大青年教师的学科素养。同时，我自身也在支教的路上逐步成长，在实践中实现了自我超越。

3年的支教工作，使我深深体会到：推进教育公平在教育脱贫攻坚中具有基础性、根本性的作用，是填平教育洼地、稳定均衡发展的前提。扶弱先扶智，治贫先治愚，用先进的教育思想和教育技术为教育公平发展助力，才能更好地打赢教育公平攻坚战。

我努力地找到中心城区的教育改革经验和管理经验与崇明长兴岛当地文化的结合点，将教育支持与扶智扶志相结合，多措并举，通过绘画创作义卖和争取爱心人士捐助等方式募集资金帮助学校改善办学条件。我力求加快补齐学校特色发展的短板，使教育支持“落子”有声，在支教工作大局中的基础性、可持续性作用不断释放，让海岛务工人员和困难家庭的孩子都能公平地接受良好的教育，从而更加努力学习，用知识改变命运、造福社会。

3年的支教，使我深深地体会到：教育的信念、情怀和境界决定着教育事业的高度。虽然支教只有短短的3年，我以我的勤勉、真心与真情唤醒着同行对教育事业的内在追求，同时也唤醒着海岛乡村孩子们的生命自觉和自我成长的动力。我的支教至今仍在进行中，继续开展对崇明区美术名师工作室的10位老师的指导带教工作。我将初心不改，为远郊的教育事业添砖加瓦，继续为乡村教师增添成长与飞翔的力量……

在培养学生成人与成才中，

享受教育的快乐与幸福！

罗立新，1985年参加工作。高级教师，特级校长。毕业于中共上海市委党校，新加坡南洋理工大学教育管理硕士，现任职于上海市比乐中学，担任党支部书记、校长职务。荣获上海市“三八红旗手”“上海市园丁奖”等荣誉。

2015年9月至2018年9月，响应市教委号召，前往金山区松隐中学支教担任校长，为教育均衡发展积极作为。支教期间，立足学校基础，制定了以“完善学习方式、培养健全人格”为主题的松隐中学十三五教育发展规划。开展教学研究深化教学改革，申报区级课题“基础型课程校本化实施中学生自主学习能力培养的实践研究”，推进基础性课程的校本化实施力度。学校中考成绩明显提升，绩效考核从C级上升为B级，学校的办学影响力不断扩大，社会认可度不断提高。

用一根火柴去点燃一堆火

罗立新

2015年10月，我来到了远离市区60多千米外的金山区松隐中学，开始了为期3年的支教生活。这所农村初中，生源全部来自附近村居，外来务工随迁子女占4成，中考成绩一度区内垫底。更令我感到棘手的是，这所学校此前已经10个月没有校长，生源和骨干教师都在外流。单枪匹马、人生地不熟的我，接管这样一所学校，3年的时间里我能做些什么，又能改变些什么呢？

无惧“下马威”，调研现状找出路

来到这所学校的第三天，我“赶上”了关于绩效考核的教代会。会议刚开始，突然有教师带着情绪说：“我们又不需要校长，这段时间没有校长，学校一样挺好的，不也这么过来了？”一些教师纷纷附和。更有教代表提出，课时设置不合理；干部上课少，绩效多，不合理等尖锐敏感的话题。教代会上争争吵吵，最后只能在尴尬且不友好的氛围中收尾。

是什么原因导致这所学校陷入干群关系紧张的困境，又是什么原因使教师们故步自封？不找到源头就不能打破困局，于是我通过查阅校史、个别访谈、走访调研，试图通过了解学校的发展脉络来寻找突破口。

经过调研，我对这所学校有了初步的了解，松隐中学建校近60年，曾经是一所完全中学，在地区教育中发挥了积极的作用，培养了很多优秀的人才。但随着区域的调整，松隐中学逐渐沦为一所规模较小的农村初级中学，现有学生300多名，教职工50余名，4个年级12个教学班。由于镇区的拆并，松隐的经济文化在金山属于相对薄弱的地区，整个区域没有繁华的商业，只有大片的农田、水泥工厂和一些服装工厂等。近年来，随着本地户籍学生向周边大镇流动，外来务工人员子女的比重越来越大，学校办学水平、教学质量逐渐下滑到全区后位。学校先后接受过长宁区某中学和徐汇区某中学的两轮4年的委托管理，过去的6年中又换了3任校长，然而都未给这所曾经辉煌的学校带来新的生机，也许这正是教师认为“我们不需要校长”的根源。

规范基础，师德为先暖人心

要管理好一所学校，必须制度第一，校长第二。只有权责明确、奖惩分明的制度，才能抵制歪风邪气和不良作风，营造风清气正的文明校园。

据此，我一方面规范常规管理，组织全体教职工学习学校章程，明确学校规章制度，增强制度的执行力；另一方面，调研现有制度的不足之处，听取基层群众意见。如对于大家集中反映的，对现有初三中考奖励制度中的缺陷做了相应的改革，坚持绩效工资奖优罚懒、优劳优酬的原则，充分发挥分配的激励导向作用，由此得到了教师们的认可。

不仅如此，学校通过开展“老师您好！我的好老师！”师德教育主题实践活动，学习习近平总书记“四有好老师”的要求，邀请导师团专家到校专题辅导，邀请一线优秀班主任讲述自己的故事等。从不同角度与师生们共同探讨“好老师”的标准，将总书记的“四有”要求化为松隐中学“好老师”的标准，并利用此契机为全体教师拍摄制作了工作相册，要求教师在课堂内外，从外表到言行做“最好的自己”，争做学生喜爱的“好老师”。在此基础上，学校开展了第一届“我最喜爱的好老师”评选，通过学生海选投票、教师自评互评，选出了松隐中学的“好老师”；在教师节进行表彰，并制作展板在校内展示，让大家学习。这项活动时间跨度一个学期，教师参与面广，形式受大家喜欢，表彰行为大家可学。通过这样的活动，理论与实践相结合，模范人物和身边榜样相结合，师生共同参与相结合，大家的关注视角从只盯着绩效分配慢慢转移到提高师德境界上来。

主动出击，群策群力聚众心

我清楚地认识到，在松隐中学工作期间，仅有校长单枪匹马的力量是不够的，必须依靠原有的管理团队。只有充分调动干部的积极性，发挥他们的主观能动性，才能做好学校的工作。

第一次行政会议上，我就表达了自己的诚意，来到了松隐中学就是学校的一分子，我愿意和大家一起与学校发展同进退。面对学校的现状，我们不能一味抱怨群众觉悟低，而是要以干部队伍建设的新面貌赢得群众的理解和支持。我要求每位干部树立政治意识、大局意识，加强学习，严格要求，团结协作，在各项工作中做表率，讲奉献；利用班子会议时间进行中心组学习，提高干部的思想理论水平；带领管理团队走出松隐，去市区学校参观学习。在实际工作中，我关心、参与学校的每一项工作，和大家一起研究工作方案，放手和指导相结合，力求在原有基础上提高。对于相对薄弱的课程建设、课题研究等方面，我手把手地进行带教和指导，提高干部的工作能力，支持干部的工作，为他们创设良好的舆论环境和资源支持。

两校联动，合作发展找突破

开学3个月，我带着书记、副校长走进了全校教师的课堂。课堂里有亮点，也有不尽如人意的地方。我深知，一支高素质的教师队伍是学校发展的关键因素，松隐中学的困境不仅在于学生，更在于师资力量。

利用自己“两校一长”的身份，我着力通过加强两校之间的密切合作来带动松隐中学的发展。每年寒暑假，两校的骨干教师培训雷打不动，每次两三天，分别邀请国家督学、上海市政府督导室主任杨国顺，华东师范大学教育管理系李伟胜教授、韦保宁博士，上海市市西中学特级校长董君武，卢湾一中心校长吴蓉瑾等开展专题讲座。两校教师坐在一起培训学习、交流讨论。不仅如此，3年里，两校也多次开展了联合教研，毕业班专题教研，语文、数学等学科的同课异构教学研讨等。通过将区内外各种优质教育资源引入，开展培训、教研、辅导讲座，教师们开阔了视野,拓宽了实践的渠道,提高了专业能力。

在其他方面,两所学校也常有互动,共同策划、互相支持,分别举行了60周年、70周年校庆活动;共同举行了大型的主题教育活动、艺术节、心理健康教育、少先队活动;2017年,还在黄浦体育场隆重举办了盛大的联合运动会。在这些活动的准备过程中,全校师生齐心协力,既加强了部门间协同合作,锻炼了干部的组织能力,也增强了师生对学校的向心力。

积小致巨,文化育人显成效

一所学校的发展离不开制度管理,更离不开学校文化与价值观建设。建设好校园精神文化、校园建筑文化、校园环境文化等,是不断推动学校前进发展的重要助力。

制度要重整,环境也要重建。环境好了,做事的心境也会不一样。于是,我把"停车管理"作为一个切入点,先从"车头摆放方向一致"这件小事开始。除了整顿停车,操场上的大白墙画上了五彩缤纷的宣传画;校园绿化带前,竖起了5米长的崭新宣传栏;操场前的领操台上,立起大大的背景板,有什么活动再也不用临时拉横幅;紫藤廊摆上了鲜花,校园水景边的小桥凉亭修缮一新;厕所里增加了洗手液和卫生纸……在区教育局及各方支持下,学校还新建起了公共安全体验教室,翻新了小礼堂,家长们来开家长会,学生们文艺表演,"台型"十足。

农村学校的孩子更需要拓宽眼界、提高各种素养。在比乐中学,体育节、科技节、艺术节活动不断,拓展课程、社团活动丰富多彩,我也把这个"传统"带到了松隐中学。"线描画"课程是学校的特色之一,要利用好这个艺术资源调动学生的积极性。在区教育局的支持下,学校建成了少儿线描画创新实验室。亮亮堂堂的两大间:外间是学生们的创作室,他们画的扇面、书签、纸盘摆在桌边、挂在头顶,上面的花鸟鱼虫灵动、活泼;里间是研讨室,供专家与师生交流。学校利用此次契机还编制了区级学本,获得好评。

学校还有一支80多人的铜管乐团。这样的好资源也要充分发挥出优势来。

在师生们的努力下，乐团连续两年获得区级比赛一等奖，还参与了市里的展演，获得优秀奖。如今，线描画和管乐已经成为松隐中学闻名四乡的艺术特色。孩子们在得到了良好的艺术熏陶的同时，更增强了自信心。

无怨无悔，天道酬勤收获丰

3 年来，我一周 4 天在松隐中学工作，1 天回比乐中学。我跟松隐中学的干部、教师打成一片，研究教学、探讨育人，有时候也会聊聊家常。住在朱泾时，我积极开展家访，遇到教职工生病、生孩子、家里有各种特殊情况时，第一时间关心和帮助他们，真情实意地走近大家。老师们也特别善待我，我们结下了深厚的情谊，每到教师节、中秋节，很多老师给我发祝福信息。从一开始的“我们不需要校长”，到如今“谢谢校长给我和学校带来了不一样的东西。罗校长，是您让学校大变样”。

3 年的工作节奏是充实和忙碌的，3 年的努力也取得了不少收获。松隐中学获得了上海市安全文明校园的殊荣，代表金山区通过了市心理健康校的达标验收，成为区行为规范示范校。

3 年综合督导，督导组留下了“自主的课堂、敬业的老师、阳光的学生、优美的环境、鲜明的特色，学校走上了良性发展的轨道”的评价。那天我很感动，几乎含着眼泪听完反馈，3 年的长途奔波、恶劣天气高速公路上的蛇形车队、遭遇车祸的伤痛、工作中受到的委屈都烟消云散了！

如果说 3 年支教，我在松隐中学干成了一些事情，取得了成效，是因为我的身边有金山区教育局对我的绝对信任和周到关心，我的背后有市教委和黄浦区教育局、两区的教育学院、比乐中学对我的全情支持，更有松隐中学广大干部、教师、学生家长、社区对我的理解和支持。

一根火柴能点燃一堆火，一颗种子能孕育无限的希望。我想这 3 年，我就是一根小小的火柴，为教育均衡发展尽了自己的努力，这是一份特别的人生经历和财富，我很自豪，无怨无悔！

善小而为之
恶小而不为

张晓明，1986 年 7 月参加教育工作。上海市特级校长，正高级教师。1996 年始任校长至今，2018 年至 2021 年流动到包头中学任书记、校长，担任"区初中名校长工作室"主持人。

获"上海市园丁奖""上海市优秀校长"等荣誉，主持了 5 个市级课题，分获国家二等奖、市一等奖、区一等奖多项。出版专著《阳光教育这十年——基于初中学校教改探究的行动研究》《聚焦式课程实施：制度设计与深度推进》《美好教育：学校内涵发展的循证研究》。《阳光教育这十年》获 2014—2020 年上海市教育科学研究优秀成果二等奖。

2018 年至今，包头中学先后获得"上海市文明校园""上海市依法治校示范校""上海市家庭教育示范校""上海市中小学体育多样化试点校""上海市卫生健康促进校"等荣誉称号；2019 年、2020 年，学校连续被评为"杨浦区教育系统办学绩效考核优秀单位"。

用“美好治理”推动“初中薄弱校”焕发生机

张晓明

2018 年 7 月，上海市包头中学成为“初中强校工程实验校”。我作为上海市特级校长，由组织任命，从同济初级中学流动到包头中学，“一肩挑”起书记、校长之职。

学校如何通过“强校工程”抓住发展机遇，打赢翻身仗，成功实现“四个明显提升”，真正办成老百姓认可的“家门口好学校”？这些问题都萦绕在我的心头。

想要摘玫瑰，就得不怕刺。我从现代企业管理方法中得到启示，找到灵感，从经典管理理论中寻找依据，从教育管理实践中提取经验。我注重班子成员的担当意识，充分调动学校每个成员的积极性，对校情进行客观了解、全面分析，仔细摸排学校发展中的瓶颈问题，诊断“大短板”“小短板”。

强校不能“等、靠、要”，我们明确了“强校先强管理”的管理理念，逐渐形成既适合学校发展现状，又能被广大师生认同，更能推动学校有序、优质、快速发展的“价值管理”“走动管理”“微笑管理”管理新样式。“价值管理”明确了学校的管理方向，“走动管理”推动学校管理更趋务实，“微笑管理”使校园氛围更加欢快，学校在不断转变中。

“价值管理”：价值理念奠定办学之根

以价值引领，实现学校师生的文化认同、情感认同、目标认同，提升核心引领力，加强组织的向心力，催生工作的执行力，增进师生的凝聚力，实现工作的实效力。

我遵循“美好教育”办学哲学，提出“让每一个孩子学会过美好生活”的办学宗旨，确立“向着美好奔跑”的办学理念，追求“懂感恩、爱家国、会学习、爱思考、勤健身、爱生活”的培养目标。

我利用显性阵地，以主题发言、座谈交流等形式宣讲学校的价值文化，逐步形成价值趋同的研究氛围；同时，不断发掘隐性阵地，让学校的价值理念弥漫在校园的每个角落，无声息地深入学校每个成员的心灵；注重以主题活动传递价值，举办阅读节、体育节、艺术节、科技节；评选“劳动之星”“体育之星”“艺术之星”“科技之星”“学习之星”，践行“五育并举”的价值理念。这样，师生关系更加和谐，每个学生的内心都洋溢着幸福与喜悦。

面对学校外来务工人员子女占比65%的现状，我认为要让他们享受到公平的教育，感受教育的阳光。我始终以每个孩子的成长和进步作为自己最大的收获。

小林同学是我校一名外来务工人员子女，由于受上海中考政策的限制，不能如愿在上海就读高中，情绪一度很失落。我主动与小林同学结对，经常与她促膝谈心。交谈中，我了解到小林同学从小对民族乐器古筝兴趣浓厚，曾在小学担任过古筝社团的团长，多次代表学校参加区少年宫组织的各类比赛及演出，且都取得了较好的成绩。因此，我鼓励她参加了上海市第三届国际古筝音乐节的初赛，她以少年组金奖的成绩入选吉尼斯世界纪录挑战赛，向全世界展现了中华民族的精神志气。最终，她获得了2018—2019年度上海市中小学生(中职生)十佳和百优“新时代好少年(美德少年)”的称号。

“走动管理”：勤勉之行筑就治校之本

学校坚持“走动管理”，走动中及时了解和发现问题，适切处理，平等、耐心倾听师生的需求和建议，客观、妥善诊断，认真推动改进，力争学校每时每刻平稳有序运行。

作为校长，我清晰地认识到正人先正己，才能让人信服、感染他人，进而传道。

我每天巡视校园，坚持“由上而下”的走动文化，让学校成员感受到“走动管理”的权威、规范和温馨，这也逐渐形成全校普遍知晓、认同、接受的管理方式。

学校建立分管问责机制，中层干部作为学校管理的中坚队伍，将“走动管理”落实到位，根据职能部门的特点，有针对性地进行点对点的“靶向走动”；教研组长和年级组长“自主走动”，发现问题、解决问题，凸显服务特质。我还倡导教师增强“人人都是管理者”的管理意识，打通“走动管理”的“最后一公里”，将“走动管理”这张网布得更密、织得更细，更有温度，更具成效。

我在对学校管理现状调研后发现，学校存在干部年龄偏大、断层相当严重的问题。我遵循“选准一个、培养一个，培养一个、选定一个”的方式，做到任人唯才、用人唯才。通过深入调研，我发现金老师是一位有目标、肯努力的青年教师，曾获得过上海市中青年教师教学比赛二等奖，但他对个人发展的规划还不够清晰。面对这个有发展潜力的好苗子，为了更好地促进其在短期内快速成长，扬其所长，避其所短，我决定亲自带教金老师。经过培养锻炼，金老师的管理经验日趋成熟，如今他已担任教导副主任一职，在教导处负责初三、师训和考务工作。对于金老师的专业发展，我从学校层面积极搭建平台，推荐金老师加入曹建华特级教师工作室。如今，金老师是第五届杨浦区骨干教师、杨浦区初中数学中心组成员，2020年8月承担市教委“空中课堂”三节课的录制工作，并将代表杨浦区参加第四届上海基础教育青年教师教学竞赛。

“微笑管理”：人文关怀增进强校之基

我始终秉持“人本至上”的管理理念，以管理者的“贴心微笑”换取被管理者的“暖心微笑”；聚焦管理难点、痛点和断点，开展诊断剖析，微笑倾听师生呼声，微笑解答群众疑问，微笑采纳有益建议，使“微笑管理”成为“和谐互进”的核心标志。

日常工作中，我注重人文关怀，重视教师情感世界，关爱教师生活状态，做到“三必访，三必谈”：教师有病必访、教师家中出事必访、教师家中有喜必访；教师工作出问题必谈、教师思想有疙瘩必谈、教师取得成绩必谈。

我确立了“选优树典，以评促变，树立榜样、确立标杆，示范引领”的管理标准，对管理工作中的典型问题开展诊断剖析，邀请专家点评指导，并强化“学习与反思”“案例与交流”。我用真情对待每一位师生，构建和谐校园，提倡全校教师在“谅解与宽容”“公平与公正”的和谐氛围中，增强竞争实力，获得办学效益的整体提升。

在近10年里，学校校长一职调整过6次，校领导的频繁调动造成管理队伍的不稳定，干群关系不和谐，学校办学质量逐年下降。郑老师是一位有30多年教龄的美术教师，她独自创设的“动漫画绘画技巧”课程开发已有10余年，但受环境影响，创新的动力不足，她走入了专业迷惘的怪圈。

我认为关心教师，尤其要在管理中注重情感因素的运用，引导师生形成共同的价值取向、群体意识、行为标准，激发教师的工作积极性和推动学校发展的凝聚力，要将管理转变为服务，用微笑尊重教师，用爱心温暖教师，用理解、宽容加强沟通。

通过学校的“微笑管理”和人文关怀，郑老师的工作倦怠逐步消失，教育激情逐步点燃。近3年，郑老师先后两次接手学生散漫、纪律混乱、令人头痛的班级。但她认真履行职责，始终践行着当一名好教师、好班主任的人生目标，通过一段时间的有效管理，两个班级都逐步转变为纪律严明、文明守纪、学习风气浓厚的优秀班级。郑老师在工作中也逐步形成了班级管理特色，深受家长的好评。在个人专业成长方面，郑老师结合学校动漫特色，在自己原有的“动漫画绘画技巧”课程基础上，以传统的剪纸艺术形式，设计融合剪纸的艺术作品，用剪纸的艺术语言，创造性地表达战“疫”故事、美好校园、民俗文化、时尚动漫、抽象装饰。如今，“融合剪纸”已是包头中学的创新特色课程，深受学生们的喜爱。

近3年的流动工作中，我始终坚守岗位、因校施策、勇攀高峰，倾力推广、提炼“美好教育”核心内涵，引领学校走上品牌发展之路；树名师，建强校，带领学校朝新优质校进军。

我以率先垂范的工作作风、积极忘我的工作热情影响着一群包中人积极投身教育事业。如今学生学业水平稳步提升，综合素养明显增强，师资队伍显著优化，办学特色得到彰显。包头中学正日益成为“学生愿意来、教师愿意留、家长信任”的“家门口好学校”。

我用自己的努力和进取，用“美好治理”推动了“初中薄弱校”焕发生机，一切都在前行中。

以人格影响人格，
以情感激励情感，
为学生的终身发展奠基。

马园根，1986 年 7 月参加工作。上海市特级校长。毕业于上海师范大学化学系，黄浦区教育学院副院长兼附属中山学校校长，黄浦区人大常委，民盟黄浦区委主委，上海市教育学会九年一贯制学校专委会主任。2015 年至 2018 年流动到嘉定区疁城实验学校，兼职“两校一长”。在此期间，学校获上海市文明单位，上海市教师专业发展学校暨见习教师规范化培训基地，嘉定区新优质项目学校等荣誉。在教育局对学校的年终考核中，学校连续获得优秀学校的称号，物理组被评为区示范教研组，3 位教师获上海市中青年教师大奖赛一、二等奖，9 位教师成为区骨干教师。

初心如磐，笃行致远

马园根

说到“美好”两个字，也许有人会想到人间四月，阳光明媚，花开似海；也许有人会想到亲情、爱情和友情，家人闲坐，灯火可亲。但对我来说，最美好的记忆，莫过于 2015 年到 2018 年的那一个个清晨。

2015 年 10 月，根据上海市教委安排，我作为特级校长，从黄浦区教育学院附属中山学校柔性流动到嘉定区疁城实验学校，兼职“两校一长”。

每每天刚放亮，我就走进嘉定疁城实验学校的校园进行全面巡视，从行政楼到教学楼，从中学部到小学部，从塑胶操场到校门口。在那里，我迎来孩子们朝气蓬勃的笑脸，迎来老师们精神抖擞的身影，美好的一天开始了……

这样的场景，日复一日，持续了 3 年。

我希望每个清晨带给疁城实验学校师生的是最安全整洁的环境，是最规范有序的秩序，还有最温暖有力的注视。我希望凭借自己的坚持和努力，能带领疁城实验学校在教育综合改革的道路上有一个飞跃和发展，为师生们的未来画上浓墨重彩的一笔。

文化：让管理从自发走向自觉

初至疁城实验学校，我对这所学校的规模有点讶异：占地 50 亩，学生 2700 余人，教职工也有近 200 位，整个体量几乎是我原先工作的学校的两倍。但学校在管理中存在各种粗放的情况，教师的教育教学工作有比较大的随意性，规范化程度不高。

怎样让这所较大体量的学校尽快走上更有序的发展轨道？这是我刚到学校思考最多的问题。

我一直认为，管理的发展大致会经历三个阶段：经验管理、科学管理和文化管理。其中，文化管理是最能影响师生心灵、最有凝聚力的一种形式。文化的浸润能让师生的行为从自发走向自觉，让学校运行在良性发展的轨道上。

经过一段时间的观察和思考，我提出了精益管理的理念，在学校的整体层面上努力构建以“学生为上、效益为先”为核心的精益文化，并从两个方面进行了培育和深植。

首先，让文化植入认知。

每学期开学初，我都会对全体行政人员和教职工进行以精益为核心的管理文化培训，要求每位行政人员都要不断提升管理能力和管理水平，创设学校奋发向上、融合共进的管理生态；同时，我通过中心组、年级组、教研组和教工大会等平台推出各种类型的培训，引导全体教职工不断改变自己的教育教学行为。

此外，我在学校的微信公众号平台上定期推出“校长视线”栏目，向大家传递自己在教育教学上的思考，发布了《隐性知识的缺失与学校教育的变革》《学生发展核心素养与学校未来课程变革》《实施精益管理，改变教育行为》《塑造品质教育下的教学质量观》《提高教学有效性——从作业环节突破》等文章。多种培训手段的相互协同，让追求精益、崇尚尊重的学校文化在教职工内心根植，最终转化为教师的自觉追求。

其次，让文化植入教学。

我一直认为，学校综合改革的核心就是课程教学改革，这是最能体现学校文化，推动学校发展的活力之本。

结合学校已有的课程板块，我充分关注学生的成长需求和新时代育人导向，引导学校参与区德育“幸福课程”开发，编制“中华传统节日”系列课程，并根据学校传统文化，设置校本课程，如“纸艺美创生活”“阅读慧心雅言”“思维益智创新”“科技创客动手动脑”“儿童合唱激发情感”“篮球项目一校一品”“足球项目提升素质”等，让学生在学中习、在习中学，丰富了学生的学习经历，提升了学生的学习品质，促进了学生的综合素质发展。

与此同时，我还关注学科教研组建设，以数学教研组为试点建立了“三化”实践平台，即细化课程标准、优化课堂教学、精化练习系统，并以“双向细目表”编制为载体，研究课标、研究考纲、研究试卷、研究学生，分层细化了数学学科课程标准的要求，开创了具有本校特色的分层教学模式。在此基础上，将这一模式逐步推广到了其他各个学科。

评价改革是我关注的另一个重点环节。为了更好地实践精益管理，学校在课堂教学中制定了“课堂学习评价表（学生评）”“学生课堂学习能力观测表（教师用）”，达到激励导向的目的。同时，在学科活动中，建立课堂教学“三个一”评价机制，即一张教学行为观察表、一个校园网络评课系统、一个博雅论坛平台，切实改变了教师的教学行为。

文化的影响逐渐改变了学校教与学的生态，推动每一位师生成为关注细节、追求卓越的价值共同体。3 年内，学校教学质量稳中有升，教师更富有责任感、能力和担当。我想，这就是文化的力量，让师生从自发走向自觉，也支持着我更加坚定地行走和奔跑。

坚守：让每一个生命拥有幸福的权利

我始终认为，学校的发展是教师的发展，但归根结底还是学生的发展。让每一位孩子健康快乐地成长，不让一个孩子掉队，始终是我的教育理想。

作为一所九年一贯制学校，我们对孩子漫长的一段成长人生负责。那么，如何给予每一个孩子幸福的成长之旅，特别是有着一些缺陷或不足的孩子，为他终身发展奠基？这是我一直在思考的。

3 年里，我最难忘的孩子就是小 Z 同学。

这是一个令人难以置信的特殊孩子：上课大声讲话、和老师顶嘴、随意进出教室、课间经常搞恶作剧、破坏学校财物，还故意推搡同学至楼梯上摔下来。老师们都向我提出不愿意再教小Z所在的班级，家长们也集体书信和来访，表达“绝不容许自己的孩子班级有这样的学生”的强烈态度。

这该怎么办？

望着小Z顽皮而倔强的脸蛋，望着孩子家长无奈又伤心的眼神，我坚定了自己的想法：每一个孩子，我们都要保护他接受教育的权益；面对特殊的孩子，我们需要更努力地去寻求适合他的教育。

为了帮助小Z，我和区新春学校、心理咨询中心取得联系，邀请专业机构的老师予以分析、诊断，帮助学校和老师找到适切的方法对症下药，研究、制定了个别教育辅导课程。我亲自带头，动员行政、党员教师为小Z同学量身定制一对一个别辅导和行为跟踪的策略，帮助孩子进行行为矫正。

在了解到小Z同学祖辈宠溺、包庇的家庭背景后，我利用休息时间，走进了孩子的家庭，和爷爷奶奶摆事实、讲道理，希望他们正视孩子发展态势的严重性；在了解到小Z同学父母关系紧张、相互推诿责任的情况之后，我又一次次与其父母沟通交流，在家里、在教室、在办公室，深入浅出，提供指导性的教育建议。

渐渐地，我发现一直看着我的老师们不再那么抗拒小Z了，一位中年教师主动担任了这个班的班主任；其他家长们的担心与焦虑也慢慢消散了，与我的微信联系由原来的一天四五十条到十来条，到后来的寥寥几条也都是感谢学校的话。

最让我感动的是，小Z会看着我微笑了。虽然有时还会调皮捣蛋，但是看到老师的眼神，他就能努力地去约束自己，努力去做更好的表现——他，真的进步了！

每每想起小Z，我的心里都充满了温暖，也让我坚定了这样一个信念：人是教育的出发点，也是教育的归宿，用心去爱孩子，让每一个生命都有得到幸福的权利，是教育不可回避的责任，更是校长给予教师最好的言传和身教。

成就：让教师成为有尊严的人

我一直这么认为，只有充满幸福感的教师才能培养出快乐的学生，才能营造和谐温暖的教育；只有具备尊严的教师，才能培养出中华民族的栋梁，才能成就民族的未来。

那么，如何让教师活得幸福而有尊严？我想，满足和改变是两个重要的纬度。

满足，让教师拥有幸福的感受

我常常走到学校工会的办公室，甚至参加工会委员、工会小组长的会议，因为在这里，我会听到最真实的民声；我也常常走进教室、走进办公室，去观察教师的工作环境和条件，因为在这里，我能看到最真实的情况。这样走着、看着、问着，很多问题都被我发现了：

教师的座椅不符合人体工学，让教师们坐得很不舒服；

办公室的空调制冷功能不行，天气一热，教师们汗流浃背；

天气转冷，饭菜不热，难以下咽；

……

教师们这些“小而微”的问题，在我的心里都重如泰山。每有发觉，我都会在第一时间和分管部门对接，指导他们尽快调整解决。

为了让大家拥有更丰富的精神生活，我让工会在全校教职工中组织开展了丰富多彩的社团活动，有教工纸艺、茶艺、烹饪、书法、健美操、篮球、阅读等社团，每位教工根据自己的兴趣爱好报名参加一个社团。社团活动参与率达到100%。多彩的社团活动不仅愉悦了身心，也使大家学到了一技之长。教师的工作压力释放了，工作的幸福感也自然而然获得了提升。

改变，让教师更有尊严地成长

提升教师的幸福感，我认为更重要的，还是改变教师的期望。努力让价值的引领提升教师需求的内涵，把部分教师对物质的关注提升到精神需求的层次上来。专业成长无疑是其中的关键。教师的工作达成了期望或超越了期望，就会有成就感；反之就会失落，甚至很早就产生职业的倦怠。

因此，我努力为教师的成长搭台，充分利用市区优质教育资源，通过专家引领、同伴互助、自我反思、共同提高，不断促进教师的专业发展。3年里，8位教师获区骨干教师的荣誉称号；物理组被评为区示范教研组，在同类学校中名列前茅。

我更努力推动学校成为更优秀的平台。3年里，学校先后荣获“上海市文明单位”“上海市依法治校示范校”“上海市教师专业发展学校暨见习教师规范化培训基地”“嘉定区新优质项目学校”，连续3年被评为“嘉定区优秀学校”。我相信，一个更优秀的环境能改变教师对自己的期望，促使他们努力去成就更好的自己！

踔厉奋发，素履以往。3年的时间是辛劳的。除“两校之长”外，我还兼任了黄浦区教育学院副院长、民盟黄浦区委主委、黄浦区人大常委、上海市教育学会九年一贯专委会副主任，教育部中学校长培训中心兼职教授……“5＋2”“白＋黑”，为了工作，我几乎付出了自己全部的时间和精力。

但这3年，我又是最幸福的。每每来到教室，听到孩子们琅琅的读书声；每每来到办公室，看到老师们热烈地交流和讨论；每每看到校园环境发生着日新月异的变化，我觉得这一切都是值得的。

夜阑人静，万籁无声，晚饭后，我又像往常一样回到校园，沿着教室和操场走一圈，再回到办公室记下一天的所思所得，规划接下来的工作……夜深了，但是为着教育的那份思考却越来越清醒。

这样的场景，夜复一夜，我坚持了3年。

作为一名奋斗在支教第一线的基层校长，无论多么艰难，我从未忘记过自己的初心和使命，为了心中的一片圣土，为了肩上的一份责任，在漫漫的求索与执着的进取中，期待用自己的精神和态度塑造教育事业美好的明天！

让每一名学生都进步，
让每一位教师都成功。

王思伟，1987 年 7 月参加教育工作。上海市特级校长，中学高级教师。上海师范大学历史系本科毕业，在职研究生。先后在长兴中学、长兴职校、长明中学、横沙中学工作。曾任长兴职校书记、横沙中学校长、横沙中小幼跨学段教育联盟工作主持人。现为上海市崇明区长明中学书记兼校长。先后获得“上海市园丁奖”“上海市普教系统尊老爱老好领导”“崇明区记大功奖”。领衔的“实施全员德育，促进学校德育一体化建设”“农村初中小组合作学习的实践研究”“舵手文化引领下农村初中主动有效常态课堂的实践研究”等课题，先后获得市、区级等第奖。

构建"舵手文化",引领学校发展

王思伟

2018年7月,我从横沙岛上的横沙中学调到了长兴岛上的长明中学任校长,又开启了新的教育旅程。

长明中学是一所地处长兴岛中东部地区的初级中学,在过去近10年的办学经历中逐渐形成了以"船文化"为主的办学思想,它对全体师生的成长和发展都起到了很好的引领作用。但随着时间的推移和教育改革发展的新要求,原有的思想观念和管理要求已不能促进学校的持续稳定发展,甚至出现了干部和教师工作懈怠、目标定位下滑的倾向。

在了解学校发展这一瓶颈以后,我利用暑假开了四五次班子会议,交流研讨和广泛听取教职工意见、建议后,做出了重大的改革举措,将原有的"船文化"办学思想,提升到"弘扬舵手文化、成就美好人生"的办学理念。近年来,我提出"让每一名学生都成为驾驭自己人生发展方向的主人",逐步构建了"让每一位教师都成功、让每一名学生都进步、让学校持续发展"的制度框架,以此为起点撬动学校的改革发展,取得了很好的办学成果。

一、"舵手文化",让课程从零散到整合

学校依托所在地区独特的产业文化和产业精神,逐渐形成了"舵手文化"。"舵手文化"以"我的课程我做主,我的课堂我做主,我的学习我做主,我的生活我做主"为内涵,不仅包括关于造船产业的知识、课程,更多的是指一种精神价值取向、一种校园文化的深厚积淀。学校建成了"未来海洋之星"船模实验室,邀请江

南船厂的船模制作、船舶设计专家定期到学校授课和指导，并带领学生参观江南船厂的船模陈列室，了解江南造船史。通过校本课程需求分析，学校构建了以“启航”课程、“领航”课程和“远航”课程为基础的“舵盘”课程，开发了以船模、石头画、中国结艺、中国剪纸、太极推手、3D打印等为代表的“舵手文化系列课程”，并主动延伸至周边幼儿园、小学，力求构建中、小、幼特色课程一体化。依托“全国篮球特色学校”“上海市太极推手推广基地”“上海市航海模型协会团体会员”、崇明区船模科技特色项目以及崇明区武术、足球、田径传统学校的优势，我校不断优化校本课程。

二、“舵手课堂”，让学生从学会到会学

“舵手课堂”打破以往传统的教学模式，秉承“生本课堂”的基本理念，师生的行为发生了变化，角色进行了互换，注重培养学生自主完成和驾驭课堂的能力。从课堂模式上来说，舵手课堂是“学模”而非“教模”。最明显的特征是，师生所发生的教学行为都能够促进学生“自主管理和自主教育体系”的建立，每堂课都能够推动由“教的模式”向“学的模式”的转变。其教学原则是预学后教、以学定教、多学少教、顺学而教。基本流程是预学—互学—评学。预学是关键、是保障，通过强化小组组长作用和强化批改保障预学的质量。教师提前一天下发导学案，学生依据导学案自学，并完成任务。教师批改自主学习部分，并给出分数，小组平均分为该小组的预习分数，并将分数登记在黑板积分栏的“预学”栏中。在此过程中，教师完成第一次学情调查，进行二次备课。互学是“舵手课堂”承上启下的环节，它可以采用对学、群学、展示等手段。教师进行二次学情调查，对共性、难点问题要做一些铺垫、启发、提醒，必要时要讲解。教师根据调查情况进行小组展示分工。最后，各小组按教师分工推荐代表上台展示，其余学生做好点评准备和补充完善导学案。各小组长监督组员，安排点评补充。教师在该环节中，关注学生展示过程，及时评价、释疑。评学是“舵手课堂”画龙点睛的环节，可以采用达标检测、反馈矫正、课堂小结等手段（约5分钟）。“舵手课堂”重学生主动探究、轻教师讲解，

课堂互动形式多样,学习气氛浓郁,有效地激发了学生的学习兴趣,让学生从学会到会学。

三、周听月评,让教师从青涩到自信

我校强化星级教研组建设,扎实开展课堂教学五环节的主题培训和研究活动,努力进行“舵手课堂”教学实践研究,制定了“舵手课堂”教学评价表、试行方案、教师基本要求及学生5项要求等一系列细则。2018学年以来,我校围绕基础型课程、主题教育课、拓展型课程,开展了“周周听、月月评”“舵手课堂”展示,以及课堂教学集体诊断、调研、评比等活动,使广大教师施展才华有舞台,切磋技艺有机会,比、学、赶、帮有方向,逐步打造出一支结构优良、业务素质强、整体水平高、充满活力、具有创新能力的师资队伍。开课数量从2018年的28节、2019年的97节增加到2020年的110节。开课质量上也有很大的进步,不仅区级公开课及获奖数量有所增加,还出现了市级比赛课(获探究型课程二等奖),教育部的“一师一优”课(二节)、疫情期间的“空中课堂”。2018年至2020年,有4位教师晋升高级职称,区级骨干教师也从4名增加到7名。2020年,我校获得了1个区“十佳教学”之星、1个“十佳教学之星”提名。这些成绩每一项在我校历史上都是绝无仅有的。公开课展示成为教学常态,使我校的教师逐渐出现大气、开放、乐于合作的特点,从青涩走向自信。学校连续两年获得“崇明区初中教学工作优秀奖”。

四、全员导师,让德育从要求到需求

立德树人、“五育”融合,培养全面发展的小舵手,是我校跨越式发展的方向。经过探索和实践,我校将“舵手文化”与德育相融合,对学生进行培德、启智、融情、立志的各类主题教育活动,并引导师生以“水”“船”来命名年级、班级和小组名称。在此基础上,还推动形成“舵手文化”全员导师网络,通过参与听课、家访、午休课管理、德育例会、经验交流等方面的考核,形成全员导师的良好氛围。学校充分挖掘社区民警、居委会代表等资源,定期议事,积极发挥法律顾问、法治副校长的专业优势，助力依法办学；同时开展形式多样的家校互动，让家长参与学校管理、校风监督，让他们对学生的校园生活了解更充分，对学校工作更支持。这样大格局下的全员导师，形成了学校、家庭、社会教育的合力。同时，在“舵手文化”的影响下，不管是教师、学生还是家长、社区干部，都从要我做到我要做，让德育从教育的要求变成了追求美好生活的需求。

五、完善制度，让管理从自发到自觉

管理是学校一切工作的灵魂。为深入推进“舵手文化”的进程，我校依法建立、完善了教育教学、财务财产、师资队伍、学生成长、安全卫生管理制度和后勤服务保障等制度，严格执行校长负责制，发挥党支部政治核心和教代会民主监督作用，校务公开透明，高度重视与家庭、社区的多方联动。依托“强校工程”，有计划、有步骤地实施“舵手文化”内涵特征研究、“舵盘文化”课程体系建设、“舵手课堂”实践行动、“舵手文化”校园环境建设、“舵手文化”研学旅行设计与实施等重点项目。在“舵手文化”和制度建设的交互作用下，学校很快培养了两名副校长（其中1名到兄弟学校主持工作）和多名中层干部。他们最直观的感受就是：“跟着王校干，每天要主动找事做，不然述职的时候就会无话可讲。尽管累，但快乐着。”

六、我的流动工作感悟

3年来，我参与流动工作体会颇多，主要有以下3点：

（一）管理的方法要因地制宜、因校而异

横沙中学、长明中学的校情是完全不同的。横沙中学教师年龄结构偏大，教师的活力不足，教师间的关系也较为复杂，只有建立公开、公正、透明的制度才能服众；校长才能最大可能地树立起自己的个人威信，才能最快地开展学校的各项工作。长明中学则不同，教师的平均年龄只有36岁，学校朝气蓬勃，教育教学质量处于上升期，只要我们采取符合教师成长规律和学校发展现状的教育改革要求与办学目标，应该就能调动大家的工作积极性和工作热情。“舵手文化”的提出及

其要“让每一位师生成为驾驭自己人生发展方向的主人”等主要目标的确立，也就是水到渠成的事情。我们“以学生发展为目标，以教师发展为保障”的管理策略也得到了教育局领导的充分肯定。

（二）管理的要旨是知人善任、集中智慧

不管在横沙中学还是长明中学，有一点是相同的，也贯穿我的校长职业生涯，那就是：知人善任，集中集体的智慧。

2018 年 7 月，我来到长明中学后，面对全新的班子成员和全体教师，展开了大范围、分层次的调研。我请全体中层以上干部结合近几年来所负责工作的主要做法与成绩、改进措施与目标等内容，就“如何做校长”的话题进行建言献策；请全体骨干教师、学科组长、年级主任结合近几年教育教学工作，就“我向校长提建议”的话题提出意见和建议。两周后，我共收到建议文稿 56 份。这对我们梳理学校发展目标和路径、制订新三年发展规划起到了很好的促进作用。

经过两年工作以后，根据有关同志的建议和要求，经校务会和支委会研究决定，在完成了民主推荐、无记名测评的基础上，调整了 3 名“60 后”的干部分工，并把 3 名“80 后”青年后备干部放到中层管理岗位上锻炼，对学校管理工作的优化改进和学校的持续发展起到了推进作用。崇明区教育局主要领导在 2020 年 9 月 8 日参加学校名誉校长聘任仪式上说：“长明中学教育质量持续向好，已成为老百姓心目中家门口的好学校。”

（三）管理者也需要在实践中不断学习成长

人们常说，一个好校长就是一所好学校。实际上，一个好校长何尝不是一所好学校造就的？

我在任长明中学校长的这几年里，一直把学校的持续发展作为校长的第一责任，唯恐做不好，有损学生的成长和学校的声誉。所以，我始终谦虚认真，不敢懈怠，追求更好。但愿长明中学在构建“舵手文化”、促进每一个学生进步、服务国家战略的办学实践中创造令老百姓更满意的教育成果！

引生活走进课堂，
领学生走进生活；
创设生活地理情境，
优化学生学习生态。

姚伟国，1988年参加工作。上海市地理特级教师。毕业于上海师范大学。上海市民立中学副校长，上海市地理学会理事，市中青年教师教学评比评委，上海市高中地理新教材编写核心成员、区学科带头人。

2018—2020年流动期间，荣获“静安区工人先锋号”（2019年）、“静安区旅游公众人物”（2020年）。参与上海市《地理·必修二》新教材和配套地图册编写，主编《地理·必修二·练习册》，主编出版《初中地生跨学科案例精讲》。主持“上海市第四期名师培养工程”和“静安区地理实训室”工作，团队中，两位教师通过正高级地理教师评审，两位青年教师获得2020年上海市中青年教师教学评比一等奖；团队共完成16节“空中课堂”。2020年10月策划、主持“跨学科让教育多了一种可能”市级主题论坛（上海市师培中心），线下参与近200人，线上参与近2万人。

“榴”园之树，枝条载荣

姚伟国

当微影片《奉城》在“奉城古城文化展示体验馆”中播放的那一刻，我心中的激动与自豪油然而生。我在肇文学校的 3 年，是辛苦的 3 年，也是充满激情的 3 年，更是教师职业幸福感满满的 3 年。

2017 年 10 月 23 日下午，我返乡流动到了奉贤奉城肇文学校，开启了为期 3 年的支教工作。这所建校 7 年的乡镇学校地处上海的南部郊区，校名“肇文”源自 1805 年奉贤最早兴学办校的奉城肇文书院。3 年以来，我与肇文学校的“战友同仁”一起“战斗”，有幸经历了 3 年中肇文学校教改发展的所有重大事件。一晃 3 年已过，我至今依然清晰记得第一天在奉城二中举行的以“涓涓交流情、同筑教育梦”为主题的欢迎会，以及奉贤的领导当初对我们提出的“深入课堂、带教青年、推动校园文化建设、辐射影响区域”的殷殷期盼。

携手共商学校规划，开展市级课题研究

肇文学校以“榴芳肇文 • 肇启文道”作为办学思想，拥有“新疆支教情结”的万建平校长将“石榴文化”作为学校的一面精神旗帜与鲜明特色，引领全体肇文人一起携手共进，共同奋斗，也正如石榴果实一般彼此紧紧拥抱，团结齐心。

我流动的 3 年恰逢上海市教委启动“首轮城乡学校携手共进计划”的 3 年，从 2017 学年开始为期 3 年的上海市静安区教育学会对奉贤区肇文学校“精准委托管理”项目。万建平校长兴奋地说：“再铸奉城教育的辉煌，肇文教育的春天来了。”受静安区教育学会徐承博会长委托，我兼任托管领导小组秘书。我们的工作

着力点始终聚焦在对校长、干部的培养和教师队伍的建设上，聚焦在教育过程管理的引领和指导上，聚焦在建设以教学质量为核心的教育评价体系的研究与实践上，取得了一系列的成效。

流动3年，肇文学校万建平校长和同仁们给予了我充分的信任，让我十分感动并感到幸运。同时，我也尽己所能，勤勉认真，恪守责任。3年中，以大处着眼、小处着手的方法，我发挥学校管理特长，与校长室持续商讨各项学年计划、学期计划、重大事件落实推进计划，规划学校的重点探索工作。通过透视肇文学校的发展基础，我们一起总结了肇文学校在办学品质、干部能力、课程教学、师资队伍、德育教育和科研工作等各项上的发展“短板”，为寻找学校增长点做好了铺垫。

基于对学校情况的分析和学校的期盼，校长室确立了“科研引领、正视问题、机制推进、品质发展”的指导思想，我顺势提出推进“四支”建设(即以“队伍建设”为支柱、以“课程教学”为支撑、以“学校文化”为支持、以“活动平台”搭建为支架，探索“创新项目”机制的实施)，落实促进肇文学校的内涵发展，并为学校的可持续发展奠基，努力将肇文学校打造成为奉贤东部百姓满意的品牌学校。我的这一提议得到了学校和托管团队的肯定。

难得的是，肇文学校科研团队将“四支”建设的内涵加以诠释和扩展，形成了一个目标明确、研究内容适切的课题方案，成功申报了奉贤区级课题；后来又与托管团队等一起，以该区级课题为基础，融合精准委托工作，通过进一步完善，又成功申请到了2019年市级课题“精准委托管理下乡镇学校内生发展的行动研究”。我有幸在这一过程中出了力，协助万建平校长策划、组织了课题的开题和中期汇报活动。肇文学校抓住每次汇报展示活动的契机，给予教师锤炼的机会、展示的平台。这种意识激励我有所为，不仅在活动的宏观上进行策划思考，还在微观上提出实施方案的改进，比如在“同课异构”教研展示中融入信息技术，设置“电子报到”“电子教案”“云端评价”二维码，减少纸质教案的发放等，大大提高了工作办事效率，提升了活动品质。我们的课题研究得到了市、区专家的首肯，肇文学校的教改实践、科研水平和实力进一步提升，团队的科研自信和区域辐射影响也有所增强。

建立古城文化展示体验馆，开发特色校本课程

作为奉贤文化的发源地，奉城镇区存有沿海独有而稀缺的古城墙、万佛阁及古城部分的街区和古建筑。这里有着丰富的“海岸文化、古城文化、抗倭文化”，以及“非物质文化遗产、红色文化、文墨之区”等资源，充满了丰富的人文底蕴。

面对家乡这片土地，我始终认为这片土地上的文化有着自身独特的魅力。而让学生体验这种文化，知家乡爱家乡，能够增加他们对这片土地的归属感，进而愿意在这片土地上发光发热。因此，我借着“生活地理理念”、专业知识与早前发掘陕西北路城市文化旧址及文化意蕴的经验，结合肇文学校前期“蒙学”等课程建设基础，将研究与发掘奉城古城文化，建立奉城古城文化展示体验馆，开发特色校本课程作为我在肇文学校这 3 年的一份重要工作。

在肇文学校万校长的支持及肇文同仁的信任下，我主持了“奉城古城文化”课程开发小组，走访钢笔画《奉城古城》的作者民间画家黄根裕，考察奉城目前残留的 60 多米的古城和目前上海难得一见的四方形“濠河”，走遍奉城镇各个角落，看到“日本司令部”遗址、十字街、古城墙遗痕、曙光中学李主一纪念馆、奉城一小内的中共奉贤支部纪念馆和“文物保护建筑——杨家宅”，聆听当地居民描述曾经的城墙，带给我极大的震撼。“这里为何有城墙”“这里的奉贤街与奉贤区名有渊源吗”“县城怎么会由奉城迁往南桥”等一连串问题随之产生了，了解这些问题，必然会增进对这片土地的情感。肇文学校正好位于奉城古城和古海塘（钦公塘）之间，可以说是离古海塘最近的学校。于是，我们课程开发团队查询《奉城志》《奉贤志》等文史资料，挖掘奉城史蕴，最后完成了《肇启奉城古城文化》读本，由上海中华地图社出版，内含古城文化、奉城沿革、海岸史蕴、奉城风韵、问道肇文、名人修志、奉城风情、东方明珠 8 个章节，为奉城地区学校开展“家乡教育”提供了更丰富的内容。同时，一支特色课程资源开发和校本特色课程建设队伍逐渐形成。

此外，与编写古城文化读本、开发特色校本课程同步，我们着手建设“奉城古城文化展示体验馆”。我将万校长原先设想的两间房扩展为二层楼空间，起草申

报了肇文学校支点项目，获得成功，得到了200万元的项目建设资金。资金到位以后，如何将读本中的奉城古城文化展示出来，充满了挑战。首先是定位问题，定位在“展示体验馆”，这样就不仅仅是一个“展示馆”，更是一个“体验馆”，一方面更吻合中小学生的学习心理需求，另一方面也为学生的角色体验、职业体验、社会实践增添了空间。其次是将“毛坯房”变成“样板房”，需要空间规划和文化布局，最难的是墙面文字的编排。在万建平校长及其团队支持和配合下，我们团队开始着手改建一个可视化的“奉城古城文化展示体验馆”，从一墙一文字与一区域一特色布局、电视机等要件摆放、古城模型设计等起步，还得到复旦大学胡中行教授赋诗，几经调整，我们逐渐完成了体验馆的墙面文化建设和空间文化布局。最后，在众多专家、校内外师生与家长的见证下，1.0版的展示体验馆顺利落成。400平方米的体验馆内，6个展区分别展示着奉城的“奉贤之源”“古城之魅”“人文之灵”“非遗之美”“滨海之境”“宜居之所”，展示奉城滨海区域特点，室外露台还陈列着抗倭故事，以及海塘、盐业、渔业文化的介绍，也是学生未来的涂鸦区域。室内屏幕上播放的《奉城古城文化》宣介微影片，也由我们自己完成剧本设计，再由专业摄影人员拍摄完成的。

在校本课程建设上，早前学校课程开发的系统性与特色性不够，虽然有蒙学、象棋、刻纸等特色课程，但始终缺少一个核心课程。如今，围绕体现地区特色的“奉城古城文化”，我与万建平校长携手学校的一些年轻教师，开始进一步推进奉城古城文化特色课程建设等工作，构建了包含奉城刻纸、奉城木雕、奉城盐业、钢笔画和蒙学、江南丝竹等在内的校本特色课程集群，形成了市、区、校三级特色拓展课程体系，致力于将古城文化课程打造成推动肇文学校未来发展的新引擎。金敏老师（后来以“滨海盐业”为题参赛，获得上海市中青年教师比武一等奖）就是在这一过程中成长起来的青年教师代表。

在德育教育工作上，肇文学校以往的短板是“学生主体性”不够，缺乏高端的、系统性的顶层设计。我们尝试将文化资源和教育功能有机整合，推进“五大主题一大节庆”学生实践活动基地建设。“五大主题实践”包括“贤城寻访”“古城印象”

“奉城故事”“名人诗词”“走进非遗”，“一大节庆活动”则是指以民俗文化为载体，以传统庙会为主要形式开展校园民俗文化活动，探究和体验奉贤民俗文化。这些校园实践活动在传承中华优秀传统文化的同时，丰富了师生的校园文化生活，为学生的个性化发展提供了广阔的平台。

打造青年教师发展平台，加强教师队伍建设

在早前对肇文学校进行“短板”分析时，我总结认为，在师资队伍上缺乏学科领头羊，职初教师占比过大，普遍缺乏应对经验。依托“首轮城乡学校携手共进计划”，借助静安区的优质教育资源，我有幸与肇文学校及其托管工作领导小组携手，连续 3 年设计了区域教育公开“同课异构”展示活动，让肇文学校与静安各校的教师确定同一课题，开展备课、上课、研讨等，搭建城乡交流互动的平台，并使活动流程不断规范，形式更加现代，内容更加精致。2018 年 11 月的同课异构活动，参与学校 9 所、学科 9 门、教师 18 名，300 多名教师观摩活动。后续又开展了 2019 年上半年、2019 年下半年“同课异构”活动，深化了对教师的专业引领及同伴互助，帮助教师们更新了教学理念，改善了教学行为，提高了教学有效性，促进了专业成长，锤炼了一批青年教师执教能力和活动组织能力。

在青年教师培养上，我与肇文学校的青年地理教师陈前凤进行了师徒结对。这位徒弟非常勤奋努力，在 2018 年 11 月举行的静安奉贤“城乡携手、同课异构”活动中成功执教“南美‘巨人’——巴西”；2019 年完成中级职称晋升，并将执教课的思考撰写成论文参加评比，获得全国一等奖；后又成功申报了 2018 年市级青年教育科研课题“新中考背景下基于节气文化开展初中地理跨学科实践活动的行动研究”，并作为当年全市青年教师的 3 项地理课题之一，于 2020 年 8 月高质量地完成了课题报告，获得市青年课题成果二等奖。同时，我与她一起共研、主编《初中地生跨学科案例精讲》一书。我觉得，我遇到她，是我的幸运，在共研共进中彼此都有所收获。我离开肇文学校半年后，她参加上海市中青年大赛，获得市地理学科二等奖。

我也有幸为教导处的青年干部们的教育教学工作提出了建议，在一次次的实战实训中，他们获得了更上一层楼的能力水平，展现了优秀教师的精神面貌。

如今的肇文学校“枝条载荣”。荣幸成为“肇文荣誉教员”的我，回眸3年的流动工作，至今仍感慨万千，虽有艰辛，亦得满足；品尽不易，心怀澎湃。上海市教委搭建平台给予机会，奉贤教育局、静安区教育学会与肇文学校上下的关照，使我和肇文同仁的教育梦想一一得以实现。同时诸位优秀的同仁精神富足，也常让我惭愧，让我受益良多。“相约肇文”给我带来了幸运和幸福，我庆幸自己守住了初心，完成了使命，也将承载爱意与能量，继续行走守望相助的教育之路。

教育是师生心灵的和谐共振，
是互相感染、理解和欣赏。

吴亚军，1991 年 7 月参加教育工作，上海市德育特级教师。毕业于上海师范专科学校。2016 年 7 月，在香港教育大学在职学习，获教育硕士学位。2017 年 8 月由青浦区东方中学流动到青浦区徐泾中学，担任党支部副书记、校长。半年后，书记、校长“一肩挑”。致力于根据流动学校的实际开展德育研究，先后有两个课题被列为上海市“德尚”德育课题，其中，“活动德育理念下初中阶段开展综合实践课程的顶层设计与分层实施的实践研究”获市三等奖。撰写的论文《活动发展，构筑五育并举的综合实践课程》发表于《现代教学·思想理论教育》。

深挖乡土教育资源，厚植家国情怀教育

吴亚军

“一方水土养一方人”，一方水土也应育一方人。这一方水土承载着对故土的依恋和反哺的责任，积淀着厚重的文化内涵和情感依托。学校如何将乡土教育融入本地发展实际，用好“身边教材”，让教育更加有“底气”、接“地气”、聚“人气”？

2017 年 9 月，我作为新晋上海市特级教师，由位于青浦城区的东方中学全职流动到了位于乡镇的徐泾中学，并且把编制也迁入了新学校，先担任党支部副书记、校长，后又书记、校长“一肩挑”。

为学校把脉，提出“活动德育”理念

来到徐泾中学后，我做的第一件事就是了解学校的历史和教育教学基本情况。经过大约半年时间翻阅资料，走进课堂听课，找行政干部和教师开座谈会等，我较全面地了解了学校的实际情况，尤其是学校的德育工作。我了解到学校开展的活动很多，但缺少理念支撑和顶层设计，于是在做了充分调研的基础上，提出了“活动德育”的理念，并对什么是“活动德育”做了一定的阐释。

“活动德育”是在不断反思总结学校开展德育工作的经验时提炼出来的学校德育工作理念，传承了“青浦实验”的“活动—发展”理论，体现了“基于活动的学生道德品质培养”的思想。具体指在“五育”并举的思想指导下，把学科德育活动、专题教育活动、校园文化活动、综合实践活动等有目的地纳入学校德育系统管理，以实现全员、全方位、全过程育人的目的。“活动德育”的核心要素是注重体验、突出自主、尊重需要。

需要说明的是，这里的“活动”首先指主体自由自主的活动，学生是活动的主体。其次，活动中必须贯彻“关注兴趣，尊重需要的原则”，既要注重学生兴趣的培养，又要注重对学生需要的满足的研究和引导。任何一种思想道德意识的传授，都必须以学生感兴趣的方式进行，同时以满足主体的需要为前提。最后，活动必须以促进个体道德品质发展为目标。

这种活动应依据学生道德品质形成规律设计和组织实施，促进和加速个体的道德品质发展，通过活动应当实现4个目标：一是有利于德智体美劳全面发展，促进身心和谐；二是培养团队精神，培养独立务实和团结协作的精神；三是深化自我意识，提升主体价值；四是培养自我实现的能力。

建设蟠龙文化屋，让一屋牵住乡愁

在提出“活动德育”理念后，如何让“活动德育”的理念落地，是我思考的主要问题。学校所在的徐泾镇有着1400多年的历史，前身被称作蟠龙古镇，有着深厚的文化渊源。据《上海志》记载，蟠龙镇“在三十四保，去县(时属上海县)西北五十四里，宝元初叶太史(叶清臣)疏蟠龙浦为新渠，俗呼新泾镇，频浦汇因名，并设蟠龙务”。这说明，至少在弘治年间(1488至1506年)，蟠龙镇已经正式形成。蟠龙曾以人文荟萃闻名于沪郊，清同光年间，乡贤金维鳌撰《蟠龙镇志》，现代才人金心明写《蟠龙镇志续编》，记载300多年的镇貌、风俗、水利、物产、人物、艺文、寺庙、碑碣以及社会变迁等。但非常可惜的是，随着时间的迁移、时代的变迁，蟠龙古镇上原本留下的大量遗存不是被破坏了，就是被拆迁了。

面对这样的现状，在感到惋惜的同时，一个崭新的想法涌上我的心头：争取镇党委镇政府的支持，在校园里把1400多年的蟠龙古镇遗存展现出来，充分挖掘乡土资源，让乡情进入课堂，让徐泾镇的学子关注身边的文化记忆，牢记徐泾深厚的文化底蕴，牵住徐泾学子的乡愁。

经过学校的不断努力，在镇党委镇政府的大力支持下，2020年8月，蟠龙文化屋在学校南部校区建成了。蟠龙文化屋由3个部分组成，以图文和实物展示的形式系统完整地展示了蟠龙古镇的风貌。第一部分“走进蟠龙”，通过名胜古迹、宗教文化、名门名人、商市兴衰、民风民俗、红色基因等 8 个篇章来介绍蟠龙 1400 多年的历史沿革；第二部分是“蟠龙遗韵”，通过本土摄影家张友明老师的摄影作品再现蟠龙风貌，陈列的实物有皮箱、犁、老式窗架、家具以及文字手稿等，都是徐泾当地百姓捐赠的，充满了厚朴的“年代感”；第三部分则是“非物质文化遗产”展示——徐泾汤炒，以图片和样品陈列形式展出。

“大家好，欢迎来到蟠龙文化屋！……这里介绍的是蟠龙古镇的历史建筑，如香花桥、程家祠堂……”伴随着徐泾中学学生稚嫩的讲解声，前来参观的退休老教师们听得津津有味，不时回忆起当年蟠龙镇的繁荣光景。

蟠龙文化是学校得天独厚的“地域文化资源”，不仅折射出当地人的物质、精神和文化生活，也与学校教育相互促进。结合地域文化特质，学校确立了“蟠龙文化”校本课程的培养目标：让学生认识、感受、欣赏古镇文化，了解古镇的起源、发展、变迁；了解一代一代徐泾人民在此劳作生养的奋进历程，培养学生热爱家乡的情感，激发师生的家国情怀。因为学校是在当地文化的基础上形成的，将蟠龙文化引入学校，是希望学生能够在言传身教中感悟和传承古镇文化，同时秉承徐泾地区的人文精神，以此推进学校的课程建设，丰富学校的办学内涵。这类课程的设计能让学生感受到身边的、与生活融为一体的文化元素，同时也体现了学校的文化担当，对地方文化的理解、认同和传承。

蟠龙文化屋的建设，把蟠龙古镇的遗存、遗物保留了下来，我们组织学生去参观、了解蟠龙文化，在了解徐泾过去的同时增进对家乡的感情。蟠龙文化屋不仅是校内学生乡土教育的一个点，还是徐泾镇市民的“修身点”；同时成功创建了区爱国主义教育基地，下一阶段还将与徐泾学区的学校对接，实现资源共享。

建设校史长廊，让一廊凝练情怀

徐泾中学于 1960 年建校，到如今已经“风雨兼程”六十载。60 年来，学校从原先坐落在现 318 国道南面的破旧学堂，发展成了拥有一校两址，占地 25000 多平方米的现代学校。60 年来，学校在硬件设施、教师发展、课程建设、课堂教学、学校德育等方面都取得了长足的发展，为国家和社会培养和输送了数以万计的合格学子，更有不少校友成了国家建设各行业的栋梁。

校史资源是对学生开展家国情怀教育的重要资源。学校应该充分利用这一资源，通过课程建设将校史化作对学生开展爱家乡、爱学校教育的生动教材。为庆祝建校 60 周年，我积极争取徐泾镇党委镇政府的大力支持，将北部校区一条南北走向的校内长廊加以改建利用，建成校史长廊，把 60 年的校史镌刻其上。60 年间的时代变迁，其中发生的大事记、学校获得的累累荣誉、教师学生的蓬勃发展、课程体系的日渐丰富……全都一一记录，成了全校一代代师生共同的“纪念册”。

校史长廊不仅仅是校史校风校貌的展示，更是提升乡土教育的一个重要资源，让学生在了解学校的过去、现在、将来的过程中，增加对学校的了解和热爱。

建立社会实践基地，让基地助力成长

社会实践活动作为学校德育工作的重要内容，是开展实践育人，提升学生综合素养的重要途径。徐泾中学在“活动德育”理念引领下，以“奔跑吧，领巾”为主题深入开展学生社会实践活动，努力加强培养学生认识、亲近和服务社会的责任意识。

学校所在的徐泾镇过去被称作“万里国道第一镇”，现在随着国家会展中心坐落于此，又被称作会展首位镇。镇域内有着丰富的社会资源，学校充分开发利用身边的资源，签约校外社会实践基地，如徐泾京华居委、徐泾蟠龙居委、徐泾消防中队、徐泾社区卫生服务中心、徐泾污水处理有限公司、徐泾微笑农场、上海国家会计学院、徐泾园艺场等。每学期，学校根据不同年级学生的身心特点，精心安排实践基地和活动，做到整个年级学生全体参与的社会实践每学期不少于一次，安排在适合大量学生一起活动的基地。同时还以班级、小队名义安排学生到适合部分学生开展活动的基地。这些基地的建立，为学校课程化实施社会实践活动奠定了良好的基础，补齐了学校实践育人的短板；同时，也为提升学生综合素质，增强学生社会责任感提供了保障。

学校还积极利用社会资源，开发校本场馆课程。利用每学期春秋游的时机，规定各年级每学期至少要到一所博物馆、纪念馆、展示馆、科技馆等场所考察学习，合作探究。为保证学生学有所获，要求做到事先通过班队会了解场馆内容，领取考察任务和探究课题；事中小组合作完成考察任务和探究学习；事后通过班队会汇报交流考察和探究的学习成果，给出评价。

“通过蟠龙文化屋了解徐泾的过去，乡土教育也要立足现代，与徐泾高速发展的现代化、城市化进程接轨。通过让学生们去看徐泾的现在，来亲身感受脚下这片热土发生的日新月异的变化和光辉美好的未来。”我是这样想的，也是这样做的。除了打造校史长廊提升学生对学校和家乡的认同感，学校更是结合区教育局对起源文化、江南文化、红色文化、枢纽文化“四大文化”教育的要求，以国家会展中心为重点，分大会展、大智造、大物流“三部曲”在枢纽文化教育上做文章。我们组织学生实地参观国家会展中心，开展“助力进博，做好小小东道主”志愿活动；参观北斗实验基地，了解航天技术尤其是导航系统的发展；参观“三通一达”等物流企业，了解物流业的发展情况……

自 2017 年 8 月我流动到徐泾中学，一晃将近 4 年时间了。4 年中，我虽然负责学校的全面工作，但思考最多、做得最顺手的还是学校的德育工作。在这 4 年中，我成功申报了两个上海市德尚课题。通过课题的引领，“活动德育”的理念不断得到教师们的认可，而且结合学校实际，在“活动德育”理念引领下，充分挖掘本地乡土资源，开展家国情怀教育的努力也取得了不少的成效。2019 年，我根据我们的活动撰写的《做好东道主，助力进博会》一文，被评为上海市教育系统落细落小落实社会主义核心价值观优秀案例。

诊断把脉谋发展

“双特”为流动校诊断把脉，摸清学校的优势与短板，通过制度规范和抓学校特色项目，促进学校内涵发展。作为学校的领导者，从教育的全局出发，绘制长期的发展愿景，擘画教育的美好未来。

面对全新的工作环境，“双特”全面开展调研，倾听师生的心声，了解学校教育教学情况；从顶层设计出发，制定和完善一系列的规章制度，让师生做人有尺，行为有度；团结领导班子，构建良好的学校教育生态，助力教师发展和学生成长；用课程引领学校的内涵发展，激发教师的内驱力，唤醒学生自我成长的动力。

学校管理者带给学校的变化是根本性的，从学校实际出发出谋划策，为学校的发展注入源头活水。

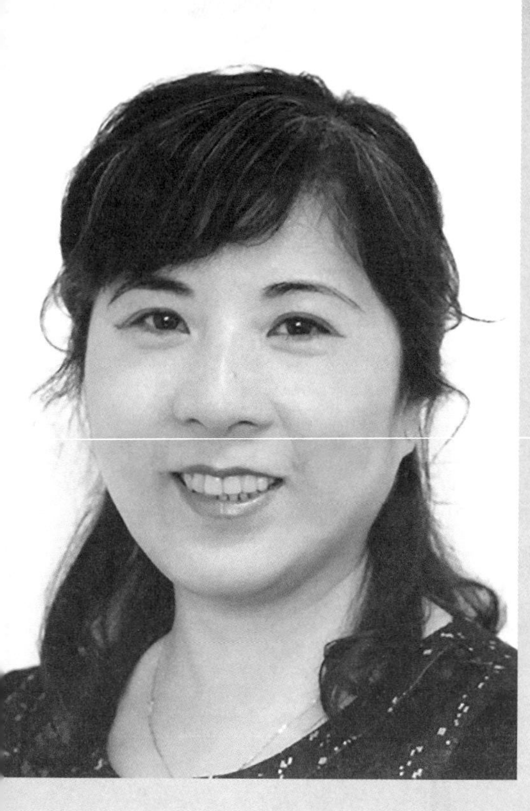

温暖的力量是无限的！

沈德茜，1983 年 7 月参加教育工作，特级校长（书记），杨浦区六一小学校长、书记，六一小学教育集团理事长。杨浦区第十六届人民代表、杨浦区教科文卫委员。流动期间，荣获“金山区教育局优秀党务工作者”称号。

让教育有温度，让管理有深度，让流动有黏度

沈德茜

2013年，我地铁、火车轮番坐，单程85千米，创下我30年工作通勤的新纪录，也开启了我“双特流动”的践行路。如何高位引领更多不同区域的教师发展，提高教师的人文素养，从而提升不同学校的办学品质，达到教育优质均衡发展的目标，是我在“双特流动”之路上不断思考的问题。

我带着教育的梦想，用我的专业知识去提升教师的综合素养，用优秀的学校文化去引领教师共同发展，积极有效地推进杨浦区和金山区两区的教育合作。

支教——支起另一片教育新天地

2013年9月起至2015年7月，虽然我的工作岗位从打虎山路第一小学（以下简称打一小学）的党支部书记转换为六一小学的书记、校长，但是我的金山支教工作没有间断。我聚焦基层党组织建设，利用区域的力量融合打一小学、六一小学的优质资源，建立定期的研讨交流制度，在人才培养、干部教育、精神文明建设、师德师风建设、校园文化建设、党风廉政建设等方面实现资源共享、优势互补、均衡发展、共同提高。在杨浦和金山两个区域之间，我带领我的支教团队架设了一座促进市郊城乡教育均衡发展的桥梁。

第一，注重德育工作。我十分注重教师职业素养的提升，通过师德典型的树立，通过经典文化的浸润来提升教师的人文素养。在学校师德建设中，我们提倡“孩子的点滴进步和家长满意的微笑就是对教师最大的鼓励和支持”这一理念，在社会上引起极大的反响，收到了很好的效果，这也成为学校德育工作的一个亮点。

我还注重师生的情感体验，将促进师生和谐发展的“10 条建议”，寓德育于文化、艺术、人文为一体的摇篮课程建设，以及跨学科渗透融合的儿童哲学课程带到金山教院附小，拓展了两区办学的育人理念，丰富了学校的课程资源。

第二，抓好队伍建设。党管干部，党管人才。在工作中，我力求抓好干部队伍的建设，注重学科带头人和骨干教师的培养，注重青年教师的培养以及党员队伍的培养。一是搭建平台，促进发展。支部搭建了很多平台，如学科带教制度是为培养学科带头人搭建的平台；中高团队合作教学，是培养骨干教师的平台；青年教师专业发展小组是针对青年教师专业成长的。每一个阶段的目标都很明确，举措都很有力，很好地促进了支教学校教师的专业发展。二是发挥党员先锋模范作用。支部对党员的要求很高，要求党员做教育改革的模范，做关心群众的模范，做教育学生的模范，做参与公益事业的模范，在岗位上建功立业，带领教师做一个“不用扬鞭自奋蹄”的人，切实起到战斗堡垒的作用。

第三，以文化凝聚人心。到金山教院附小支教后，我把每周五的学习设定为集中学习、分散学习、个人自学、网络学习等多种多样的形式。我觉得党的工作都是实实在在的，都是紧贴学生生活、紧贴校园生活、紧贴时事的。创新才能促进发展，才能更好地服务学生，服务群众，才是鲜活的、有生命力的。教师的学习内容丰富，形式多样，有人文讲坛、影视教育、业务培训、读书沙龙、文明班组评比等。我们把平时的教育教学工作和团队合作、文化活动结合起来，有力地推动了学校的工作；同时，在各种学习交流活动中渗透党的领导，创新活动内容，找准党组织发挥作用的着力点，增强教师队伍的凝聚力。

第四，我们抓内涵发展，提升学校核心竞争力。针对学校的特点，我提倡积极向上的文化氛围，以师德榜样引领人：通过升旗仪式、数字故事等，介绍一批先进教师的事迹；通过写案例，申报校园人文新景观，使学校的文化展现在校园的每个角落，真正起到润物细无声的作用。

第五，积极支持和参与教代会的讨论。我在学校年终绩效奖励方案制订方面献计献策，在学校环境建设方面出谋划策，在学校教师对奖励分配方案有异议时积极作思想疏通工作……

共情——用真心温暖师心

在支教工作中，我也碰到过不少困难。遇到棘手问题，我并没有两手一摊，说一句“我没有办法了”来交差了事，而是与行政领导一起动脑筋、想办法、破解难题。我认为，只有激发教师的职业活力、专业创造力和教育教学热情，才能不断激励教师进步，才能增强学校的发展动力。每个年龄段的教师都有各自的职业短板，有青年教师的稚嫩，有中年教师的职业倦怠，抑或是职业发展路上的不明确。

记得有一位女体育老师，40 多岁了，在职称评定中多年没有晋级，心理落差很大。原因一是她自己比较懒，没有公开课，没有科研论文，英语也不好；二是学校没有小学高级岗位额度了。但她没有在自己身上找原因，而是把责任推到学校，认为是学校没有给她机会。于是，在学校的大事小事上她经常唱反调，还经常跑教育局信访办去上访，成为“刺头”。

我了解情况后，为她把脉，帮她理清优势，找出不足，搭建平台，让她有的放矢地去努力。一是给她讲政策，不是学校为难她，而是她本身缺少职称评定的“敲门砖”，但这些“敲门砖”必须要通过自己的努力换来的。我们创设条件，让她上了一堂两区的体育公开课，这样她就有了公开课的记录。二是给她搭建平台创造条件，让她参与学校的项目组，做一些她能做的事情。如学校轮滑队是上海市金牌队伍，我们就把低年级段学生的训练任务交给她，让她参与一起工作，积累一些资料。三是找到有小学教师岗位名额的学校，推荐她到那里去工作，以解决她的职称问题。这些举措多管齐下，从情感到政策，为她个人制订计划。虽然我在的那两年，这位老师的职称问题还是没有解决，但她情绪已经平稳了，也知道自己以前不够努力，“书到用时方恨少”，但看到学校真的是为她想尽办法，她也就放下成见，不与学校对着干了。

我相信，温暖的力量是无限的。用我的心去温暖所有的人，用我的智慧去帮助别人，我要带着这种使命，让光荣和责任同在。

两年的支教时间很快就过去了，但我与金山教院附小的情谊还在不断延续中。尤其是我的“名校长工作室”成立后，更是加强了这种区际的参观交流、教学研讨、文化互补，为工作室成员之间的相互借鉴与学习指引了方向，为两区的教育均衡发展作出了一点贡献。

今天的努力不仅仅是为了成功，而是为了让奋斗过的年华不再有遗憾，让人生变得更有意义。两年支教中，我带着责任，主动作为，把我的办学理念引入支教学校，讲民主、重细节、求品质，积极引领党员干部和青年教师弘扬师德正能量，发展专业练技能，有效提高了教师队伍的人文素养，为教育的明天点燃起教育的火种！

为每一个师生创造更多人生出彩的机会，
向往美好，感受美好，追求美好，
实现美好梦想，享受美好生活！

李小华，1983 年参加工作。上海市特级校长、正高级讲师，毕业于华东师范大学。现任上海市商贸旅游学校校长。兼任上海市职业教育协会副会长、上海餐饮烹饪行业协会副会长、世界中餐业联合会教育分会副主席、上海商贸职教集团副理事长、上海旅游职教集团副理事长、长三角中等职业教育一体化发展“名校长工作室”主持人等。

2013 年 9 月开始，流动到崇明上海市工程技术管理学校，并担任崇明教育系统“职业教育研究名师工作室”主持人。2013 年，主持研究的“基于课堂的教师教学能力提升的研究与实践”“基于‘课程、课堂、课本’的旅游服务与管理专业建设的研究与实践”两项成果，获上海市教学成果（职业教育）一等奖。

弘扬工匠精神，追求教育梦想

李小华

1983年7月，我从华东师范大学毕业走上工作岗位，成为一名人民教师，至今已经30多年。我在领导、前辈的提携下，1997年开始走上教育管理岗位，担任了20年的正职校长，其中14年为中职校长。尤其是2013年5月被批准为上海市特级校长，同年9月在崇明上海市工程技术管理学校进行了为期两年多的特级校长流动，担任崇明教育系统“职业教育研究名师工作室”主持人（2013—2016年），这段经历使我对教育有了更多的思考与追求，更让我体验到了教育的快乐与幸福。

弘扬工匠精神，让工匠精神深入人心，成为教职工的共同信仰

我通过一段相对连续时间的观察，与上海市工程技术管理学校的领导、教师做了大量沟通与交流，共同静心梳理、总结学校的成功经验与不足之处，对现代职业学校应该怎么办、如何培养人、培养什么人，做了大量的调研。我们一致认为，工匠精神应该成为学校师生共同遵守的职业信条和行为操守，高质量发展亟待一大批具有工匠精神的教师挥洒汗水、贡献智慧。在此期间，我用直白的语言、直率的态度、直接的方式，让大家更好地了解现代职业学校应该怎么办、怎么改、改些什么，以及今天怎样做职业学校的教师。从某种程度上讲，现在人人都在喊“工匠精神”，但高质量不是靠口号“喊”出来的，而是要实实在在“干”出来的，真正成为教职工的价值观，成为共同“信仰”。工匠精神是以上海为代表的中国工人阶级的核心精神，祖国建设需要培养千千万万的一流工匠。工匠精神应该成为职业学校

根深蒂固的文化，是推动职业学校高质量发展的精神动力。学校要把主要精力放在人才培养质量上，创建“国家中等职业教育改革发展示范学校”就是朝这个方向去努力，提升学校形象，把工匠精神融入发展规划、课堂教学、校企合作的每一个环节，做到精雕细琢、追求完美，实现从“重量”到“重质”的提升。通过弘扬工匠精神，让每一位教师恪尽职业操守，崇尚精益求精，进而培育更多“工匠”，不断提高人才培养质量，传递工匠精神，为师生创造更多人生出彩的机会，最终成就美丽人生、实现美好梦想、享受美好生活。

不断自我超越，促进教师专业发展

在崇明教育局的大力支持下，我通过“职业教育研究名师工作室”这一平台，鼓励骨干教师追求卓越、敢于创新，永不满足于现有水平，永不停滞于当前状态，努力建设一支师德高尚、业务精湛、充满活力的专业教师队伍，向更高、更好、更精的方向发展。我和工作室副主持人张平老师共同主持工作室3年，我看到了学员们向书本学习、向专家学习，不断更新知识内涵，拓展知识领域，理论联系实际，不断提高自身素养。我看到了学员们从实践层面上努力进行教学行为的变革，根据自身经验和专业背景，自我导向、自我驱动，在日常的专业实践中学习、探究，形成自己的实践智慧。邱春艳老师作为其中的一个学员、一个代表、一个缩影，从其成长经历中可以看到，在学校党政领导下，通过引路子、架梯子、压担子、搭台子，形成有助于优秀教师专业成长的机制、舞台和氛围。邱老师推进课程教材改革，提升育人素养和课程思政的能力，在市、区级各类竞赛中取得优异成绩，评上中学高级教师，成为上海市中职服装专业中心组成员、崇明区学科教学能手，担任了校教务处副主任。个人成长的背后显示着学校的创新活力，历史的接力棒正在交到年轻一代手中，一批中坚力量在关键时刻冲得上去、“豁”得出去。我从中看到了青年教师们一种自信、“舍我其谁”的底气，更看到了一种自觉、“责无旁贷”的锐气，学校掀起一股新的“强技”热潮。

强化课堂主阵地作用，推广“学评用”一体化教学模式，推动信息技术与课堂教学深度融合，让教师有荣誉感、成就感。我在多年教学研究、实践的基础上，对积累的典型课堂教学案例不断研磨、改进，探寻教学规律，经过反思、总结，提炼出易操作、可复制、能拓展的“学评用一体化教学模式”，指导的一批教师脱颖而出，在上海乃至全国的教师教学能力大赛中取得优异成绩。我把特级流动工作作为推广自己教学成果的平台，帮助教师改变“全控制式”的课堂教学，探索真正意义上以学生为主的新型课堂学习方式，把“三教改革”任务转化为教师的改革行动，转化为一个个生动的教学案例，成为体现学校“优质”的“集中展示区”，更好满足教师对优化教学模式，构建高效课堂的向往。我通过培养一批改革的先行者，努力打造“智慧课堂”，邱春艳老师作为我带教的学员，指导其以真实工作任务为引领，去设计问题并形成问题链，注重跨专业的综合学习。邱老师指导学生通过与教师、专家、资源“对话”，找到解决问题的策略，注重养成良好的思考习惯，关注“科学精神”“审美情趣”“人际交往”，更好体现科学性、技术性、艺术性、人文性的统一，使课堂教学的设计站位更高。2016 年，她获得上海市中等职业学校信息化教学大赛二等奖。课堂教学改革、深度融合需要有一个过程，经过几年的实践磨炼、积累才会产生优化效应，邱春艳老师在 2018 年获得了上海市中等职业学校信息化教学大赛一等奖，荣获崇明区“为人、为师、为学”先进典型，逐步实现以知识、技能传授为主的教学方式向以职业素养养成为主的教学方式转变，达到提升教学效率和教育质量的目的。

扎实创造“典型”、认真执行“典型”、不断优化“典型”，讲好“工匠故事”，促进教师成为研究者，实现梦想追求。我们通过共同编撰《工匠梦——职业教育名师工作室学员成长足迹》，弘扬课程教材改革实践中凝聚而成的可贵品质，用“典型”引导教师不断发展与创新，充分展现精神之美、时代之美，引领校本教研和科研兴校向纵深方向发展。教师的水平就是学校的水平，我们通过营造有利于富有个性品质的优秀教师成长的环境，促进具有“匠魂”的优秀教师群体形成，逐渐使工匠精神真正落地、生根、开花、结果，让更多的教师实现教育梦想。我从这些名师工作室学员们身上看到了精益求精、团结协作、群体奋斗，这个群体展示的就是最具代表性的“工匠精神”。大家为了学校的“梦”、自己的“梦”，任劳任怨，尽心尽责，虽然有时也会有迷惘和抱怨，但他们一直努力追“梦”，脚步没有停留，期望没有停止，追求没有停歇，奋斗着、前进着。正是这支“育训皆能”的“工匠之师”使梦想照进了现实，把学校带到了新的高度。学员们以“思考”的目光重新审视职业教育，以“反思”的胸襟走进课堂，以自身的“工匠精神”为学生成长创造了一个良好的学习氛围。邱老师说：“我要传递教育初心，用勤奋书写教育使命、用奉献升华教育梦想、用信仰铸就教育事业，爱岗敬业，爱国奋进，砥砺前行，践行中国梦，实现自己的青春梦。”在我看来，邱老师个人梦想的实现，从更广泛意义上讲是“精神的力量”，隐藏在学校各个方面、体现在学生的点滴变化中，是逐梦路上“工匠精神”的体现，促成了学校梦想的实现。

虽然我的特级流动工作结束了，但校际合作不断，并继续发挥示范辐射作用，实现成果推广，推动非物质文化遗产的传习、中小学生职业体验，服务全民终身学习。2016 年 10 月，为大力倡导“传承创新 · 匠心文化”的新时代精神，继承和保护非物质文化遗产，弘扬传统文化，培育匠心精神，我受上海市教委职教处委托，通过上海黄浦职教集团这一平台与上海大世界传艺中心合作，开展“上海大世界非物质文化遗产传习”。我引进了上海市工程技术管理学校的崇明土布微织造和崇明土布手工艺品制作项目，以“传承、传艺、传习”为重点，立体化呈现非物质文化遗产的历史与现状、文化特征与经典技艺。这些非物质文化遗产传承人的敬业精神和荣誉感，对大家都是很好的教育。职业不仅仅是一种谋生手段，更是一种事业追求、一份生命守望。我们通过合作开发“土布微织造”“布艺新衍生”“我饰女生”等课程，将非物质文化遗产文化创造性地加以转化，推动创新创业教育，寻求非物质文化遗产文化全新的市场生命力。“上海大世界非物质文化遗产传习”项目为非物质文化遗产传承人、职业学校非物质文化遗产教育提供了参与、展示和推广的平台，也为青少年学生提供了集中的实践体验，促进了校际、项目之间的合作，从而推动“非物质文化遗产进校园”“非物质文化遗产进教材”，以此更好地将这些“历史文化基因”保留并长久发展下去，成为增强文化自信的重要内容，推动专业课程教材融合创新。工程技术管理学校的“土布手缝制作”已成为上海中职服装专业“服装工艺”的拓展内容。崇明土布微织造和土布手工艺品制作项目参加了上海市中职文化志愿者交流团，先后赴美国、秘鲁等国进行文化交流并受到好评，促进了不同国家和民族间的文化认同，从而更好地让世界人民感受中国文化魅力。

短暂的流动已经结束，它也成为我生命中的重要经历、美好回忆。我相信，上海市工程技术管理学校是一所值得期待、值得长期深入研究的学校，“工匠精神”将促进“人人都有出彩机会，人人都能有序参与学校治理，人人都能切实感受温度，人人都能拥有归属认同”，不断地带来更多、更新的东西。祝愿名师工作室的学员们，在崇明职业教育这个“梦工厂”里走高、走好、走远，在学校发展的同时逐步形成个人教育品牌。天道酬勤，一分耕耘，一分收获。

心系学生 宽容为师

李龙权，1985 年参加教育工作。上海市特级校长，正高级教师。新加坡南洋理工大学教育硕士。上海市奉贤区曙光中学党支部书记，从事校长管理工作 23 年，奉贤区教育学会理事。自 2018 年 9 月至 2021 年 6 月，流动到上海市奉贤区头桥中学。流动所在的学校先后取得了“第一批全国‘百所乡村温馨校园’建设典型案例学校”“上海市安全文明校园”“奉贤区文明校园”“奉贤区科普示范单位”“奉贤区‘水天一色’立功竞赛最美校园”、奉贤区优秀“乡村少年宫”等称号，学校教学质量稳步提升。

夯实内涵发展，激发学校发展活力

李龙权

2018年9月起，我流动到上海市奉贤区头桥中学，担任学校常务校长。头桥中学建校至今已有49年，现有11个教学班，学生194人，教职员工54人，其中专任教师50人，高级教师7人，研究生学历教师4人。

进入学校以后，我首先通过调研来“诊断把脉”学校的发展，了解到制约学校发展的不利因素有：学校地处远离中心城区的农村地区，交通不便，社会资源相对较少，教师上下班耗时较多；由于所处地区经济的转型发展，学生人数急剧减少，优质生源流失严重，教学班人数较少，学生个体间差异大；教师成就感下降，发展动力不足，教师队伍结构不合理，优质师资流失较严重，在区域内有一定影响力的教师人数不多；课堂教学模式较传统，理念更新不及时；教师科研意识薄弱，研究能力不足等。学校发展的有利条件有：学校成为“上海市百所公办初中强项工程”实验校之一，市、区教育行政部门为促进学校各方面的发展提供政策保障。在上海市第四届“双名工程”培养计划中，学校有3名教师成为“攻关计划”培养对象，6名教师成为“种子计划”培养对象；在奉贤区卓越教师工作室中，学校有14人次成为工作室成员，分别在学校管理、学科教学等方面进一步提升。

其次，我和学校党政班子一起在调研基础上重点推进《奉贤区头桥中学学校三年发展规划2018/9—2021/8》编制工作，结合“强校工程”制定《奉贤区头桥中学“强校工程”实施方案》。并根据相关内容，制定年度计划书，分解项目内容、任务及负责人等。我们加强班子队伍自身建设，规范学校管制制度，带领全校师生传承“心明目远”的校训、“力行致远”的学校核心价值，以“让每一位学生、教师都得到发展”为学校办学理念，努力办一所家门口的好学校；以“抓实效、促发展、强特色”为发展思路，以“明珠”课程体系的构建与实施、“交互式”课堂教学改革、“三玉”教师培养机制、“德润人和”的校园文化建设项目推进为抓手，夯实学校内涵发展，激发学校发展活力，提升学校发展品质。

一、构建“明珠”课程体系，丰富课程内涵，提升学生的综合素养

我积极参与构建与完善“明德向善、明礼尚美、明志求真”的“明珠”课程体系（见图 1），尊重个体差异，努力为每一位学生提供合适的教育。我们挖掘“明珠”内涵，并延伸与发展“明珠”新的内涵，形成关注基础性学力的“必修课程”“选择性必修课程”，注重动力提升的“七彩”德育课程（见图 2），生涯规划课程、增强发展性学力的“桥乡 STEAM”和项目式学习等选修课程。如在“七彩”德育课程的开发中，我们以红、橙、黄、绿、青、蓝、紫分别表示培育学生爱国情怀、爱心奉献、安全警戒、环保低碳、成长励志、审美情趣、优雅有礼等素养，有效落实课程育人理念，提升学生品德素养。

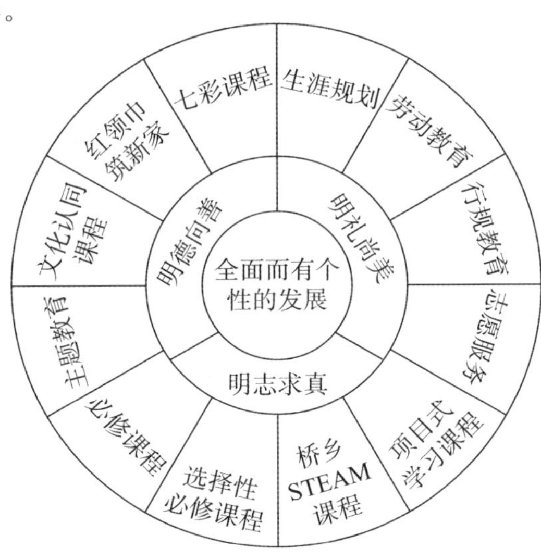

图 1 “明珠”课程体系

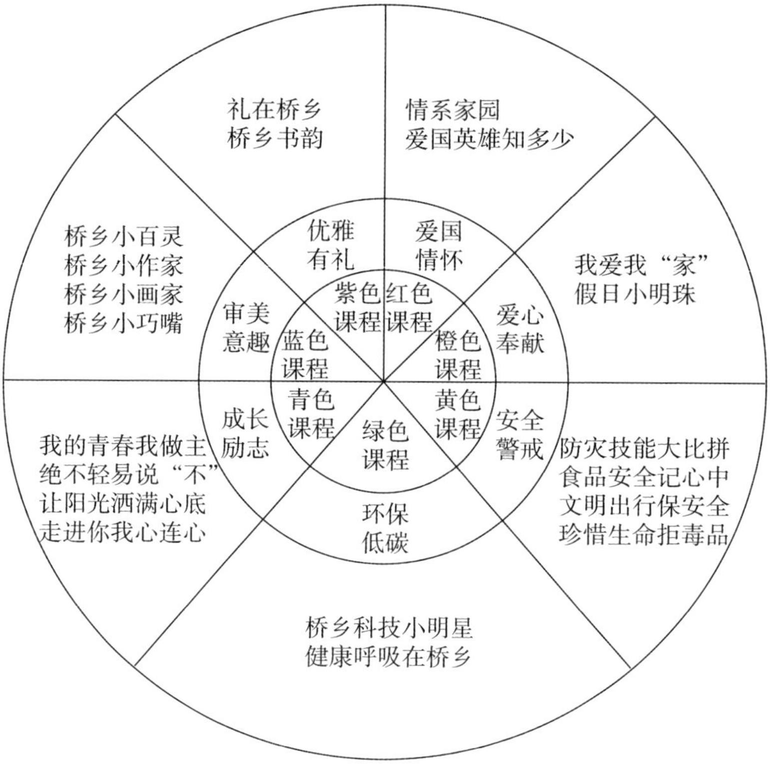

礼在桥乡
桥乡书韵
情系家园
爱国英雄知多少
桥乡小百灵
桥乡小作家
桥乡小画家
桥乡小巧嘴
我爱我“家”
假日小明珠
优雅
有礼
爱国
情怀
审美
意趣
紫色
课程
红色
课程
爱心
奉献
蓝色
课程
橙色
课程
青色
课程
黄色
课程
成长
励志
绿色
课程
安全
警戒
我的青春我做主
绝不轻易说“不”
让阳光洒满心底
走进你我心连心
防灾技能大比拼
食品安全记心中
文明出行保安全
珍惜生命拒毒品
环保
低碳
桥乡科技小明星
健康呼吸在桥乡

图2 “七彩”德育课程

基于特色课程的开发与实践，提升了教师的课程开发力和研究力，增强了学生的创新素养培育。两年多来，我们已整合原有课程，修订完善“区第三批特色课程”——“经典诵读”“健康呼吸　绿色桥乡”以及校本教材《桥之韵》3 册；新编《七彩课程》《红领巾·筑新家》《艺动童心——画韵明珠、陶艺、数字美术》校本教材 3 册；引入开发项目式学习《小麦高产的秘密》《神奇的五彩辣椒》《中药药植物营养汤》《驱蚊创新研究》《生命之电》《认识地球》等 7 个学习资料。学校“生态探究”作为特色项目被评为奉贤区首批“品牌计划”实验校，“奉贤古石桥文化探寻活动”被评为 2020 年奉贤区未成年人暑期工作“特色项目”。

二、以“交互式”课堂教学模式的研究与实践，提升课堂教学实效

针对学校教学班人数少的特点，我指导学校教师开展基于小班化的“交互式”课堂教学模式的实践活动，在对教师开展多轮培训的基础下，沉入课堂与各教研组教师一起展开多次“交互式”课堂教学模式的实践与研究，一起分享改革的收获并不断地反思改进。我们开展以“交互式”课堂教学模式（见图 3）为主题的教案设计大赛、教学评比活动，形成了一定数量的课堂实践案例及教学资源；组织“交互式”课堂教学模式同课异构展示活动，推进课堂教学改革，提高课堂教学的有效性。

通过探索与实践，我们初步形成了“交互式”课堂教学模式，我们认为“交互式”课堂教学模式是指“遵循学生认知（或学习）规律，在情感共鸣、对话互动的师生间的双向或多向交互活动过程中，实现认知—能力迁移和情志—心灵升华过程的教学活动模式”。我们通过“三研”（课程标准、教学内容、师生资源）来创设基于真实问题的情境，通过“三化”（情景化、活动化、问题化）来组织基于真实情境的问题解决过程，通过“三促”（主动参与、互动体验、自主学习）来培养基于真实情境的问题解决能力。

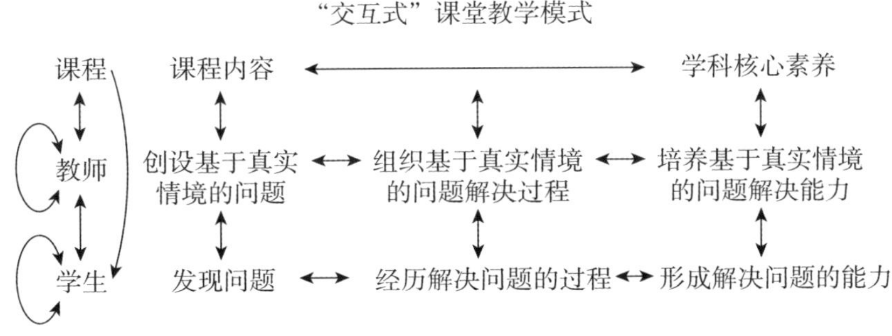

图 3 “交互式”课堂教学模式

“交互式”课堂教学模式的实践，使教师更关注课堂教学方式的变革，科学设计作业和测验制度，保障了备课、上课、作业、辅导、评价等基本教学环节的规范，促进课程、教学、作业和考试评价的一致性。

从2018年9月至今，学校教师在各类教育教学评选中获国家级奖项2项、市级奖项1项、区级奖项8项；开设市级公开课2节、区级公开课11节，参与录制“空中课堂”4节。学生学业质量稳步发展，2020届中考成绩在镇域位列第二名。

三、优化“三玉”教师培养机制，激发教师专业成长活力

我通过优化“璞玉自润”“攻玉添彩”“琢玉成器”的“三玉”教师培养机制，对全体教师进行分类，按需培养。“璞玉自润”构建成长团队，发挥团队力量，使一批年轻教师快速成长，成为学校发展改革的中坚力量；“攻玉添彩”通过引入特级教师、名教师工作室等方式，进一步推动学校中具有发展潜能的骨干教师发展，成长为区域内有知名度的优秀教师；“琢玉成器”重点对具有成为名教师潜力的后备人选加大培养力度，力争将其培养成为区域内名师。

为提升学校教师课题研究的水平，我向学校青年教师作了“教育科研的路径”等多次辅导讲座。在我及科研团队的辅导下，2018年和2019年，学校有7项课题作为区级一般课题成功立项，与2017年相比增长显著。教师们通过课题研究、校本学材的编写、学生项目化学习的实施、“交互式”课堂教学的改革与实践、“明珠讲坛”的校本培训学习等，有效地提升了专业能力，开阔了专业视野，体验到了成长与成功的幸福与快乐。

学校龚仁元老师参加了第二十二届全国教育教学信息化交流展示活动、参与了上教版《普通高中教科书·艺术教师教学用书(艺术与生活)》编写工作；盛国庆老师获“上海最美科普志愿者”提名奖、“奉贤区五一劳动奖章”称号、“奉贤区十佳青年教师”称号、“奉贤区水天一色·立功竞赛美丽园丁”奖；杨玉梅老师获“奉贤区十佳班主任”称号；蒋立闯老师获奉贤区学生活动节“优秀指导教师”称号等。

四、营造“德润人和”的校园文化氛围

我围绕学校文化的历史积淀，在传承中不断推进校园文化建设，追求和谐至善之境的教育生态，营造“德润人和”校园文化氛围；弘扬“心明目远”的校训，建设

“善思乐学、和汇通达”的校风，“爱心、诚心、耐心”的“三心”教风，“明德、明礼、明志”的“三明”学风，建设价值文化，凝练学校文化精神，把办一所令人民满意的家门口的好学校作为学校最高的价值追求。我们围绕学校发展整体规划，建设环境文化，使学校自然景观与人文内涵有机结合；重构楼道、功能室、专用室等场所的文化布置，营造“德润人和”的育人氛围。

引入“PDCA”管理模式，建设制度文化。进一步优化学校现有各类制度，制定各类制度文件和程序文件，健全学校各项管理制度。通过“明珠”先进班级评比、每月“寻找最美明珠少年”评选、文明组室评选、各类优秀教师的评比、“交互式”课堂教学改革、读书润“心”活动等，建设行为文化。

两年多来，我和学校党政班子一起着力推进学校“强校工程”建设，不断优化学校管理，在稳步发展中不断提升办学水平。在学校发展的同时我个人也得到了发展，在2020年专业技术职称评定中晋升为正高级教师。

两年多来，学校的发展得到了区政府、区教育局、奉城镇和头桥发展集团的大力支持。学校虽然在课程教学、队伍建设、学校管理、学生发展等方面有了一定的成绩，但仍有许多不足之处，还需要在今后进一步努力改进与提升。未来的改革之路依旧任重而道远，回首过去，我为学校取得的进步而欣喜；展望未来，我为学校明天的发展而踌躇满志。虽然我的特级校长的流动工作已临近尾声，但我将一如既往继续做好对学校的指导工作，借助“强校工程”的改革创新之势，着力提升学校办学品质，为打造扎根于家门口的好学校而不断努力。

心系学生，宽容为怀

张连芳，1985年参加教育工作。上海市特级校长。毕业于上海师范大学，香港教育学院教育管理硕士。现任蒙山中学、朱行中学校长。金山区第六届政协常委、上海市初中教育管理专委会理事。2018年7月流动任朱行中学校长至今。曾荣获“上海市先进工作者”“上海市三八红旗手”等荣誉。领衔的工作室被评为第十批“上海市劳模创新工作室”。主持研究的“基于数字化平台的中学智慧课堂”被列为2019年度上海市教育科学研究一般项目，“教育信息化2.0背景下初中智慧课堂模式构建实践研究”被列为2020年度上海市基础教育信息化一般课题。

吾生有涯，而知无涯

张连芳

“水尝无华，相荡乃成涟漪；石本无火，相击而成灵光。”“双特”流动工作既是个人成长、专业成熟的难得机会，也是学校间相互促进、共同提高的良好途径。这段流动经历赐予我一段独特又幸福的体验和感悟，回想这段时光，忐忑、紧张、忙碌、充实，但前行路上，步履却越来越坚定且有力。

因校制宜，打造“一校一品”

朱行中学位于上海市远郊的金山区朱行镇。此镇曾经是“桑蚕之乡”，扎结技艺广为流传。随着现代工业化进程的深化，桑蚕文明逐步向现代工业转型。行业虽已更替，文化却未远行。学校近一半学生来自外来务工家庭，对于异乡学子而言，只有对本地区文化的认同才能产生归属感和责任意识。作为教育者而言，我们希望每一个孩子都能认识自己出生的原点。那么，如何依托地区乡土文化，创造属于本校的办学特色呢？

朱行中学于2012年启动了创意扎染项目，历经风风雨雨，这项创新课程在不断成长、丰富。几年间，韵染坊工作室、扎染展示厅、“创意扎染”校本课程等亮点初现，成绩喜人。如何让这一项目的课程更加适应学生认知规律，发挥更佳的育人效果，成为我们深入思考的问题。

在一次次的构想和反复论证中，我们建立扎染课程群的思路越来越清晰。按照学生认知发展规律，我们尝试根据学段构建课程群，分为六年级基础课、七年级拓展课、八年级提升课和跨年级实践课四大板块。六年级走进扎染，进行社会寻访；七年级学习扎染，课堂深化；八年级学科融合，延伸扎染。我们不断延伸项目发展的宽度与深度，做到活动成系列：贺卡书签设计、拼贴画设计、宫廷扇设计、布艺作品设计等。每月有不同的设计比赛活动，并结合不同的校园节日开展扎染活动。在推进过程中，我们又意识到，毕竟扎染项目隶属于美术学科，与多数教师的专业背景还有一些区别，需要进一步分析思考。于是，在实际教学中不断整合，形成了网状知识结构，进一步开发出如"美文妙染""创意书法扎染""染料的开发"等与其他学科有密切联系的子课程。

随着项目的不断壮大，学校办公室、会议室、操场、走廊、图书馆都陆续以不同的形式展示师生的扎染创意作品，形成了学校一道靓丽的风景线。学校的创意扎染先后被学生导报、现代教学、改革杂志、金山电视台等多家媒体采访，连续 3 次进入上海大世界"非遗"课堂，现已成为"上海市中小学专题教育网"网络课程。当学生看见自己的作品刊登在杂志上，看见自己上课的照片在报纸上出现，看到自己学习的扎染课程出现在电视上，内心无比喜悦和激动，自信心和自豪感油然而生。学生们在扎染技艺习得中掌握了扎染的相关知识和技能，培养了良好的行为习惯和文明礼仪，在活动体验中形成了自信、开朗的品质。

2019 年 11 月，朱行中学荣获上海市校园文化建设"一校一品"特色学校。时任金山区委书记赵卫星莅临学校指导扎染课程并题词，各兄弟学校、单位慕名前来参观体验"韵染坊"。我校师生的扎染作品不仅在区、市享誉盛名，2019 年，10 幅作品入选并参加海峡两岸师生作品展，我校师生与台湾师生一起学习与研讨，在课堂、民族技艺上进行了交流，实现课程和文化的相互交融。

面向未来，培养创造人才

2019 年 12 月，我校叶子皓同学荣获"中国少年科学院预备小院士"称号。这是朱行中学的一大喜事。准确地说，是学校的科技创新教育结出的硕果。

我一直认为，在科技创新教育上，教师应该走下讲台，做一个"倾听者"。宽松、和谐、民主、融洽的氛围能为学生发明创造提供心理上的安全保证和动力保证。中小学生刚接触发明创造，面对纷繁复杂的科学世界以及未知领域的奥秘，会产生热烈的激情和盎然的兴趣。为了促进创新创造教育更好地开展，我们提出，教师要突破传统角色观念的影响，以平等的心态对待学生、尊重学生，帮助学生突破习惯性思维障碍、权威型思维障碍等，大胆设想，敢于发表自己的新观点、新思考、新方案。学生拥有了自信，才拥有了创新的勇气，自信心是学生成长中最重要的东西。

叶子皓同学小时候是个淘气又有灵气的男孩子，看见什么都爱问为什么。于是，他妈妈给他买了一套《儿童身边的科学》丛书，引导他探究科学的奥秘。爸爸的工具箱在他眼中是个“百宝箱”，他同爸爸一起做风筝、做小车的经历，使他体会到动手操作乐趣无穷。

进入中学后，学校丰富多彩的科技创新活动吸引了他，使他有了放飞理想、勇于创造的机会。科技老师对同学们说：“一个人对周围事物视而不见，听而不闻，那么，他就会什么问题也发现不了。但一个具有敏锐观察力的人，即使在平常的事件中，也会从中有所发现。善于发现、善于思考的人，才是有创新创造能力的人。”在科技创新课上，老师介绍了许多科技创新实例。在老师的引导下，叶子皓的联想能力有了明显的提升。教室是学习生活的地方，保持教室干净、整洁、温馨是每个学生的义务。黑板槽、键盘缝隙里的灰尘如何解决，这个问题一直萦绕在他的脑子里。他想：如果有一个工具可以帮助大家把缝隙里的灰尘清理干净该有多好啊！带着这个问题，叶子皓开始在网上查找资料，询问科技老师。老师告诉他：“你尽可用自己喜欢的方法去发明创造，尽管它不完美，哪怕是‘丑小鸭’，但它是属于你自己的东西。”之后，他去调查容易积灰、不好清理的角落，然后设计出对应刷头。最后，在机器人课上，他找到了灵感，用一个电机、一块电池、一块主板，借助计算机编程，设计制造出一个电动清理缝隙的机器，由电机的转动带动刷头震动；再通过改变震动次数，实现彻底清理角落缝隙。他通过不断的调试，对刷头一次次改进，成功地达到了预设的目的。在数次实验之后，他体会到了动手的快乐，收获了创造的乐趣。

少年智则中国智，少年强则中国强。我多么希望学校能够培养出更多像叶子皓这样的学生。

同心协力，创新家校共育

在学生的成长过程中，家庭教育是不可或缺的重要一环。朱行中学所处区域由原先的乡镇正朝着城市化进程发展，在这一变革的过程中，学生家庭结构也从过去由背景相近的原居民组成的单纯社区，发展成为由五湖四海新居民连接在一起的新型社区。社区的复杂性造成了青少年问题的增多，同时，伴随着家长整体知识层次偏低；家庭教育氛围不理想、家教理念落后等一系列问题，影响了现代教育理念在一些家庭中的深入发展。但是另一方面，随着社会进程的不断发展，家长对孩子的培养意识也在不断增强，对学校的期望和对老师的要求也在不断提高。

针对这种情况，我们学校班子成员多次商讨研究，最终建立了"以党支部、校长室总负责，德育处、教导处和工会统筹分类指导，各年级组和教研组分层实施并负责，家长委员会协助管理"的家庭教育"三线并行共育"的管理体系。我们通过构建校内、校外教育网络，内部与外部形成合力，形成一个全方位、多层面的家庭教育结构体系，实现社区共同参与，齐抓共管，为全员、全程、全方位育人提供了组织保证。

学校通过"2A＋2C"型创新家长会活动特色品牌来提高家长会的实效，让家长会真正发挥家校合作桥梁的纽带作用。2A 即以丰富的活动(activities)，拓宽家长会活动场所(areas)；2C 即全面梳理家长会角色(characters)，形成系列家长会内容(contents)。经过两年多的探索，课题组创建的"2A＋2C"型家长会，着重在内容、角色、场地、形式上进行了变革，一改我校传统家长会的陈旧模式，形成了极具操作性的活动范式，"4＋x"家长培训体系及"3×3"家长会活动序列的形成，让家庭教育更具针对性，也使家长从碎片化的知识学习向专业化、系统化学习迈进。家庭教育的科学性增强了，让学生的能力得到充分肯定，教师和家长之间、家长和学生之间、学生和教师之间的沟通也更加顺畅，关系日益融洽。家校关系的融洽，教师、家长育人水平的提升，直接获益的就是孩子的成长。

家长是家庭教育的主体，更是家校合作的主体。通过“三线并行”的方式，联合教师、学生、家长的作用，让家长主动掌握教育的技能，掌握科学的教育方法。家长教育水平逐步提高的同时，也使学校拥有了一支强大、默契的“同盟军”，扩大了教育综合改革的教育资源，共育“三爱”“三好”少年。

我惊喜地发现，随着教师、家长育人理念的改变，孩子的成绩不再是受关注的唯一焦点，“自信、健康、快乐”才是孩子健康成长的要义所在。成长目标的多维、教育方法的改变，让家长们学会了用欣赏的眼光静待花开，也让一个个缺乏自信的孩子找到了自信成长的力量源泉。因为这方面的突出成绩，2020 年 10 月，我校荣获“上海市家庭教育示范校”。

一项项殊荣、一次次肯定，都是我们在这条探索之路上留下的一个个深深浅浅的脚印。“双特流动”的学习和工作使我体会到校长的专业化成长，在不断越过一道道难关、辛苦劳累的同时，我在沿途也看到了很多迷人的风景。我在“双特流动”的路上，再一次体悟“路漫漫其修远兮，吾将上下而求索”的内涵。

“双特流动”像一泓清泉缓缓流过，交流的时针仍在嘀嘀嗒嗒地迈进。“吾生有涯，而知无涯”，在与学校、师生共同成长的过程中，我深深感悟：教师的幸福不仅仅是学生的进步和成长，更是自己的充实与成长。

响应儿童需要，享受教育生活

蒋明珠，1986年参加教育工作。上海市特级校长。上海市安亭师范学校1986届毕业生，2004年华东师范大学教育管理专业本科毕业。现任上海市嘉定区实验小学书记、校长，上海市嘉定区紫荆小学校长，专注于学校文化和课程建设。2018年10月—2021年8月参加“双特”流动工作。流动学校2019年7月输送1名学校书记、3名中层干部和1名教学骨干开办新的安亭师范附属小学。通过课程与教学项目研究，结合文化再造和绩效考核改革，学校在短时间内恢复元气，特色获得新的发展，被命名为“国家航天航空协会基地学校”，在区年度综合考核中获评先进，获“上海市文明校园”称号。流动期间编著有《项目学习——进入学科的课程智慧》一书。

有情怀涵养的紫荆人

蒋明珠

1997年香港回归，上海市嘉定区安亭镇将泽普路新建的小区命名为“紫荆新村”，用原安亭师范附属小学（以下简称安师附小）南部校舍11亩土地置换了东部的27亩土地，建起了新校园。1998年5月21日，原上海市安师附小老校长樊玉华带着从安师附小分离出的101名教职工，创建成立了紫荆小学。紫荆小学（以下简称紫小）不仅带着“安师附小”深深的烙印，还赶上了中华民族百年耻辱洗刷之时，故此，樊校长立下校训：“立志明师。”

光阴荏苒，20年过去了。随着“国际汽车城”的开发，紫小不仅面临着“同胞兄弟”——原安师附小更名的安亭小学的崛起带来的压力，还受到新引进的上海外国语大学嘉定外国语学校和同济大学附属小学的挑战，生源大受影响。我流动到紫小任校长时，因现任书记的原紫荆小学校长带领部分中层和骨干筹办安亭小学，师资力量严重受损。

“18名党员走了6名，不错哦，总算等到入党指标了。”

“想办好一所新学校不错，总不能拆了一所老学校吧！”

“好不容易来了个厉害的校长，还指望着能重振当年‘嘉定教育四小龙’的雄风。现在可好，生源差、师资弱，我们都快成难民营了。”

“蒋校长也太好说话了，人家要拿掉几个就给几个啊！”

“估计到我们这里也是混个3年的，紫小的名声跟她有什么相干？”

一时间，校内士气低落，风凉话、怨言四起。好在学校新五年规划要起草启动，我乘机组织起一班紫小“老法师”开起座谈会，还请来德高望重的樊玉华老校长助阵。

看到老校长，大伙儿一下子打开了话匣子，对紫小光荣历史的自豪溢于言表。

“当年安师附小分家时，因为新办学校开局难，老校长选择到紫小；分老师时，老校长又说志明校长刚提任，不容易，让安小先挑人，真是兄弟情深啊！”

“还记得吗？我们2002年就评上了嘉定区实施素质教育示范校，嘉定只有两所哦！来参观取经的不要太多哦！”

“我们当年的校训，记得还是从南宋哲学家陆九渊《象山全集·语录》中摘取的，有出处的！今天新老校长都在，斗胆一句，恢复原来的校训怎样？”

我赶紧插上话：“立志明师，有出处，有情怀，好呀！说起来，我们这批中师生都是有着‘安师情结’的。过去是哥哥帮弟弟，现在要办新安师附小了，我们就来一个姐姐帮妹妹，也算是传承家风了。”

“本是同根，关键时刻应该帮衬。”老校长一锤定音，“‘立志明师’有教育情怀，更有家国情怀，也算是紫荆小学开办时的‘魂’和‘根’，很高兴能传下去。”

于是，“立志明师”校训重回紫小校园，“让情怀涵养每一个生命”成为紫小的办学理念。每周“师说心语”、每年“感动紫小人物”“荣耀紫小事件”的推荐中，家国情怀、生命情怀成了热频词。原本已以家庭为重心的老教导主任“重出江湖”，担起项目组研究重任，带教青年教师；两位已经准备踏步等退休的老班主任挺身而出，出任年级组长；羽翼渐丰的青年教师激流勇进，竞聘中层……紫小校园内又见充满温情、阳光的微笑。

转眼2019年第二学期到了，嘉定区教育局考虑到我兼任两所学校校长，就为紫荆小学选配了专职书记小张，协助我开展工作。新书记很快融入紫荆小学，和原来的副校长、副书记甚是合拍。一天，三人在和我喝茶聊天中忽然你瞅着我，我看着你，支支吾吾起来：

“你说。”

“不不，你说你说。”

“到底是啥事？又在预谋什么了？”我调侃道。

“校长，我知道这原来不在您计划内。可是，如果您明年回嘉定实验小学，这事估计更难做了。”小张书记说，“您能不能趁现在疫情没学生，帮我们把绩效工资分配方案改了吧！”

天哪！原来想让我干这事！我在安小时就听说因为绩效工资分配方案的事，本来一团和气的紫小上上下下，高低年级，工具学科、技艺学科教师几度闹得不欢而散，新方案迟迟没能出台，所以我在3年“流动计划”中压根儿就不想去惹这事。

“校长，从长远考虑，这绩效分配方案是最有效的教师发展、学校发展的导向。”

“校长，我们老紫小教师曾经分析过，这几年安小上升很快，绩效分配是有很大作用的。”

“校长，大家都服您，只要您开口，新方案通过肯定没问题的。”

3个女领导你一言我一语起来。我差点笑喷：“好了，别动之以情、晓之以理，连马屁功都用上了。这事待我来合计合计。”

说是容易，可是怎么改呢？我把考核领导小组的成员们召集在一起开诸葛亮会，说说老师们都有什么意见，原来的解决方案是什么，为什么又没通过。

这个说：“附件7课间健康跑奖励主要是年纪大、身体不好的老师有意见，带学生跑3圈跑不动，拿不到全部奖励，就觉得被扣钱了，心里不舒服。”

那个说：“附件9项目奖励主要是对庆典项目有看法，很多老师认为这些都是班主任、辅导员的常规工作，不能放到研究项目中进行奖励。”

“意见最大的是对超工作量的课时补贴部分，工具类学科和技艺类学科同样是看班代课，补贴不一样；学校少年宫社团活动和课后看护同样的时间段，拿的奖励却比看护费多……”

“附件5的教育教学奖励，工具类学科说技艺类的老师用的是学校少年宫时间训练的，已经拿了补贴，还要拿奖励，不合理；技艺类老师就反过来说工具类学科老师补课也拿过钱了，最后也要拿质量奖，不公平。”

“其实技艺类学科代表的意见还是挺有理的，的确需要德智体美劳全面开花。可是那几位教代表，一说话就怼人，就像炮仗……”

……

说着说着，气氛越来越紧张，大家的神情越来越严肃。我忍不住笑起来：“别说老师们，瞧瞧你们，一说到绩效方案就跟抢你们钱似的。”

袁副校长忍俊不禁，先笑出声来：“真的是，记得以前为了争市素质教育示范校，一分钱没有，大家还抢着干呢。”

“是啊，我们那时做班主任，没有津贴不说，青年教师当不上班主任，就被认为能力不行，很没面子的。”王副校长也补充了一句。

“虽然说现在干活有钱，但也不单是钱的事。”

“那什么才是老师们真正看重的？”

“作为教师被尊重、肯定，就是价值实现！”

说着聊着，我慢慢有了主意：“伙伴们，我们还是从战略战术、标准程序入手，凡是为了紫小孩子发展的事，凡是给紫荆园雪中送炭、锦上添花的事都要进方案。在按劳分配、优劳优酬原则下，我建议再加两条：同工同酬、同一事项就高不重复奖励。操作上要让老师们觉得修改是完全尊重大家的意见，按着大家的建议办的，如此这般，大家意下如何？”

这下，本来门可罗雀的校园人进人出，热闹了起来。

袁副校长、王副校长和办公室主任把和方案对应的管理细则找出来，和相关职能部门、操作人员一一校对、修改。

人事干部每周在教代表群公布一两个对现行绩效工资发放方案附件修改的文稿，小张书记就和我找人听取意见。为了让代表们更有被尊重感和成就感，我们还定了谈话流程：一忆当年学校辉煌，二讲谈话对象的高光时刻，三听方案意见。特别是对几位脾气急躁的教代表，赞赏他们在关键时刻总是“站到高位”“跳出小圈”，从学校大局着想。

一个学期很快就过去了。6 月 30 日，学校教代会如期召开。书记介绍了本次方案的修订过程，我做了修改部分和对应管理细则的解读，人事干部宣读了方案，会场寂静无声。投票时，几位老代表走过我身旁，悄悄在我耳旁说："校长，每次开会都是反对声迭起，这回有戏。"终于到了开票时间，监票人宣读了结果：全票一致通过！终于心齐了！

一晃，暑假过去了。2020 学年 8 月 28 日 13：40，我正在嘉定实验小学忙于开学事务，忽然手机响了，一看是局教育科的，我心里一震，估计没啥好事。果然，樊科长很为难地告诉我，有一个学生刚刚从外区县转来，应该念六年级，但身体、心理都有问题，还没上过学。他入学时的学区不是紫小的，但学区学校中高年级没有学额；现在的学区又只有低年级，请帮助解决一下。我拨起了分管副校长的电话，把情况一说。只听袁副校长惊呼一声："天哪，12 岁还没上过学？怎么会有这种事？怎么可以这样！"我正想着怎么说服她接收呢，没想到她后面的话竟是："这孩子太作孽了！快点快点，让他马上来！家长都要急死的。"我把对孩子的预判和袁副校长交流了一下，顺便还说了刚才担心她不肯收的事。她哈哈一笑："小看我了吧？咱们做的可是有情怀的教育！"

当天下午，回复来了。孩子身高 170 厘米，走路不稳，患有癫痫，伴有自闭，语言沟通不甚流利，识字量不足 200 个，不适合大班教学。第二天，袁副校长就把孩子的个别化教育方案向我做了汇报：学籍进五年级，每天上午不用进班，心理专任教师李老师亲任语文学科和感觉统合训练，数学、英语和自然学科教学组组织蒙特梭利项目组的老师一对一个别化辅导。

此后，每次我到紫小，都会看到李老师带着孩子在感统训练区练习。他从根本不敢踩上低木桩，到慢慢走完 50 米的低难度训练区；从见到我低头回避，到能在李老师示意下小声问好。无法想象的简单变化背后是紫小伙伴们无法想象的心血付出。

冬日的一天，我刚跨进紫小校门，小张书记就满脸灿烂地迎了上来，让我打开手机"学习强国"平台。只见紫荆校园占了满屏，"立志明师""学校'让情怀涵养每一个生命办学理念'与之一脉相承，都是立足于人的发展，以每一个生命健康成长为教育追求，促进师生的共同发展”赫然显示在手机屏幕上。原来，紫荆小学的校训精神上了“学习强国”平台了，我的心里涌上暖暖的春意。

家国情怀、生命情怀涵养着紫荆人，又回报着紫荆人。紫荆小学重新回到了嘉定区办学先进单位的行列，成为老百姓家门口的好学校。老师们每周一次的“师说心语”栏目也让紫荆园内一个个有情怀的教育故事流传，成为业内的佳话。

只要方向对了，
就不怕路途遥远

樊波，上海市特级校长。嘉定区外冈中学书记、校长，上海市督学。

2019 年 10 月流动到外冈中学，荣获 2019—2020 年度上海市教育系统三八红旗手，嘉定区第四届“十佳校园长”。两年多来，学校荣获上海市依法治校标准校、上海市安全文明校园、嘉定区教育系统特色团组织、嘉定区少先队工作“星星火炬”特色奖。教师队伍迅速成长，有区级骨干教师 5 人，区教学新星 2 人，4 位教师成为市、区德育工作室学员；1 位教师获上海市禁毒德育课评比一等奖，4 位教师获区中青年教师教学评比一、二等奖，3 位教师获区教学新秀一、二等奖，1 位教师获区数学解题能力大赛一等奖。

校貌换新颜，从“一厘米之变”开始

樊　波

韶华易老，岁月沧桑。2018年10月，我作为流动校长来到外冈中学，开启教育生涯新的征程，再一次得到历练，收获成长。回首我漫长的教育生涯，从一名普通的一线教师到现在的特级校长，辗转多所学校，我越发坚信，只有努力让学校从“一厘米之变”开始，帮助师生一点一滴地真实成长，才能以量变引发质变，推动整个学校的发展。

直面不容乐观现实点，思“一厘米之变”

外冈中学位于嘉定区西北部，创建于1956年，现有25个教学班。在680多位学生中，随迁子女占到了62.6%；在编的97位教职工，45岁以上的教师占55%，35岁以下的青年教师只有21%。教师超编近20人，2018年中层干部平均年龄近50岁。这一系列数字的背后，是学校严峻的发展现状。

首先是学生的行规和心理健康问题。学生见到老师，没有做到主动问好，个个脸上疲惫不堪；学校各类主题活动少，学生各类心理负担没法得到舒缓，师生关系、亲子关系、生生关系紧张，学生时有打架斗殴现象发生，甚至有人触犯刑法。

其次是教师的工作状态和精神面貌问题。由于教师年龄普遍偏大，工作积极性不强，学习和创新意识淡薄，整体呈现出懒散怠工的局面，部分教师甚至出现了严重违反劳动纪律的问题。干部队伍的严重老化导致学校管理传统陈旧。

秋高气爽的十月，于我而言却丝毫没感到轻松愉悦，头上是愁云惨淡，脚下是千层坚冰。变化，似乎成了可望而不可即的“奢侈”词汇。现实摆在面前，我深知，唯有带领团队思考促进改变的策略，才能带来学校真正的发展。

挖掘一切潜在生长点，促“一厘米之变”

苏联著名教育家维果茨基提出“最近发展区”的著名概念，简而言之，就是教师要指导学生从现有的发展水平，提高到他经过努力可以达到的水平。对于学校发展而言，也是如此。我努力挖掘这所学校一切潜在的生长点，从能改变的地方开始，以“一厘米之变”，引发更多更大的改变。

行追梦教育，育阳光少年

学校倡导“追梦教育”，明确了“让每一个孩子成为追梦人”的办学理念。为了让这个办学理念落地，学校积极进行全面探索和改变。

打造积极向上的文化氛围，把奋斗和梦想的土壤从贫瘠变得肥沃。外冈中学有着良好的校舍条件，但由于疏于对环境的打理，显得既不整洁、有序，又无学校文化可见。为此，学校充分发挥学生的绘画特长，精心设计，努力营造温馨向上的氛围：以“杏林春暖远流长，中医中药贯古今”为主题，重新设计校园文化长廊；以二十四节气为主线，聚焦学校特色，和学生一起勾勒中草药文化墙；操场、食堂、接待室、会议室重新修缮，力求温暖雅致……现在，师生走在整洁优美的校园里，一步一景的视觉享受，令人心旷神怡。学校还积极打造优秀班级文化，以“温馨教室”建设为抓手，以班级文化活动为载体，开展形式多样的班级特色活动，用活动磨炼、凝聚班级的合力，用文化创建引领学生的成长；引导班主任精心设计班级文化特色项目，以项目推进来创建班级文化特色。随着校园环境和班级文化建设的不断深入，走进校园，便能看到整齐停放的车辆，随处可见的教育教学活动剪影，以及彰显学校历史的文化长廊，充满浓浓的文化气息，逐步成为外冈中学一道亮丽的教育风景线。

推进“强校工程”建设，把工作从低标准向高要求转变。2018 年 8 月，学校被列为“上海市加强初中工程百强实验校”。学校认真剖析办学过程，进一步明确了

“强校工程”的目标任务：优化资源、夯实基础、彰显特色。以迎接评估为契机，学校抓管理、抓转变，一次次的评估，逐渐得到专家的一致认可：学校发生了明显的变化，学生变得文明礼貌，阳光、自信了，教师的精神状态变得饱满积极了……专家的鼓励，为自己负重前行增添了信心。

试点全员导师制，把懈怠和冷漠变成责任和关爱。我校学生中随迁子女居多，家长忙于生计，忽略了对孩子身心健康的关注，很多孩子得不到家庭的温暖和关爱，他们渴望得到更有温度的校园生活。学校积极推行全员导师制，遵循自主自愿选择、按需调整的原则，全体教师分别与一个学生完成匹配，并通过“三个一”（每月一次谈心谈话、学期前一次家访、学期末撰写一段导师寄语）的实践，对学生进行全面发展指导和开展有效家校沟通，促进每一个学生健康快乐成长。除此之外，我们还带领青年教师探索全员导师制的特色关爱路径，引导青年教师形成自己的关爱项目，如感恩日记、写手账、阅读经典等，每月进行导师团经验分享，相互学习借鉴。目前，学校已经初步形成“学生人人有导师”“教师人人是导师”“人人成为学生良师益友”“人人成为家校沟通协调者和家庭教育指导者”的全员育人氛围。

提升家长评价美誉度，把失望变为满意和期望。每一位家长都期待家门口的学校是一所让自己满意的好学校。从这个角度来说，学校承载了家长最朴实、最真挚的教育期望。学校操场达标检测、食堂饭菜质量改进、学生正装征订、校门口志愿执勤服务等工作，都得到了以家委会委员为代表的家长们的支持和配合。从改变学校文化环境，到改善学生伙食条件和教室学习条件，再到努力提高学校各项工作实效，家长们一直用褒奖和行动给予学校最大的支持，同时，也鞭策着学校“每一厘米”的努力改变！

落实分层培训，引领专业成长

在工作中，拥有“跨前思维”显得格外重要。简单来说，就是若想触发这“一厘米”之变，必须为改变做好准备工作。为了改变教师陈旧的思维，激发工作热情，学校根据不同层次教师专业发展需求，推出了针对全体教职工的“潜新计划”、针对全体青年教师的“潜研计划”、针对全体班主任的“潜行计划”，形成分层培养、推进机制。

校外专家来“诊脉”，促进校本教研规范化，给全体教师“吸吸氧”。新学期，我们邀请区教研室各学科教研员莅临指导，进行教学深度调研，为各学科教学工作“把脉问诊”。通过调研，教师明确了“我们目前在哪里？——现状分析”“要到哪里去？——前景展望”“如何去？——改进对策”等关键问题。调研结束后，学校反复研磨教研员给出的精准改进建议，从而明晰了改进措施：第一，规范备课和优化上课，每位教师必须规范课堂要求，重视每堂课的课堂反思，加强行政蹲点听课，关注课堂持续改进；第二，提升教研组实效方面，给出教研组改进计划，必须明确教研主题，落实推进措施，及时给出安排表，结合学科特点组织开展学生趣味活动，以激发学生兴趣；第三，聚焦中考新政，在全校教师中开展经验交流分享，大家互相取长补短，有计划地持续改进。通过蹲点各教研组活动，我感受到一股全新的、充满活力的气息正在教师的教育教学活动中滋长。有了具体明确的方向性指导，大家正以昂扬向上的精神状态思考自己的改进和生长点，如何让课堂更有实效，如何丰富学生的课堂思维容量，成了大家茶余饭后津津乐道的话题。

立德树人重引领，德育队伍专业化，给全体班主任“充充电”。德育队伍的成长，对学生的全面发展起到非常关键的示范引领作用。为此，我以“四个不断”勉励班主任队伍：不断阅读、不断实践、不断反思、不断写作。班主任不但要加强阅读，还要撰写每月工作反思，积累自己的班级管理经验。魏书生、李镇西等优秀教师，都是从一个优秀的德育工作者成长起来的，他们都有自己的德育研究专著。我们站在他们所积累的优秀经验基础之上，才能站得更高，看得更远。学校把德育工作例会从工作布置会变成了经验交流会，让优秀的班主任分享交流金点子、好做法，让充满创新和智慧的思考不断流。学校班主任队伍建设取得了可喜的成绩：两位班主任参加了上海市郊区骨干班主任高级研修班，多位班主任参加了嘉定区班主任工作坊研修，班主任录制的禁毒主题教育课荣获上海市一等奖……

三级抱团共成长，科研攻关挖潜力，给青年教师“赋点能”。青年教师是学校的宝藏资源。潜研学习社是青年教师的成长集中营，专家引领指导、骨干实践示范、青年实践探索，围绕青年教师成长，形成了三级抱团式学习小组，以科研课题实践研究为主要载体，提升青年教师解决问题和课程开发的能力。学校成立了“菁菁工作坊”，培养优质的青年干部。越来越多的青年教师在市区级比赛中崭露头角：两位教师获区中青年教师教学评比二等奖，两位教师获区教学新秀一等奖，学校有市级青年课题1个、区重点课题2个、区青年课题1个、校级课题24个。

行走在醉人的春风里，享“一厘米之变”

两年多的持续改进，学校管理逐步走上正轨，学校旧貌换了新颜，但与办成家门口的好学校的目标还有一定的差距。面对学校发展的困境，与其整日期盼外在强有力的支持，不如用一颗善于独立思考的大脑，秉承“一厘米之变”的信念和行动，挖掘自身发展的优势和机遇，从能够改变的地方开始，一厘米一厘米地坚持，直至把小小的改变积淀为学校的发展传统。作为一名校长，只有富于理想和智慧，以制度规范行为，以习惯培育传统，以文化润泽制度，才能带领师生们滋养生命，传递温暖。

不惑之年，一首小诗送给行走在教育之路上的自己：

一盏琉璃，半杯心悦，品茗着那一份醉人的静，行走在匆匆的流年；

感谢岁月赠予的恩宠，让我途经校园的春夏秋冬，走过的这一程山水！

教育根植于爱

顾锦匡，1987 年 7 月参加工作。上海市特级校长。毕业于上海师范大学生物系，现任上海市崇明区青少年活动中心主任、上海市崇明区新海学校党支部书记，上海市崇明区政协委员、区科协兼职副主席。

2018 年 9 月 1 日至 2021 年 6 月 30 日参加“双特”流动工作。以校园法制项目建设为抓手，提升学校内涵发展；以文化建设为着力点，强化立德树人良好育人风气；以师资队伍建设为重点，提升专业教育内驱力，成效显著，得到学校、家长、社会一致好评。

依法治校促和谐，以德育人谋新篇

顾锦匡

根据上海市教委的工作要求，我于2018年起参加上海市“双特”流动项目，来到上海最西北的学校，也是崇明最边远的地区——崇明区新海学校。

新海学校是一所农村九年一贯制学校，现有学生300余名，教职员工80余人。学校由原先的长征、红星、跃进、新海等4个农场学校合并而成，2008年农场属地后，归入当地政府管理。自第一任校长任职以来，学校的校长、书记换过几轮，也遗留下来一些历史问题和矛盾。

初来之时，面对新海学校较为松散的管理，日渐外流的教师队伍，文明素养待提升的孩子们，我的心情是复杂、矛盾的。来校第一周，我认真查阅了学校的规章制度建立情况，了解了学校教育教学情况，和干部一起商量谋划、把脉诊断，通过建章立制、优化落实、定期修改等办法，以推进依法治校为抓手，提升学校内涵，促进学校发展。

优秀的领导者手中要有“尺”

所谓“尺”，是指领导者科学管理学校的“准则”或“依据”。在调查摸底的基础上，结合学校实际，我与学校领导班子一起以《上海市崇明区新海学校章程》为总纲，先后制订和完善《新海学校绩效工资实施方案》《新海学校教育教学工作奖励条例》《新海学校班主任考核制度》《新海学校岗位聘用制度》《新海学校劳动纪律暂行办法》《新海学校制度立改废意见征询机制》等兼具科学性、规范性、适用性和可操作性的规章细则。同时，我们将学校章程、三年发展规划、各类规章制度、岗位职责等汇编形成《上海市崇明区新海学校发展手册》，供教职员工参阅、学习。我们在工作中完善会议制度，严格过程管理，使文件政策精神和管理方针政策落实到位。

建章立制是落实依法治校的基础，它像一把尺子，规定了师生可以做什么，不可以做什么，哪些事鼓励做，哪些事做了会受到惩罚。规章制度开始实行的时候，少部分教职员工有抵触情绪。如个别老师平时中午喜欢喝点酒，而且多年如此成了习惯。对于这种明显违反学校教育管理的行为，我首先找相关老师谈话，细致分析利弊，耐心加以劝导，严肃告知制度要求。有些老师一开始表示接受教育，但时不时还有犯戒。面对这一情况，我采取迂回战术，主动与其家属和子女沟通，共同做其思想工作，列举日常生活中饮酒的危害和教师违反教育法规的后果事例，使其思想上有较大的触动。一天，这个老师在骑电瓶车时不慎碰伤了一个人，非常焦急和害怕。得知这个情况后，我及时赶到他家里，边安慰边帮他出主意，想办法解决问题，并对不时数落他的家人说，幸好今天不是喝了酒出去的，要不这件事麻烦大了，我想帮你都力不从心了，弄得不好，说不定教师这个“饭碗”也保不住啊！这件事给这位老师思想上带来深深的触动，他当即表示此后再也不会在上班期间喝酒了，并请家人和全体教师一起监督。此事也让全校教师受到了一次深刻的安全教育，依法治校初显成效。

优秀的领导者胸中要有“度”

胸中有“度”，不仅要有科学的管理制度，对管理者而言胸中更要有“气度”，体现出大气和正气。在制度的推进中，我不时提醒自己，要准确把握好这个“度”，既要公正、公平地依法办事、处理问题，又要站在当事人的位置考虑问题。所处理的问题一定要有根有据，经得起时间的检验和人们的评价，保障每一位在校师生的基本权益。

为保障教师的合法权益，学校进一步完善并实施《新海学校校内教师申诉制度》《新海学校教职工矛盾纠纷调解制度》，用制度作保障；在教师的个人成长和业务培训上，确保教师开展教育教学研究、参加业务进修、职务培训、职称评审等基本权利，为教师搭建成长的平台；通过座谈和谈心等方式，了解教职工的需求和动态，建立困难教职工档案，主动关心教职工的生活；收集教职工对教育教学和学校管理的意见和建议，定期召开教工代表大会，民主决策、民主管理，保障教师当家作主的民主权益；开展庆祝教师节、教工运动会、教工疗休养等活动，提升教师幸福指数。

为保障学生的权益，学校制定了《新海学校学生申诉制度》《新海学校学生申诉处理办法》《新海学校学生违纪处理办法》等制度，切实维护学生的合法权利；学校尊重学生人格和人身权利，严禁体罚学生、严禁使用不文明语言以及严禁讽刺、挖苦、侮辱学生等，保障每个学生的人格尊严；学校为学生购买校方责任险，建立学生安全保护及伤害事故处理机制。严格的制度和切实的措施，保障了学生的权益，确保了学校无侵害学生权益行为的发生。

为防患于未然，学校设立了新海学校矛盾纠纷调解小组机构，制定了《新海学校矛盾化解调解制度》，用于解决可能出现的教师及学生纠纷争议。学校教师职务评聘委员会根据其职责负责教师评聘晋升纠纷；学校纠纷调解工作小组负责教师师德师风、教师福利待遇等矛盾以及同事、师生、干群之间的纠纷；学校家委会负责保障学生权利，解决家校冲突等。学校以法律法规为准绳，以人文关爱为底色，协调解决教师及学生纠纷争议情况，进一步保障了师生的合法权益。

优秀的领导者眼里要有“光”

这里的“光”，是指领导者需具有洞察事物的敏锐目光和解决问题的智慧火花。优秀的领导者不仅要热爱自己的事业，把教书育人作为神圣职责，甘愿奉献自己的智慧和力量，以“俯首甘为孺子牛”的心态，干好“春蚕到死丝方尽”的事业，而且还要懂得尊重和倾听，时时处处不以“师者”自居，不以“长者”自傲，真诚、平等地对待每一位师生。

学校法制建设的进程并非一帆风顺，复杂情况时有发生，我告诫自己，既要当好“店小二”，也要做好“急郎中”。和小部分对政策不理解的教师沟通时，我认真倾听教师的困难之处，想方设法为教师解决问题，必要之时，家校联合，邀请教师家属一起，安抚情绪，做好思想工作。和学生们沟通时，我总是俯下身来，饶有兴致地听他们讲班级发生的新鲜事，倾听他们对作业布置、午休安排、环境卫生的好办法、好点子。对于“光”的执着，让我看得更广，想得更深，和师生的关系也更加密切。

优秀的领导者心中要有“爱”

苏联教育家苏霍姆林斯基说：“孩子的心不应是真理的仓库。我竭力要防止的最大恶习就是冷漠，缺乏热情。儿时的内心冷若冰霜，来日必成凡夫俗子。”孩子的言行折射出师长的行为规范，若想学生充满热情，关心、关爱周围的人事物，那教师必先为人师表，以良好的形象感染他者，树立起言传身教的典范。

一次，在课间的例行检查中，我发现不少学生在卫生间门口追逐打闹，弄得洗手池周围满是水渍和纸屑。看到我路过，学生们停下了打闹的动作，低下了头，显得有些局促不安。我知道，这时候如果严厉批评反而会起到反效果，因为他们的神色、动作显示他们已经意识到了自己的错误。我一边关上水龙头，一边捡起地上的纸屑，同时用示意的目光让他们看看墙上醒目的“节约用水”标志牌，问道：“你们懂得这个标志的意思吗？”看着他们涨红的脸，我顺势语重心长地说：“学校是我们学习生活的场所，优美的环境需要我们每一位同学来爱护，浪费自来水、乱丢纸屑是不文明的行为，下不为例哦。”果然，接下来的几周时间，在洗手池周围打闹的学生渐渐少了，不少学生还担当起了义务监督和宣传员，我欣慰地笑了。

中学生的世界观还未形成，往往心高气傲，喜欢讲大话、讲空话，脱离实际。一天中午，我听到有几位学生在教室里争执的声音，循声望去，原来他们讨论的是最近新闻里戍边士兵壮烈牺牲的故事。我看他们一个个义愤填膺，争得面红耳赤，嘴里说着大话：“长大了我要当将军，哪个国家侵犯我国，我就消灭哪国。”“我要当个武器专家，一颗炸弹就让他们有来无回！”“我要当个电子专家，打他个痛快的电子信息战，让敌人摸不着头脑……”大家你一言我一语，嚷得不可开交。我走进教室，对着他们哈哈大笑起来：“在我看来，你们个个都是纸上谈兵的高手，虽说话里充满爱国情怀，但只是唱高调、脱离实际。做事要脚踏实地，理想要有基础来支撑。你们看，要是这地上的垃圾没人捡，学校的财产不爱惜，同学间不友爱，遇到老师不问好，这样的学生能称得上是优秀学生吗？长大后能成为祖国栋梁吗？”看着地上的几张废纸，被水笔刻画的书桌，这几个同学的脸一下子红到脖子。转眼的工夫，他们捡起了地上的废纸，擦净了桌子上的笔墨。我坚信，给予学生们发自内心的信任与爱，他们会成长得越来越快，越来越好。

以建章立制为抓手，推进依法治校，实施科学管理，使新海学校法治、民主、和谐的育人环境得到进一步巩固和提高。作为一所边远地区的农村学校，它的未来的发展思路更加明确，发展前景更加广阔。在2019学年度教育局对基层学校的考核中，新海学校获得优秀，在2020学年度教育局对学校的考核中，新海学校在教育管理和课程建设上又都获得优秀。

参加“双特”流动项目对我来说是一段兼具挑战和收获的人生经历，我珍惜这样宝贵的机会，将在实践中不断总结经验，取长补短，以“提升学校办学水平，推进依法治校进程，办人民群众满意的家门口学校”为目标，孜孜不倦为崇明区的教育事业添砖加瓦。

一所好的学校，就是无论孩子的天资和背景如何，都能通过学校个性化的教学系统，因材施教，因人导学，唤醒和促进他们天资与善端的生长，成长为最好的自己，成长为对国家和社会有用的人。

张悦颖，毕业于上海师范大学教育管理系，硕士学位，中学高级职称，上海市特级校长。上海市世界外国语小学校长、支部书记，徐汇区康健外国语实验小学校长、支部书记，金山石化第一小学校长。

点 石 成 金

张悦颖

金山石化第一小学(以下简称石化一小)坐落在石化老城区中，是20世纪70年代为了满足石化厂职工子女入学而建造的一所小学。随着时代的发展，年轻人口都朝新城区或其他地方迁移，本地生源逐年减少，这里也基本成了教育局安排外来务工随迁子女入学的学校。学校占地面积约10亩，是个“小”学校，且临近海边，湿润的空气中仿佛还略带咸味，所以我喜欢称它为“金山海边小学堂”。2015年10月，我到这所小学堂担任校长。之所以到这里来担任校长，一是因为要完成特级校长支教的任务，二是因为我一直憋着一口气。我来自上海市世界外国语小学，常被质疑学校的成功是因为生源的优势，我希望通过在石化一小的工作证明：无论是怎样生源的学校，通过努力都可以成为好学校。

根据石化一小的情况和师生的特点，以及物理空间局促、经费有限等情况，结合学校“会学习、守规则、能生存”的培养目标，我和行政班子制定了“点石成金——石化一小三年发展规划”。该规划以“墙文化”为抓手，通过“阅读墙”“有点意思墙”“体育挑战墙”“有点难度墙”“毕业墙”“种植墙”“纸艺墙”“乐高墙”等建设为突破口，撬动所有学科的变革，让每个学科形成小亮点，汇成学校课程的大风景；通过规划的落实，也激发教师群体专业成长的动机。

“纸艺墙”和眼睛晶亮的女孩

我们首先启动的项目是“纸艺墙”。我和美术组的老师把美术组办公室到教室之间的一条长廊进行了改造，在墙面上嵌上了若干台PAD。PAD里面是折纸、剪纸等相关纸艺的在线课程(最早的课程资源来自上海世界外国语小学的老师,之后不断补充的课程则由石化一小的老师创作)。上课或是下课时间,学生们都可以通过视频教学进行学习。各种纸艺作品完成后,学生都可以布置在展示区内供大家欣赏。因为担心孩子们没有接触过PAD,我还手绘了PAD的使用图示法。那天,我带着几张"图示",准备张贴在PAD的上方。由于墙体较高,我便脱了鞋,踩着个小凳子去贴。当我贴定第一张,弯腰去拿第二张时,看见两个四年级的女生一人扶着凳子,一人把"图示"递给我。那姑娘小脸仰着,眼睛晶亮,牙齿很白。工作完成后,我便教她们如何使用PAD进行学习,她们便成为"在线纸艺"课程的首批学生。我希望告诉这些随着父母辗转在各城市讨生计的孩子,在这个时代,学习的途径多种多样,哪怕有一天被迫辍学了,依然可以寻找到其他学习的途径。

第二年夏天,那个眼睛晶亮的女孩在走廊上喊着"悦老师",并追上了我,递给我一个纸折的大菠萝。她说,她小学毕业后不能继续留在上海读书了,但她会记得我的话,会一直学习下去,并希望以后也能当小学老师。她说话的样子很美,眼睛依然晶亮晶亮。

"乐高墙"和"伞架"

所有墙中最大面积的墙应该是"乐高墙"。我们在每一间教室外面都覆盖了类似"乐高"那样的积木。因为教室外是敞开式走廊,风吹雨淋,积木的材质正好适合这样的环境,所以"乐高墙"就成了每个教室的宣传阵地。无论是节假日还是主题活动,每个班的学生都能在"乐高墙"上进行搭建并宣传,是学校非常特殊的风景。这类学生喜欢的低结构益智类积木能促进他们动手和创新能力的发展,大面积的覆盖能让每个孩子都有自由搭建的空间和机会。在这个物理空间很匮乏的小学里,"乐高墙"一"露脸"就受到了学生们极大的欢迎。同时,它也给我们带来意想不到的惊喜。

一个雨日,我突然看见在某班的"乐高墙"上密密地排着好多伞。要知道,由于空间狭小，收放雨伞一直是学校的老大难问题。是谁把雨伞放到“乐高墙”上去的？又是怎样放上去的呢？我走近一看，只见在“乐高墙”上有一组积木伞架，这些积木里短外长、高低错落。里短外长是让伞柄能牢固地挂在积木上不脱落；高低错落是为了让伞收拢后最大面积处不并排安放在一个水平线上，使得墙上能放更多的伞，伞架的使用率更高。这是一个多么低成本、高效益的伞架啊！这又是一个多么充满奇思妙想的伞架啊！而它出自一个一年级的小男孩之手。“乐高墙”这样一个低结构的项目促进的却是学生高阶的思维发展。

后来在我的许多演讲或采访中，我多次提及这个伞架，并鼓励学校为学生创设更多的机会和空间，从而激发不同智能的孩子的发展。

一平方米菜园和秦老师

任何项目都是要靠教师来实施的，在项目完成的过程中也一定会带动教师的专业发展。

我是习惯了世外小学高密度和快节奏的工作方式的，因而起初非常担心石化一小的老师们不能适应我的工作风格。但我在石化一小的从教经历告诉我，任何教师群体都是积极向上、乐于奉献、有职业理想的人群，只是他们的内驱力需要被激发。

“种植墙”是科学课程改革的突破口，我希望能通过植物和农作物的种植，让孩子们在课堂上有更多的实践，也逐步形成科学课“做中学”的课堂样态。在学校教学大楼的北边，有一堵和社区分隔的围墙，与教学大楼仅有两米左右的间隔，平时很少有人前往。我们灵机一动，把这片狭长区域连同围墙做成了种植区域。这片区域也就成了科学课室外的种植实践基地，由秦老师负责。秦老师是科学老师，一位40多岁的女教师。一般这样年龄的老师容易有职业倦怠，所以一开始我对这个项目的期待并不高，但后来秦老师领衔的“种植墙”却成了“点石成金”规划中一个相当经典的项目。

秦老师带着孩子们完成了北面种植墙的项目实施，各种植物爬满了墙面。可秦老师却高兴不起来，因为北边阴湿，只能种植喜阴的植物，那就大大局限了植物品种的选择范围，是否能在向阳的地方也找出一些空地来进行对比种植呢？于是我和秦老师等项目组成员在学校角角落落寻觅，最后把种植区的位置确定在一年级4个班门口的柱子周围。我们沿着柱子外围开垦了一块一平方米左右的小菜园子，既不占地，又在学生和柱子中间隔起了防撞区。菜园子中心的柱子用来种植攀爬植物，菜园子里种上不同的时令蔬菜。

几乎每天我都要和秦老师在一平方米的菜园边上观察和琢磨："为什么这个班种的常春藤长得茂盛，而那个班种的爬山虎就活不了呢？""是让学生种植同样的农作物，对土壤进行比较，还是同样土壤种不同的农作物进行比较呢？"在秦老师的带领下，孩子们在这一平方米的菜园子里耕种、探究、收获。他们会拉着我的手去触摸小果实上的绒毛，会摘朵小花作为教师节礼物，当然也会因为好不容易种出的果实被人偷摘而号啕大哭。

秦老师借着这一平方米菜园，着实把科学课"玩"出了花样，不但种大麦叶，还提取大麦叶的青汁；不但种草莓，还进行基因研究。春天，在一片油菜花中的秦老师真美；冬天，为小青菜"盖被"的秦老师真美；秦老师被专业唤醒、孜孜投入的样子最美。

"有点意思墙"和小王老师

数学组通过"有点难度墙"作为高年级分层教学的展示阵地，通过"有点意思墙"来推动数独特色的建立。"有点意思墙"由学校年轻的小王老师负责。小王老师眼睛小小的，皮肤黑黑的，笑起来憨憨的，是个典型的金山本地小伙子。一听说自己是负责"有点意思墙"的工作，他可来劲了，这力使出来可真是拦也拦不住。他开始在低年级开展普及性的数独课，在高年级开设提高型数独兴趣小组。为了让更多对数独有兴趣的孩子有机会学习，他还自己设计制作了数独在线课程，问我申购PAD，挂在公共区域，让孩子们随时都能学习。小王老师的工作动力真是非同寻常！

随着石化一小“点石成金”规划的逐渐落实，学校内涵外现都有了明显的变化，各级领导也更多地来关心支持这所海边小学堂的发展。每当领导到“有点意思墙”边参观时，小王老师总是很自豪地向大家介绍他的这个“宝贝”。2017 年，时任上海市副市长的翁铁慧同志来石化一小指导工作时，小王老师的工作得到了翁市长极大的肯定。

“点石成金”规划在石化一小的实施，使学校在 3 年间发生了巨大的变化，得到学生、家长、教师以及上级部门的认可，成为金山区老百姓家门口的好学校，吸引了媒体与同行，被多次报道与参观。在我支教结束后，石化一小的校领导继续实施和更迭着“点石成金”规划，朝着更新更远的方向在发展。

我很荣幸，能把自己的经历融入政府教育公平均衡的大背景中，能把个人的发展和上海教育的发展结合在一起。3 年一晃已过去，至今，我依然十分想念去往金山那 68 千米沿途叫不出名儿的野花，想念曾经并肩奋斗的伙伴们，想念海边小学堂传来的琅琅读书声……“脚印在泥泞的道路上最清晰”，金山 3 年的支教生活是我人生中最美丽的收藏。

真正的教育和管理
不是捆绑人们的手脚
而是点燃心中创造之火

肖铭，上海市特级校长。毕业于上海师范大学。上海师范大学附属外国语中学党委书记。2018 年 10 月—2021 年 2 月参加“双特”流动工作，在松江四中初级中学任校长。

构筑教育生态，传导教育温暖

肖　铭

2018年夏，我被评为特级校长之后，由上海师范大学附属外国语中学被安排流动到本区的松江四中初级中学，先过渡担任“强校工程”顾问。一年后，我脱离原单位校长岗位，全身心担任松江四中初级中学校长。

松江四中初级中学是一所为上海市保障型大型居住区配套的初级中学，原本是松江四中的初中部。为了在泗泾镇建满足中心城区动迁需求的大型保障型社区（简称大居），就把原来的松江四中初中部独立出来建校，满足大居教育配套需要。我来到学校时，学校刚刚独立，搬入新校舍一年。由于是这样的建校过程和承担的责任，所以学校被列为“上海市百所强校工程实验学校”。作为初中学校，学校生源量较大，教育负担较重；生源背景复杂多元，有相当部分外省市户籍暂读学生，流动性大。学生家庭教育条件差异性大，造成学生学习基础差异性很大；从一个初中部变成独立学校，学校各种管理制度、管理干部、教师队伍结构、课程教学都还在建设当中，难免有些缺口。这些都是摆在学校“强校工程”面前的任务。

刚刚来到学校，让我感到意外的是，学校教师都很关注我，对我抱以很高的期望与热情。许多陌生的教师来到我办公室，主动跟我介绍情况，谈他们的想法、建议、期待，令我感到温暖，很受鼓舞。我想我一定要为这么一所充满新生气象的学校付出我的智慧和汗水，不辜负教师们的信任。我流动支教时间一般为3年，由于担任学校“强校工程”顾问已经用去1年，所以我的工作任期也只有2年。我们这所学校像一棵刚刚移栽的小树，需要我们各任校长前赴后继，一层层给它铺上营养土，一层层积累，最后辅助它长成为参天大树，而不是翻来覆去折腾，或者为了一些指标的短期上升而急功近利。所以，我把自己的工作使命定位于：培基厚土。再加上之前学校制定的“一校一策”——“生态课堂”，结合起来，就是为我们新起步的学校建设新的教育生态而培基厚土。

在接待教师的访谈中，不少教师反映平时每月拿到的工资总比其他学校教师少。我感到很奇怪，马上去调查核算，发现原来学校独立建校之后，还没来得及建立自己独立的绩效考核分配方案。工资发放基本还沿用过去初高中一体时期的老方法。许多项目初高中不一样，所以造成平时许多项目发不了、发放少，年底积累多，需要突击发。这样就让教师感到平时收入少，特别是有些年轻教师每月还房贷压力大，因此感到不满意。找到原因后，我就与班子同志商量，形成共识，就是以此为抓手完善学校工资分配方案，增设体现多劳多得、优绩优酬的项目，同时配套“工作量认定”“工作评价”等一系列方案，先优化学校内部的分配、评价机制，优化内部生态。在制订方案，听取意见时，有老同志好心地劝我，动敏感地带怕牵一发而动全身。我说，我认为只要体现公平、公正，老师们就会认可的。一直到召开教代会表决前，还有老同志提醒我，准备好一个方案遭否决的讲话。我说，我感觉到老师的期盼，相信方案会得到大家的支持的。表决结果只有一票弃权，几乎全票通过。几位老同志既兴奋又惊讶，没想到大家这么团结一致。我的内心更是涌动着一股暖流，我感到为了学校良好的工作生态，大家的心是一样火热的，我深受鼓舞。后来，我们又做了《教师工作综合评价方案》《“高中自主招生”优秀生评定方法》等，有力地推进了学校制度性建设，优化了内部管理机制和生态环境。我校也被评为“上海市法制教育示范校”。

刚来学校时，有些初中校长提醒我：“你原来长期在高中担任校长，学生都是经过挑选的，水平比较整齐。初中学生五花八门，你要更加辛苦了。”经过一段时间的了解，我发现我们学校各种困难学生的确不少，有“家庭困难”“家教困难”“身心困难”“学业困难”等。在与教师们的情况交流中，我常听到教师们有抱怨，认为这些困难学生拖了后腿，给自己工作造成很大压力，甚至感到绝望。在与这些学生家长的交流中，我又常常听到他们的抱怨，他们认为自身教育孩子有各种困难，希望把孩子托付给学校，哪知道孩子从学校返回来的问题更多、更大。时间长了，家长和孩子甚至怕上学校，对学校产生不少怨气。这也是造成家校矛盾的重要原因之一，对学校教育生态有严重影响。面对这个问题，我与书记和班子成员几次探讨，认为要转变学校的教育观念，把教育的温暖传送到每个孩子、每个家庭。我们认真排摸了全校困难学生情况，形成领导带头与困难学生结对帮困工作机制，要求学校党政干部每人负责两三名“困难学生”，形成“结对帮困”，并提出定期与学生谈心、与班主任接洽、假期走访家庭等具体工作要求，以此带动全体教职工主动关心帮助困难学生，不放弃任何一个孩子。

有个孩子小学时因为有严重多动症和狂躁症，影响班级其他学生，所以，在小学后半阶段基本是在家上学。孩子长大了，家长在家也渐渐管不住了，所以强烈要求上学。可这个孩子初中进入我校后还是影响他人和班级。为了孩子和家庭的愿望，我们就把孩子安排在一个专门的教室里，校领导和老师们轮流为他上课，形成了“一个人的班级”。有个单亲学生，亲人突然过世，成了孤儿。学校想尽办法，找到了孩子从未谋面的亲戚，并在街道的帮助下处理完后事。但就孩子今后抚养问题多方面商讨，一时难以解决。有一天下午，孩子的两个亲戚来到校门口，要带孩子去上访。上级领导要学校出面劝阻。我们来到校门口，他们很客气地说：“我们已从孩子这里了解了，学校平时校内校外很关心孩子，我们决不会为难学校。”说完就走了。过了两天，他们又来到了校门口。我们走过去一问，他们拿出了一面专门制作的锦旗上书“爱生如子”赠送给学校。我们很受鼓舞。在我们学校，有孩子受伤，或者腿脚不便，上下楼困难，我校职工便组成小组，早晚在校门口和教室门口守候学生，背着他们上下楼梯，让学生和家长放心。学校上上下下对困难学生的真心帮助，也感动了家长，他们更加理解、体谅学校，家校关系逐步变得融洽。

由于“成绩负担”重，有些教师对“学业困难”学生失去耐心，存在教育方式简单粗暴的问题。我刚开始一大早在校园走一圈，常常会看到一些教室内外有学生因为作业交不出，订正没完成，上学迟到而被罚站。为此常常暴发师生矛盾，师生关系紧张也经常遭家长投诉。我跟班子成员说，我们校园大、整洁，大楼巍巍但“温度”似乎还太低。大家理解了我的意思，也看到了问题的严重性。为此，我们多次利用教职工大会等跟教师们宣传、讨论。我还专门就“教育惩戒和伤害”的区别与教师们做了大会交流。为了提升学校的教育温度，我还提倡结合学校特色课程的“鼓舞”课程文化，鼓舞师生彼此之间多理解、多欣赏。我们把师生获奖评优信息制成短讯在校门口的大电子屏上滚动播放，让全校师生及家长彼此欣赏、彼此鼓舞。慢慢地，我们的校园里欢呼声多了，掌声多了，问候声多了，人际关系的生态越来越和谐，家长的满意率提升很快。

构建良好的学校教育生态，目的还是为了助力学生和教师，在这样的环境中有更好的发展。为此，我根据我校学生特点，倡导开展“励志教育”。在德育副校长和政教处积极探索下，形成我校特色的“励志教育”系列活动和分年级目标体系，落实立德树人，为学生发展装上内驱发动机。为了帮助学生摆脱心理压力，勃发青春阳光气息，我还在学校推进“读起来”“跑起来”“唱起来”的活动，让校园书声琅琅，歌声嘹亮，充满生命活力。为了让更多的学生培养兴趣，发展个性特长，我还主持了学校“新六艺”校本课程资源建设，建成了“3D创客”实验室、“科创长廊”，整编了“鼓舞”课程，学校科创、艺术教育两大特色基本形成，培养出“上海市小研究员”和多名区级科创小达人，获得多项市级科创比赛一、二等奖，艺术表演项目多次荣获市级金、银大奖。在艺术、科创、劳动技术、体育等方面，学校内部形成一批优秀辅导教师，体育组的小董老师还通过自身努力，荣获“女足国际裁判”资格。

构建良好的学校教育生态，也为教师发展创造了良好条件。由于我校是一所拆解后独立出来的学校，教学和管理队伍结构很不整齐，快速培养教学和管理骨干是一大挑战。为此，我充分挖掘学校原有的市级专家资源，以及“强校工程”配套资源，把年轻教师推到学习平台上，推到教学前沿。这两年，学校每年都有两三名教师被评为高级教师。为了加速培养管理人才，我与学校党组织一起，推进年轻管理人才行政跟岗培训。通过两期培训，选拔了2名校中层干部，近10名中层干部后备人员，大大充实了学校的管理队伍，在学校适应中考改革、线上教学、抗击疫情等重大任务中发挥了积极作用，学校管理做到了“人人有事干，事事有人干”，有效应对了各种挑战。

特级校长流动对我个人来说，是一次难得的机会，让我拓展了教育视野，学到了新的知识，验证了已往的治校经验，结交了新的朋友。这项工作时间虽短，但已永远铭刻在我的教育生涯里。

绝知此事要躬行

刘友霞，1989 年 9 月从事教育工作。中学教育科研特级教师，特级校长。1996 年获得华东师大历史学硕士学位，2015 年获得华东师大教育领导与管理专业博士学位。曾在晋元高级中学和托马斯实验学校任职，担任同济二附中副书记、校长 15 年，现任普陀区教育学院院长兼党总支副书记。获得“上海市先进工作者”等荣誉。发表 20 多篇文章，出版《创建生态学校》《营建生态课程》《高中生问题解决能力发展的实证研究》等著作。2013 年 9 月至 2015 年 7 月，参加上海市“双特”流动项目，到嘉定区封浜高级中学支教。经过多方共同努力，封浜高级中学获得 2014 年度“嘉定区教育系统先进单位”“嘉定区未成年人思想道德建设示范校”“上海市体育传统项目学校”“上海市中华优秀文化传习暨‘非遗’进校园优秀传习基地”等称号。

内外兼修的支教旅程

刘友霞

根据上海市教委人事处的政策安排，我很荣幸地成为上海市首批参加“柔性流动”的特级校长。在两区教育局领导的支持下，我于 2013 年 9 月 1 日从普陀区同济二附中来到嘉定区封浜高级中学，在领导们的殷殷嘱托中，开始了为期两年的“支教校长”工作。我于 2015 年结束的支教工作距今已然时隔 5 年多了，但每周往返、两区流动、两校兼管、团队互动、友好互助的深切感受，以及同甘共苦的伙伴情谊，至今仍然记忆犹新……

明确支教定位，在真诚上下功夫

在教育优质均衡发展政策号召下，特级校长、特级教师接受流动支教任务，是自觉服从组织安排、主动执行高质量教育均衡发展政策的具体表现，也是支教者同时挑起了两所学校联动发展的教育重担，既有主动担当的使命感和责任感，其实也有分身乏术的压力感和挑战感。尤其是如何获得被支教学校的干部、教师、学生的认同和接受，并进一步相互理解、共同合作、促进发展，是支教者面临的重要难题。解决这个难题的关键在于，支教者不能时时居高临下，处处看不顺眼，甚至以专家自居，而是要深入学校、身体力行，了解实际情况，参与学校具体工作，和大家一起共同面对困难、分析原因、寻找办法。支教者要在解决问题中换位思考、感同身受，在同甘共苦中增加了解、增强信任，深切体会办学之难，深入理解办学之困，并与被支教学校的校长及管理团队进行坦诚、友好、真实、充分的思想沟通和情感交流，进而提出有针对性的问题解决方案，共同探讨采取适合有效的发展措施，让干部、教师真切地感受到支教者的真心诚意和专业力量，看到学校改进和良性发展的未来希望。

我所支教的嘉定区封浜高级中学始建于 1959 年，是一所受嘉定区教育局和江桥镇政府两级管理的农村公办高中。学校异地重建，办学基础薄弱，教师专业发展有待提高，学校发展方向与目标尚不明确。时任校长俞建平也是临危受命，到校任职不满一年。他是一位低调、实在、年富力强、谦和、儒雅的好校长，但学校因遭遇人事变故和初高中分离等因素，干部、教师士气低落，整体发展劲头不足。面对学校现实基础，结合组织安排的任务和发展学校的需要，我在封浜高级中学给自己的支教工作定位是：阶段性地加入学校发展，长期性地给予发展支持，带动并加强干部、教师自主发展的意识及能力。在和俞校长及管理团队进行充分沟通、坦诚交流后，我提出“提供支持感，发挥主体性”支教原则，启动“质量提升、特色创建”双重任务，采取“因校制宜、分步推进，教学为重、发展为本”的支教策略，落实“课程、课堂、课题”三课联动，促进师生整体发展的支教思路。我的支教方式是“扶持，但不主持”，多做幕后支持的隐形校长，不要影响现任校长的管理形象和工作威信；俞校长对我的到来是“依靠，但不依赖”。我们一起商量工作，一起面对困难，共同解决问题，落实发展规划，推动学校逐步发展。

拿出支教措施，在真实上下功夫

2013 年 9 月，初到封浜高中，在俞校长的热情帮助下，我大概花了 3 周左右的时间，走进课堂，深入师生，了解学校情况，听取大家意见，并与学校班子成员、中层干部、部分教师一起充分讨论商量，拿出帮扶学校的改进计划。我和俞校长商定，除了常规管理工作外，两年的学校改进计划主要集中在 3 个方面：一是提高课堂教学质量。通过启动带教青年教师专业发展的“朝阳计划”和两校骨干教师的“柔性流动项目”，开展学科教师的同课异构研讨活动。搭建平台，外请学科专家走进学校，深入课堂，听课、磨课，手把手带教指导，帮助教师改进教学方法，提高教育教学能力，激发学生有效学习。二是丰富学校师生活动。为了激发师生的热情和干劲，增强学校活力，营造积极进取的文化氛围，我们充分利用“尊师重教教师节”“优化课堂教学节”“活力校园体育节”“智力校园科技节”“魅力校园艺术节”等节庆活动，发动年轻教师开展头脑风暴，大家分工协作、团队领衔，一起讨论学校大型活动方案，把常规活动项目化，使常规活动精品化，寻找利用各种资源，为师生搭建展示自我、超越自我的舞台，并向家长、社区开放，加强校园环境美化和节庆氛围营造，提高学校大型活动设计和策划能力，提升大型活动人气和宣传展示效果，激发全体师生爱校荣校的自信心，增强学校发展的凝聚力，传播学校教育影响力。三是发挥科研兴校功能。这是一所几乎不做科研的学校，虽然教师们在长期的教育教学实践中也积累了一些有效的宝贵经验，但大家没有把问题变成课题、把经验提炼为规范的习惯，也缺少科学研究、解决问题的方法。面对学校科研匮乏和问题累积的情况，我们不遮掩、不回避，与教师们谈话谈心，给教师们示范指导，推动并帮助教师们攻坚克难、迎难而上，开展科研讲座，组织课题申报，加强真实问题研究，提高干部、教师的科研意识和能力，并及时总结科研成果，上报科研奖项评审，引导大家在做中学、做中得、做中成。

2014 年，根据嘉定区教育局“品质教育”品牌建设的需要，全区所有学校都要设计并推进“品质教育”的实施方案。我感到这是一个凝聚大家、发展学校的契机。在充分了解教育局的政策意图后，我们认真设计校本方案，外请专家宣讲，内做方案研讨，组织骨干教师探索，总结学科教研经验，从点到面，逐步推开。教师们也在教学改进中开始主动尝试、勇敢探索、提出主张、不断成长。在大家共同努力下，学校先后成功举办了嘉定区“基于品质提升的学校改进计划——封中‘345’教学设计研讨活动”、基于“特色普通高中创建”——唤醒“非遗”传承的文化自觉学校实践研讨活动、基于“以美育人，化识成智”的“非遗”课程建设市级课题中期汇报等。在“请进来”和“走出去”的带教指导以及丰富多彩的师生活动中，学校也开始充满活力起来。学校利用“朝阳计划”“柔性流动项目”、区域学科同课异构教学研讨等活动，以点带面推动学科建设，从人文素养、专业素养和管理素养 3 个维度发展教师。小陈老师荣获 2016 上海市中青年教师教学评优二等奖，有 3 位教师成为新一届“区骨干教师”“教学新秀”，有5位教师在嘉定区教科研课题申报中获得立项。俞建平校长率领的教师科研团队连续5年申报了市级、区级课题，出版了两本著作，拿到了市、区级科研成果奖项。学校也多次获得“嘉定区科研工作先进学校”的荣誉称号。

聚焦支教价值，在真谛上下功夫

根据当时政策规定，我们的流动支教一般是两三年时间。相对于一所学校的中长期发展来说，两三年的时间还是比较短暂的。在有限的时间里，我们支教要做什么？支教结果能留下什么？我经过反复考虑，并与俞校长商量，确定在转变教师育人观念上多做实践探索。

一是举办论坛，理解教育的双重功能。教育是围绕每个人的成长和发展而展开的个性化的人际互动，同时又是一种为社会进步而培养所需人才的体系化活动。教育联结了特定的个体与当下的社会。个体的人在学校教育的影响下，成长为能够适应社会、承担责任的社会人；但教育又必须尊重个性，呵护个体的特点和特长。因此，我们的学校教育既要面向人人、有教无类、贡献社会，也要适合人人、因材施教、助人成功。学校通过“教育功能大家谈”，引导教师们在开展教育教学改进时，减少“唯分数、唯升学、唯文凭、唯论文、唯帽子”对学生核心素养培育的影响，最大可能地做到尊重学生个性与遵守社会规范相结合，教授知识技能与引导核心价值相统一。

二是分享案例，理解教育的两种路径，即来自他教，出于自教。教育的自洽目的就是实现由“他教”转变为“自教”。正如教育家叶圣陶先生说：“教，是为了不教。”俗话说“授人以鱼，不如授人以渔”，一切形式的学习本质上都是自学。在案例交流中，有教师反思死记硬背、机械操练的做法，教给学生再多的知识，都不如让他学会自我教育，“他教”的时空是有限的，“自教”的时空是无限的，人一生的进步与成长都是通过可持续的“自教”来体现的，并更加充分地发挥了“他教”作用的结果，可见人的自主学习是多么重要。这就要求我们在学校教育中，强化立德树人、“五育”并举，对学生终身发展负责，对国家的未来负责；在注重教学技能改进的同时，加强培养学生自己负责、自主学习、自我教育的习惯和能力。尤其是面对新一轮教育综合改革的任务和要求，更加需要突出学生主体、学生实践和学生体验，让学校教育成为帮助学生学会适应社会、应对未来挑战的自助平台。

三是通过示范，理解教师是第一资源。学校发展及教育质量提高，关键在课堂教学；课堂教学的关键在于教师专业发展。我支教工作的重点就是基于学校实际及师生立场，把握好校情，找准教师“最近发展区”；致力于教师队伍现状调研和内涵建设，建立教师专业化发展“比学赶超”的激励机制，展示优秀教师成长经验，激发专业斗志，化解职业倦怠，增强教师主体意识，明确“教师强，学校才会强”。在俞校长带领下，教师们见贤思齐，聚焦课堂，共同提高，学校教育教学质量明显提升。

人生何处不“支教”！“支教”他人，就是丰富自己。通过“一校一策谋规划、一人一事抓落实”，我两年的支教工作给封浜高中提供了一点帮助，自己也因此获得了非常宝贵的一段跨区、跨校共享教育、修炼自我的工作经历，更是收获了一段与封浜高中干部、教师共渡难关的教育友谊。衷心感谢市教委提供的支教机会，感谢两区教育局领导的支持和帮助，感谢封浜高中和同济二附中两校教师的专业投入，也特别感谢各位专家的指导帮扶，让我每周奔波的支教旅程充满了热情、积极和饱满的正能量，真所谓“在此地，安于此地；在此时，乐于此时”。

教育的根本就是发现并发挥每一位孩子的潜能。

汤国红，1990 年参加教育工作。上海市特级校长（书记）。毕业于华东师范大学。虹口区教育学院党总支书记兼副院长，上海市教卫党委党建研究会特邀研究员。2018 年 9 月至 2021 年 7 月以虹口区教育学院教育集团总校长身份流动到虹口区教育学院附属中学。近 3 年来，以“创新管理制度，以课程建设引领学校全面发展”的工作思路，实现了虹教附中在学校管理、德育工作、课程教学、师资队伍等关键领域的突破，使其整体教育质量在区内公办初中位居前列，社会、家长对学校的满意度明显提升，进一步提高了虹教附中的办学水平。

近 3 年，十多篇论文在市级以上刊物发表，课题“借鉴 MBA 案例教学的校长培训实践研究”获上海市教科院第六届学校教育科研成果三等奖，并出版《问题与研究——基于学校教育管理案例》一书。

扎根强校谋发展，孜孜不已润无声

汤国红

对我来说，2018 年是意义非凡的一年。

这一年，我荣获了上海市特级校长（书记）的称号。

这一年，上海市教委颁布关于实施百所公办初中“强校工程”的意见，虹口区教育学院附属中学（以下简称虹教附中）被列为“强校工程”项目基地学校。

这一年，我到了虹教附中，开始了为期 3 年的流动工作。

这一年，经组织批准，我双向任职，在担任虹口区教育学院党总支书记、副院长的同时，兼任虹教院教育集团总校长，托管虹教附中。

有人问我，你评上了特级校长（书记）之后有什么感想？我说，特级校长（书记）的称号不仅仅是一份荣誉，更是一种责任、一种要求。我心怀一份感恩之心，愿意把我对教育的坚守和初心绽放在虹口教育的这方热土之上。

也有人问我，你担任这么多工作岗位，不累吗？说实话，累的。可是除了累，我也感受到了快乐与成就。托管一所学校，亲历它的蜕变，推动它的发展，难道还有比这让人更加快乐、更有成就感的事情吗？

也有人问我，流动工作让你有哪些收获与感受？我想，除了学校特色课程的品牌确立、教师人才梯队的逐步成形、校园育人氛围的良好营造之外，在流动过程中，深切感受到办好一所学校，一定要拥有丰实的教育情怀以及开阔的教育视野。一所学校的校长首先应该是一位有教育思想的领导者。

扎根强校，孜孜不已。我用我的努力翻开了一所学校办学治校发展过程中新的一页，我用我的坚持亲历了一所学校的整体变革。

一、以调研迈出蹲点扎根的第一步

任何一所学校的深度发展关键是要找准学校的薄弱环节，才能据此进一步提升办学水平。我担任虹教附中总校长的工作以后，再三思考托管工作的思路。“没有调查就没有发言权”，我决定从深入学校调研开始，迈出扎根强校的第一步。

托管前，虹教附中是虹口区文明单位、虹口区三星级行为规范示范校，在学生武术、美术等方面有一些办学亮点。但是，学校地处弄堂深处、生源对口严重不足，加上办学历史上的动荡起伏，成为制约学校发展的客观因素。

我是以流动的方式走进虹教附中的，但是想到自身的使命、职责，我没有一点“额外负担”的情绪，只有做好、做优、做强。我努力扎根虹教附中，进办公室、走教室，听课、座谈、做项目，与领导班子深度沟通，与一线教师亲切交流，力求用最短的时间与大家零距离交流，摸清情况。我也带领学校管理团队到各区走访优秀学校，反复调整学校发展规划，细化年度目标和项目计划。回忆托管开始的一个多月的时间里，我和虹教院的蹲点研训员、虹教附中的教师几乎每天都在开会讨论规划学校的强校方案，我们请了多批市级专家来校调研，开了多次论证会。高密度地听取虹教附中教师们的意见和建议，让我在很短的时间内认识了全校的教职工，并与他们积累了感情，对相当一部分教职工有了“老同事”的感觉。

一次次的推门听课、一次次的师生交流、一次次的现场调研，虹教附中存在的关键问题逐渐浮出水面。突出的瓶颈问题是：在全区同类学校中，办学质量有待进一步提高，办学特色没有凸显，学校的知名度还不够高，与挂牌“附属中学”的荣誉不相称。

按照上海市教委“强校工程”理念，结合上海市中考改革、虹口区教育强区建设等具体要求，通过对学校进行SWOT分析，我和我的管理团队找到了托管工作的切入口。这就是以课程与教学的校本化改革为重点抓手，制定适合学校发展的托管目标及相关达成路径。同时，规范托管工作的过程管理，为虹教附中在学校管理、教育教学、队伍建设等方面全面提升，在区域范围内扩大影响力提供切实可行的帮助。简单地说，就是要把虹教附中办成区域性的均衡、优质初中学校，实现“强校工程”的目标。

当然，深入调研也成为我在虹教附中蹲点扎根的重要工作法宝之一，并且始终坚持，一以贯之，保证了工作的顺畅和有效。

二、用课程引领学校的内涵发展

我始终认为：一所学校的管理要有温度，就要眼中有学生和老师，要真正从心里关心他们；让学校发展有深度，就是要系统思考教育教学各要素之间的关联，从整体展开思考。那么，如何将学校的办学理念落地，让教育教学各要素形成合力？我认为，课程是促进学生发展的重要载体，也是决定人才培养质量和教学水平的最基本要素。它是学校教育教学品质的一个集中体现。于是，一门指向办学理念与育人目标实现的“EACH课程”诞生了。

“EACH课程”建设建立在学校育人目标的基础上，“EACH”的名称是将学校育人目标“敦品、励学、尚美、自信”的英文首字母组合而成，本意是“每一个”，旨在说明学校的课程以小班化的实施方式，关注每一名学生，将适合的教育惠泽每一名孩子。而且，“EACH课程”将学校所有工作，如学校管理、教师发展、教学实施、学生评价等方面全部渗透融入课程建设的各个环节，形成了以课程建设关注师生发展、优化育人环境、提高教学质量、提升办学品质的工作重点。我们着力打造在区域内有一定知名度与影响力的虹教附中课程建设特色（见图1）。

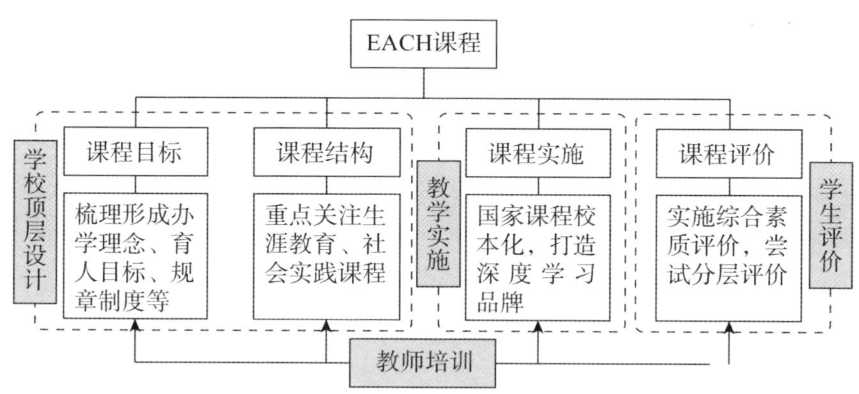

图1　以课程建设统领学校发展的整体结构

在“EACH课程”建设推行的过程中，我认识到，课程的建设只是刚刚起步，关键是课程的实施，也就是要从“文本课程”走向“实践课程”。因此，在课程实施的过程中，我和教师们一起深入地学习与实践。一方面，我深入教研现场与教师们一起研讨；另一方面，我积极邀请市级专家、教研员开展专题培训，用鲜活的案例帮助教师们理解课程实施的核心理念与具体行为。同时，我们建立了课题项目研究机制，将基于学科教学的关键问题解决作为开展国家课程校本化实施的着力点，各教研组开展了课堂改进关键问题项目研究，有的教研组还把项目转化为课题进行深度研究，如语文教研组“提升初中学生语文阅读能力的实践研究”、数学教研组“以‘问题串’式的提问设计培养学生数学思维能力”、英语教研组“指向初中生英语阅读品格的指导型阅读活动的设计与实施”、理综教研组“作业设计化整为零搭建解决问题平台”等。各教研组立足学科育人，优化课程实施方式，在理论与实践的结合中提高了课程育人的实效，在深化学校课程建设的实践中彰显出改革创新的担当和活力。渐渐地，学校教师们开始尝试从项目化学习的角度开展学科教学，开始尝试在课堂中让学生的合作学习充分发生，开始尝试让学生通过探究、制作、体验的方式学习知识，而不是简单的语言教授。

在全校教师的共同努力下，我还在虹教附中设计并实施了“万物有灵”“武德修身”“创客空间”等综合实践课程，并根据课程实施的需要修建了“智慧百草园”

学习基地，以此探索学生学习方式的改变，促进学生自主、合作、探究学习，并把劳动教育与德育、智育等相融合，实施融合育人。

我们基于对“EACH 课程”的相关研究内容，成功申报了第三轮上海市课程领导力项目，为学校的进一步内涵发展提供了保障。我们依托“EACH 课程”建设，全面加强虹教附中课程与教学管理，稳步提升学校办学质量。以中考成绩为例，虹教附中已经达到在全区初中名列前茅的水平。

三、为教师搭建专业发展的舞台

学校的发展关键是教师，驱动教师的课程执行不是以行政命令来指挥与支配，而是应该激发教师的潜能，并促进其成为自我的领导者，让每一位教师都从“向专家请教”到“像专家一样思考”，能够整体地思考标准、教材、教学与评价，并在自己的专业权力范围内做出正确的课程决定与行动。

从学校“EACH 课程”建设启动伊始，我就开始有意识地加强对教师队伍的培养。我充分运用教育学院的教育教学资源优势，让学院教研员、德育教研员、科研员入驻学校，有的不仅亲自进课堂上课，还通过师徒带教的方式培养学校教师，助力学科建设与课程实施。

在这个过程中，我不仅在专业能力上发挥了引领与管理作用，同时也努力在自身的专业精神和人格魅力上也发挥重要的示范激励作用。

记得在一次区级层面的教学大奖赛之前，我和教研员多次进教室听课、磨课，这段经历对我来说是难忘的。特别是比赛前的几天，我几乎与教师们“粘”在了一起。每天的工作就是磨课、讨论、听课，有时还要做教师的“心理按摩师”，倾听教师们的烦恼，为他们排解压力。那段时间，我经常很晚回家，但是因为专注于自己的所爱，而且有一群共同奋斗的同伴，疲惫之余更多的是感动与安慰。功夫不负有心人，当那位教师把获得区一等奖的喜讯告诉我的时候，我由衷地为她高兴，打心底里为她、为学校的教师团队点赞！

除了教育学院的优秀师资之外，我还积极组织开展校本培训，建立起了虹教附中校本培训课程体系，如开展 PBL 项目式学习、生涯教育的实践等，以此注重教师育人能力的提高，实现了由“输血”向“造血”的转变。

这些年，学校培养了特级教师 1 名、正高级教师 1 名；“市双名工程攻关计划”学员 2 名，“市双名工程种子领衔人”2 名，教师种子计划学员 18 名。在本轮区教师人才梯队建设中，有工作室主持人 1 人、骨干教师 4 人、教学能手 4 人。10 多名教师在市区级的各类教学科研评比中荣获一、二等奖。一批优秀的教师正在茁壮成长，脱颖而出。可以说，正是教师专业发展的保障机制，成为保障学校永续发展的源头活水。

3 年的流动工作，让我深刻地体会到：决定教育事业高度的是对教育的信念、情怀和境界。虽然我的流动工作只有短短的 3 年，但努力用勤勉、真心与真情唤醒同行对教育事业的内在追求，同时也唤醒学校每一个孩子的生命自觉和自我成长的动力，是我一直以来的教育理想与教育情怀。

每个人的生命都是一段独特的旅程。旅途中我们会播种希望，放飞梦想；我们会享受快乐，也体验挫折……我们在前进中积蓄能量，也收获生命的成长。

3 年的流动经历，对我而言，不仅是一段美好的回忆，也是一段发现更好的自己的美丽旅程。

超越传道解惑
激趣探究实践
为学生创造精彩奠基

曹庆明，1990年参加教育工作。正高级教师，跨学科特级教师。毕业于辽宁大学中文系，现任徐汇区光启小学校长、书记，兼任上海师范大学特聘教授、教育部“农村校长助力工程”培训专家、上海市中小学科学教学委员会副主任、中国头脑奥林匹克协会委员。2020年开始参加“双特”流动，带教亭林小学科学教师获区“金穗杯”一等奖，指导参加市头脑奥林匹克竞赛获“富斯卡”创新奖，开发乐高STEAM课程建设项目；成为教育部小学《科学》教材审查专家、区“名师工作室”主持人。

别样的天空,别样的精彩

曹庆明

2019 年我成为正高级教师,这是我多年来的奋斗目标,我在评审之前曾经郑重地在“是否愿意参加教育交流”一栏填报了自己的志愿(2014 年特级教师评审时也填报过)。我早有这方面的思想准备,有机会到其他区参加教育流动工作是一件很有意义的事——能够结识更多的科学教育和跨学科的同行,期待有一方沃土让我去耕耘,实现自己关于教学的一点“主张”。

冥冥之中,幸运之神总是眷顾我。2020 年 9 月,徐汇区教育局王彤局长把我送到了金山区,见面会上,我初识亭林小学的张蓓蕾校长。在这不算长的一年里,我俩有了工作的默契,互补共进,这是后话了。这一年对我而言有挑战,有新鲜的经历,有见证历史的使命感和获得感。新的工作需要我不断地思考,不断地解决问题,不断地改变自己,同时也让我一直享受工作带来的快乐与激情。

一、择高处立,构建美好愿景

其实,我对亭林小学早有耳闻,这是有着 115 年历史的百年老校,培养了韩寒、贺谊等优秀学子。见面会一周后,我如愿以偿来到了这所百年老校。张蓓蕾校长和朱晓茵书记及学校的中层干部热情地接待了我,给我提供了独立的办公室,配备了电脑、打印机等办公设备。生活、工作方面的需要安排得一应俱全。

在与亭林小学全体行政领导第一次见面会上,我首先与校方交流了自己的学科特长、专业特色,校方也对学校的科技教育状况和跨学科教师情况进行了介绍。

经过我们初步的协商，计划在金山的教育交流中以小学科学学科教学、学校的科学教育深化研究、乐高 STEAM 课程建设 3 个项目上开展推进工作。

小学自然课是我工作 30 多年来一直倾尽全力的“最爱”，走上管理工作岗位后，我也从未停止为之奋斗。在这里，我认识了亭林小学两位比较年轻、优秀的自然教师。

张怡柔老师参加工作 5 年。她曾在全市的青年教师大奖赛中有比较优异的表现，教学上有一定的风格和特色。还有一位是工作两年的朱思琪老师。半年多来，我多次听她们的自然课，指导她们要基于自然学科而高于这个学科；并整合当前的先进理念，鼓励她们大胆尝试利用当前的“空中课堂”资源，挖掘教材内涵，让学生充分探究。这几年参加教育部国家教材审查的经历，让我更加关注学生的深度学习、项目化研究，更加强调学生的再度创造和高阶思维能力的培养，积极倡导在我们的科学课堂上尽最大努力为学生的学习搭建成长的阶梯。只要一有时间，我就找机会与她们交流如何备好课、上好课，分享一些我的教育教学智慧和经验，循序渐进地开展对这两位年轻教师的培养。2020 年底，张怡柔老师代表学校参加了区“金穗杯”比赛。参赛教师要经过初赛——教案撰写、比赛——抽签说课、决赛——现场上课 3 个环节。在这之前有很多准备工作，我与张老师进行了认真的前期分析，指导她如何对待每个环节和过程，并把我的一些观点、多年积攒的资料和经验进行了分享，对她的课进行了细致地指导、沟通、交流。

二、往深处走，打造高品质课程

小学科学教育是我的研究专业，我们光启小学 10 多年来也是上海市科技特色学校。对于这个专业，近年来我也不断尝试探索 STEM 和 STEAM 的课堂实践和科技活动整合，结合已有的科学教育经验和学校的科技教育特色，不断推陈出新，深入浅出。头脑奥林匹克（简称 OM）科学教育活动在光启小学开展得轰轰烈烈、丰富多彩，学校也多次参加世界级比赛，获得非常好的成绩。学校以“基于 OM 理念的课程统整，探索创新素养的全纳培养”为主题的上海市普教系统教科研成果曾经在全市展示分享，成为学生创新素养和团队合作精神培养的有效“抓手”，破解了学校科技教育的两个难题（科技教育课内与课外脱节、科技教育与课程改革游离）。OM 从比赛走进了课程，从课外走进课内，从个别学生扩展到全体学生，又从校内走向校外，为综合性的科学教育活动树立了典范。

金山区青少年活动中心的沈主任知道我在亭林小学参加教育交流，了解到我在徐汇区做了十几年的头脑奥林匹克课程，很期待我能带领亭林小学填补这项空白。于是，说干就干，金山区、学校和我三方共同确定开拓新天地，立项“头脑奥林匹克项目”。当时，距离第十二届“世界头脑奥林匹克”中国赛区比赛还有一个多月的时间，虽然是仓促上马，但我还是为此制定了行动方案，而且报名、物色教练、挑选队员同时进行。我们将教练团队定位在年轻、有活力的教师，教练要有自己的想法、有兴趣、有兴奋点。在与张校长的反复协调下，我精选了 8 位非常有创意、能力强的语、数、外学科骨干教师，组成一个头脑奥林匹克攻坚教练团。随后举全校之力选取队员，汇集所有优秀的学生，在三到五年级班主任推荐下，经过层层选拔，确定了 16 位骨干队员。每逢周一、周三，教师和学生一起参加我的培训，大家集思广益，为大赛做准备。

“头脑奥林匹克”是一项高端的挑战项目，分长期题、风格题和即兴题，从拿到任务到最后上传网络，任务一环套一环，所有的剧本、道具、彩排、人员，包括“磨合”都必须是全新的。“原创”就是要求每个环节都要花费心思，这样就必须团队合作，团队协商。时间非常紧，大家与时间赛跑，教练团队非常敬业，也十分投入，挑灯夜战，经常做到晚上九十点钟，其中很多教师还是班主任，第二天还有常规的教育教学任务。我多次将光启小学的教练团队带过来，和这里的学生、教师进行磨合、编排道具，和家长、孩子们一起创建剧本，通过视频会议和家长“碰撞”交流。功夫不负有心人，我带领亭林小学团队实现了巨大突破——原来的参赛队正常要半年的准备时间，但我们在规定时间内出色完成了比赛的视频录制和申报工作。申报好长期题的比赛后，我们立刻投入紧张的即兴题训练。即兴题是在几分钟内考查学生的机敏、反应、灵活与创造。每天下午，我亲自给孩子们上课，孩子们也特别有热情，家长们也十分支持。亭林小学的教练团队和全体队员也非常有战斗力，这让我特别有成就感。

事实证明，这个项目需要专业的引领。没有参加过的人就不知道这里面的“门道”，只能在外面徘徊，如果有了得力的引领，可以事半功倍。

三、向宽处行，营造教育大格局

未来一定是一个智能化的时代，面对人工智能带来的冲击，我们的教育将何去何从？这是一个时代的大命题。随着人工智能的普及和应用，创造性思维将会成为未来竞争中的重要因素。

我们国家已经将人工智能等新技术的发展提升到战略高度，当前的项目化学习和STEAM学习也是教育改革的方向。我经常走出去参加一些全国交流，不断地去促进、去学习、去提升。乐高教育创造了一个具备模糊性、启发性和开放性的科学系统，让孩子置身于充满趣味性、刺激性、挑战性的活动中，主动探索知识的奥秘，学会如何发现问题，并解决问题。我们打造的“STEAM系列教程”很好地引发了学生的好奇心，点燃了学生探索热情和学习潜能。2020年，徐汇区成立了11所学校区域联盟，我担任总负责人。半年多来，我带领徐汇教师团队完成了一个学期的课程培训及授课。考虑到2023年金山区将落成一个乐高主题公园，乐高课程要与乐高主题公园之间打通，乐高STEAM项目化学习将是未来学习的方向和引领，是一种突破。作为牵头人、领航人，我也很愿意深入探讨和研究项目化学习。在我的主张和影响下，学校年末拿出了15万元资金投入，还选拔了两位骨干教师吴辰苑、卢逸文负责此项目。从2020年10月起，他们也到徐汇区参加徐汇联盟学校的培训学习。之后，亭林小学开展了由32位学生组成的社团活动，让乐高STEAM项目在亭林小学落地。每次活动中，我与乐高培训师、学校的骨干教师研讨、交流，探寻乐高教育课程，达成共识，良性碰撞、取长补短、共同进步。我带领亭林小学教师团队通过乐高教育课程，寻找学校STEAM跨学科学习新的发展点。

实施乐高 STEAM 教育，教师需要了解物理、工程、机械、数学、计算机等多门课程。优质师资不仅需要通晓技术应用，还要做到真正能够在教育场景中去应用，为孩子创造一种学习环境，鼓励孩子动手动脑解决问题。我和两位老师思考着如何结合学校的特色去融合和实践，以及如何基于项目式教学，整合亭林小学的特色开展活动，培养孩子解决问题和沟通合作能力，激发孩子的创造力和想象力。接下来我们会不断研究学习，运用新的载体、新的方式方法探索新的人工智能教育途径，为金山培养更多的科技幼苗奠基。

半年多来，我凡事必亲力亲为，将自己的专长倾囊相授。我每天到达亭林小学，就全身心投入自然教学研究、乐高 STEAM 项目训练、头脑奥林匹克培训，传送宝贵经验。“精诚所至，金石为开”，亭林小学参加的头脑奥林匹克比赛中，“古典——OM 与魔豆”获得了上海市头脑奥林匹克——“富斯卡”创新奖(小学同项目中排列第 7 名)。自然学科也有了新的突破，带教的张怡柔老师获得了金山区第二届“金穗杯”中青年教师教学评优自然学科一等奖(这也是唯一的一等奖)，朱思琪老师“水的浮力”一课也在金山区教研活动上展示。

躬身入局，比肩同行。教育交流让两所百年老校成为教育伙伴，产生教育智慧碰撞。大家在一起做事的过程中，发现学校、教师、学生的生长点，在深度参与中实现学校、教师、学生的共同成长。未来两年，我们将一如既往，让教师获得更多发挥专长、释放潜能、展现个性的机会，实现更多的学科交流，最终实现教育的共赢。

让爱与责任引领学生成长，成就最好的自己！

潘敬芳，特级校长，正高级教师。毕业于上海师范大学。上海市第三女子中学副校长，兼任上海市教育学会高中专委会副秘书长等。2020 年获评长宁区领军人才称号。

2018 年开始流动到上海市泸定中学，2020 年学校中考合格率达到 100%，2020 年长宁区“三个指数”综合评价有所提升；2019 年、2020 年，家长、社区对学校满意率 100%。戴梅老师获 2020 年上海市中青年教师教学大赛二等奖。

承继传统，特色发展

潘敬芳

上海市泸定中学创建于1965年，为纪念红军二万五千里长征中“飞夺泸定桥”这一光辉史绩，1966年更名为上海市泸定中学。学校充分挖掘校名含义，以“立德树人”为己任，确立了“激发孩子自信，让每一个梦想飞扬”的办学理念。由于近年来学校生源不断变化，学校逐渐成为“强校工程”学校。

我在翻阅学校档案及座谈中了解到，2012年，学校领导班子深知适切的校本课程建设是打造学校特色和内涵发展的重要抓手。所以，学校自2012学年开始启动了“科技创意制作”校本课程的建设，希望以其为主线，形成凸显科技教育特色的拓展型课程体系，深化我校课程教学改革。有了前期的实践准备，学校形成了用学科知识创造性解决实际问题的实践平台。2014学年，为了让学生有更多自主选择的机会，课程建设全面推进，把“科技创意制作”课程升级为“乐学创意”校本课程，以此促进教法、学法的变革，让学生在一种更为积极主动的学习体验中培养学习兴趣，提升学习能力，激发对未知世界强烈的好奇心和求知欲。

同时，学校自1996年开始实施的“小小法学家”课程获得市级法治教育品牌项目，学校也多次获得市级依法治校示范校的荣誉，“八五”普法中，也是第一批通过审核，获得依法治校示范校资格。25年来，学校坚持发展“小小法学家”特色课程，针对青少年这个年龄阶段的特点，专门开展法治教育，让学生们更好地懂法、守法、用法，预防青少年犯罪，为社会安定作贡献。

为了进一步推进学校发展，在区政府、区教育局的大力支持下，学校制定了强校计划。为落实“一校一特”的办学目标，大家展开了热烈的讨论，但还是出现了分歧……

有些老师认为，“小小法学家”特色课程已经创建了25年，在市区有一定的影响力，应该把法治教育作为学校未来发展的特色。也有的老师认为，“乐学创意”课程涵盖了所有学科，无论是老师还是学生参与面更广，并且能将学科知识在拓展课进行实际运用，变革学习方式，反哺基础型课程，其对学校的课程教学改革的影响力更大。

一、思考分析学校特色发展

学校特色发展的方向在哪里呢？是发展“乐学创意”特色课程还是“小小法学家”特色课程？学校特色的实质意义是什么，仅仅是课程吗？如大家没有形成一致的认识，将会影响学校未来的发展。

（一）学校特色的正确定位

学校特色发展基于课程，但不仅仅只是停留在课程层面，学校的特色应能充分体现育人理念与目标。泸定中学秉持“激发孩子自信，让每一个梦想飞扬”的办学理念，培养目标是“通过教育教学及学校特色课程的打造，培养学生成为身心健康、友善自信、重德明法、知行合一、勇于担当的中学生”。无论从办学理念还是培养目标角度思考，学校不仅仅培养“明法”的学生，更是培养健康自信、有担当，能学以致用、知行合一的未来合格公民。所以从目标理念来看，“乐学创意”课程旨在变革学习方式，激发学生学习兴趣，培养学生自信，将所学的学科知识用于实践，达成知行合一，能够更好地实现育人目标。所以，基于“乐学创意”课程的特色发展更能体现泸定中学的育人理念与目标，体现学校的育人文化。

（二）学校特色的育人价值

学校特色的育人价值是以课程建设为载体，变革教学行为，形成特色文化，促进师生更好地发展。在“强校工程”建设“一校一特”的目标推动下，学校凝练“乐学创意”校本课程特色品牌，努力办成师生“乐学乐教、创意实践、个性成长”，有良好社会影响力的好学校。“乐学乐教”是师生共同发展的目标。就学生层面而言,即在教育教学中培养学生学习的趣味性、积极性和创造性,并在此过程中逐步培养学生的自信心;就教师层面而言,在“乐学创意”课程的实施中变革教学方式,发挥教师的个性特长,提升教师职业成就感。学校应改变学生的学习方式,主动联系社会与生活,注重学科知识迁移、创意运用,激发学生创新思维、重视学生创新体验,丰富学生的学习经历与职业体验,培养未来智能时代的新型劳动者。

(三)学校特色课程之间的逻辑关系

“乐学创意”校本课程,首先从内容上来看,将学科知识拓展迁移应用,课程涵盖了几乎所有学科,满足不同兴趣与特长的学生个性成长的需求;而“小小法学家”课程,更多地体现在法治教育,是政治学科与德育课程的实践应用,所以“乐学创意”课程更全面,从逻辑关系来看,“小小法学家”课程只是“乐学创意”课程体系的一部分。其次,从教学行为方式上看,“乐学创意”课程的创建和创意实践,可以变革学习方式,乐学乐教,形成新的教学行为;而“小小法学家”课程在初中更多侧重在内容,很难更大层面上改变教学行为和方式,作为学校的一个特色项目是可以的,但作为学校特色的话,有一定的局限性。同时,在讨论中,我们也发现,区域中的另一所学校华东政法大学附属中学在法治教育方面已走在全市前列,并且已通过上海市特色学校的评审。如果泸定中学再定位于法治教育特色,其法治教育师资及资源不及华政附中,很难再彰显法治教育特色。

二、助推学校特色发展,提升课程品质

经过大家热烈讨论,统一了认识,学校以“乐学创意”课程建设为载体,推进特色发展,达成学校的育人目标。

(一)借力上海市第三期课程领导力项目,统整课程,彰显育人特色

在上海市教委“强校工程”的支持下,学校加入了上海市提升中小学课程领导力行动研究(第三轮)项目组,在项目组的引领下,对已有的拓展型课程体系进行了梳理和整合,完善了“乐学创意”拓展型课程体系,凸显特色,提升学生将学科知

识学以致用的能力。目前，学校已形成学科类、活动类、专题类、班团队活动、社会实践等五类“乐学创意”校本拓展型课程，彰显了育人特色。主要开设有：(1)学科类拓展。综合学科教学，引进和创编校本课程，学生自主选择，在原有的拓展课选修的课时内完成，有“语文小剧场”“折纸与数学”“英语课本剧”“旅游地理”“建筑模型”等课程。(2)活动类拓展。结合“乐学创意”的创新实验室平台，开展学习节、科技节、艺术节等综合活动，定期展示学生的创意作品，开展各类评选活动。(3)专题教育及班团队活动。整合德育课程内容，将班团队与专题教育课时的三分之一用于“乐学创意”类专题教育课程。(4)社会实践。结合社会实践考察与职业体验等活动，利用节假日、春秋游以及团队组织生活开展多种形式的综合实践课程，校内外资源联动，鼓励学生在社会大课堂中动手动脑、学以致用、乐学创意。

（二）改建创意教室与实验室，保障特色课程的实施

在原有创意教室的基础上，学校改建了学科类专用教室，包括物化创新实验室、英文交互式视听室、美术专用教室、小剧场等，为不断优化实施中的“乐学创意”课程提供功能更新、配套更新的硬件设施。如：新中考背景下，为更好地研究跨学科教学，学校成立跨学科研究项目组，立项筹建地理MR创新教室，以项目化学习的方式开展跨学科教学，进一步补充完善“乐学创意”课程内容，丰富学生的学习体验经历，培育学生的创新实践能力。再如，“小小法学家”是我校特色法治课程，学校新建了法治特色教育多功能室。教师利用班会课时间，各年级按不同主题实施法治课程。如八年级的“校园听证”课程通过学生提出校园中的问题，进行调查问卷设计、访谈，形成调查报告，提交听证会等流程，开展校园听证活动，已经形成了《泸定中学爱心伞使用规则》《泸定中学师生在校使用手机细则》等。“小小法学家”法治课程的实施，提高了学生的法治素养，也培养了学生参与“依法治校，民主管理”的意识。

（三）进一步梳理课程管理制度，提升课程品质

我们逐步细化课程管理流程，完善课程评价环节的设计，形成课程可优化、可淘汰机制；修改完善评价方案，以尊重学生需求与感受为前提，以促进师生共同发展为根本目的，重视和加强过程性评价、诊断性评价；采取学生评价和学校评价相结合的办法；从课程的研发、实施、管理、展示、成效等方面开展课程评价，评价结果纳入绩效考核，作为课程优化、淘汰的重要依据，不断提升课程的品质，推进学校特色发展。

知行合一
止于至善

程核红，1991年参加工作，华东师范大学教育专业硕士。上海市特级校长。上海市彭浦初级中学校长、上海市中学教师高级专业技术职务任职资格委员会成员、上海市陶行知研究会理事、上海市社会心理学会青少年心理健康专委会理事、静安区第一届政协委员。参加“双特”流动时间为2018年9月至2021年6月。在这3年中，流动校在教师专业成长、教育教学质量及特色品牌建设上取得了长足的进步与发展，曾作为区域代表学校在市级“强校工程”推进会上做经验分享交流。流动期间，发表论文18篇，出版专著1本，主持市级课题1项、区级课题2项。

日月既往，弥足珍贵

程核红

2018 年 9 月，我荣幸地被评为上海市特级校长。这是一份沉甸甸的荣誉，我分外珍视。在喜悦之余，我也对自己将要身体力行的流动工作倍加关注：我会流动到哪里？我能在流动校做些什么？流动工作能顺利完成吗？……我脑海里一下闪过许多念想，有点好奇，也有些憧憬，同时还略感忐忑。

当知道我流动到的学校正是我区的“强校工程”实验校——彭浦第四中学时，我感到，自己的流动经历与初中“强校工程”结下了不解之缘。2018 年 9 月，我的“流动”生涯拉开了序幕。

谋划——绘制发展愿景

彭浦第四中学建校于 1985 年，是一所普通公办初级中学，学校共有 16 个教学班，学生 368 人，其中外地生源占比 29%；从父母学历上看，初中以下学历占比 42%。何以强校？以何强校？凡事有其要，执其要者事成。强校规划制定之初，我们以问卷调查和座谈会的形式，找到亟待解决的关键问题，针对性地采取举措：提升队伍效能、补齐质量短板、凝练办学特色、增强师生自信。

我清晰地记得：2018 年 9 月 29 日，区委书记、副区长、市教委副主任一起参加了静安区实施“初中再加强”工程大会。在此次会议上，彭浦初级中学与彭浦四中正式作为支援校和实验校签订协议，我作为校长代表在会议上作了交流发言。在发言中，根据前期对实验校的调研与讨论，我提出三点想法：(1)确立发展目标，思考顶层设计；(2)加强机制建设，明确组织架构；(3)落实具体举措，推进支援力度。

这次会议以后，我和彭浦四中的领导班子确定了推进“强校工程”的基本策略，确定在管理共益、课程共研、师资共享、教研共探、特色共建、目标共达 6 个方面实施试点与突破。

3 年中，我深入彭浦四中，与彭浦四中的领导反复沟通、筹划，认真部署“强校工程”的实施。两所学校的管理团队展开了经常性的互动、合作、共享，彭浦初级中学教育教学活动对彭浦四中全开放，我校的骨干教师团队走进了彭浦四中的校园。我们做到“每月有互访活动，每月有活动主题，每月有反馈记录，每月有实效推进”。在日益深入的交流中，两校实现了办学思想、教育理念、教学方法的渗透与融合。

探索——助力学校发展

从踏入彭浦四中这一刻，我就把自己深入彭浦四中的日常点滴以管理日志的方式记录下来。我每周梳理自己的工作重点，记录下周工作的要点，有什么困惑、疑虑、灵感也及时记录下来，因为我觉得“流动”这是一项全新的工作，需要自己全身心的投入。

对于“流动”助力“强校工程”的各项工作，我们着眼于教育教学状态的改善、办学特色的增强、整体办学水平及家长满意度的提升。

提振信心，强化团队文化

我从优化教师文化入手，和彭浦四中班子成员共商激活团队凝聚力、向心力的举措，着重通过文化营造、制度完善、平台搭设、任务驱动、激励表彰等途径，让教职员工提振精气神。我在彭浦四中做过多次讲座，其中有一场谈到“我们需要创设怎样的团队文化”，我倡导将团队文化愿景提炼为：教师主动的“自我管理”文化、教师互动的“信息共享”文化、教师全员的“自主参与”文化、教师常态的“研修反思”文化、教师广域的“读书交流”文化，并提出以“课程”磨炼队伍、以“评价”推进队伍、以“特色”发展队伍、以“文化”引领队伍的办学主张。这些想法在后续教师的讨论、交流中引发了强烈的反响，对于形成教师理念的共识起到了积极的助推作用。

提振信心,用愿景凝聚人心,学校的管理需要不断强化使命责任、价值引领、目标激励,使教职工从价值认同到价值践行。

立足课堂,强化研修反思

在"流动"的这3年中,我每周深入流动校的课堂之中,听课、评课、磨课,策划并参与学科教研活动。我还组建了一支专家团队与教师团队,全程支援流动校的课堂教学、教研活动、备课活动、质量监控等工作。

彭浦初级中学的教育教学活动对流动校主动开放,如何设计立足课堂的研究、如何推进致力专业的研修,是我与彭浦四中管理团队交流最多的话题。课堂体现着教师的最大价值与最高尊严,研修是教师专业成长的加油站,由研修而引申出的高效课堂构建、校本作业设计、命题能力提升、教师论坛创建、教学经验提炼、学科活动设计等实践,产生了"互动式"的联合教研、"专题式"的教学研究、"专项式"的业务培训。所有这些活动,引发了教师更多深耕于课堂教学的思考与研究,助推了教师立足专业的提升与突破。

对于青年教师而言,起好步、开好头,尤为关键。彭浦四中的见习教师每年都在彭浦初级中学进行浸润式的培训,我校将最优的师资投入新教师的培训工作中。

彭浦四中的化学老师小郭,只要有时间,就走进彭浦初级中学区学科带头人陈老师的课堂虚心求教。陈老师也一次次地深入徒弟的课堂,毫无保留地与徒弟共同切磋,共享教学资源。在初三第一次模拟考试中,小郭老师任教的班级成绩遥遥领先区内同类学校,彭浦四中的化学学科教学质量有了质的飞跃。小郭老师的事例也在彭浦四中产生一定的"鲶鱼效应",学科教师更加关注教学理念、方法、手段的更新。小郭老师在陈老师的指导下,还把自己的教学探索与心得写成论文,获得区青年课题评比一等奖。

研究项目,强化质量保障

在流动的3年中,彭浦初级中学先后开展了"促进学生个性化发展的学校管理策略研究""赞赏教育视域下高效课堂的实践研究"等项目研究。我向彭浦四中及时沟通项目研究进展，分享项目研究启示，进行项目成果推介。彭浦四中在这3年中，也开始了项目研究。为保障项目的顺利实施，我们提供研究的实践样本，全力支持流动校促进学生个性化的质量保障体系建设，以及个性化课程的校本化实施。

还记得2020年上半年疫情期间，教师们开始了线上教学的全新尝试与体验。当时，彭浦初级中学向教师提出"四个一"的建议，即(1)记录"空中课堂"中印象最深的一节课，侧重启发和感悟；(2)撰写一篇"在线教育"的经历，侧重做法和体会；(3)完成一份市级在线教育课的记录，侧重过程和点评；(4)修改一份在线教育的教案，侧重互动和提炼。"四个一"的要求是一种任务驱动，让教师们明确我们学什么、如何学，我们做什么、如何做，让教师们在学、思、悟、改的过程中进一步反思课堂教学的设计与效果，优化课堂教学的策略与方法。我们在学校官方微信公众号上连续10期推出近40位教师的实践心得。我将这些贴近一线的教学思路与方法及时推介到彭浦四中，这些要求与分享对彭浦四中的线上教学工作起到积极的推动作用。

成效——实现互助共进

"心向往之，行必能至。"近3年中，我的流动校——彭浦四中取得了长足的进步。其一，教师有活力，素养在提升。3年中，有12位教师分别在区教研活动、市课程领导力项目上交流发言，8位教师分别在市、区级的平台开了展示课；课题的申报立项率创下新高，达到了70%。其二，学校教学质量有提高，短板在补齐。2019届、2020届学生的整体发展在原来的基础上又有了明显的进步，获得区教育局的肯定。其三，品牌有雏形，效应在扩大。学校的法治教育项目受到市、区领导高度的认可，学校成为"青少年法治教育协同创新中心"实验校。在这3年中，上海教育、今日头条、新民晚报等多家媒体对彭浦四中的各项工作进行了16次报道；家长对教师开课以及学校活动的满意度普遍较高；近年来，对口小学入学率整体呈上升态势……

3 年时间，转瞬即逝。在这一过程中，我始终将“流动”作为一项课题来思考和研究。“天道酬勤，力耕不欺”，我以问题为导向，把自己的经验、做法在流动校践行，尽自己所能，把看到的、听到的、想到的，与彭浦四中进行了毫无保留的交流、沟通……

3 年时间，历历在目。这 3 年来发生在流动工作中的故事、经历，一幕幕仿佛就在昨天。流动工作使我这 3 年显得愈发忙碌而充实，我每天的记事本上都是密密麻麻的笔迹。3 年中，面对一个个新问题、新挑战，我和我的管理团队知难而进、迎难而上。3 年中，围绕强校支援校的工作，围绕流动工作，我校与彭浦四中接受了多次调研与座谈，我在市、区级会议上也多次做了主题发言与交流。

我时常在想——流动，能带来什么？已经带来什么？我觉得“流动”，带来了观念的更新与活力的迸发；“流动”，带来了专业的成长与面貌的改变；“流动”，带来了学校的发展与持续推进的动力……

作为亲历流动工作的校长，我感受到了流动工作对于基层学校的积极作用与长远意义。作为一名区政协委员，我把自己的感受写成政协提案“关于建立区域义务教育学段教师定期交流轮岗制度的建议”。此建议受到上海市教委基教处、人事处的极大关注，相关部门专门邀请我一起座谈协商，并表示这一建议将写进“十四五”师资发展规划中。我的建议还获得 2020 年度“上海市优秀人民建议奖”。

流动工作是我职业生涯中难以忘怀的一段经历。那些不眠之夜、那些困难与挑战、那些压力与责任，都已一一经历……我将永远珍藏这份回忆。现如今，看到流动校呈现一派欣欣向荣、蒸蒸日上的发展态势，我倍感欣慰与自豪，觉得所有的辛劳与付出都值得，所有的努力与探索都弥足珍贵。

2021 年，我们两所学校开始了紧密型、集团化办学探索的征程。我将一如既往、逐梦前行，再助集团校获得新的提升与发展，为了公平而有质量的教育贡献自己的绵薄之力！

教有真情

育无止境

吴蓉瑾，1994 年参加教育工作。正高级教师，特级校长。毕业于华东师范大学。上海市黄浦区卢湾一中心小学、上海市嘉定区卢湾一中心实验小学校长，黄浦区政协委员、青联副主席。

2018 年 10 月开始“双特”流动工作。上海市“双名工程攻关计划”主持人，获得嘉定教育局“记功”，评为“全国教育系统优秀教育工作者”。流动期间，嘉定区卢湾一中心实验小学班子建设基本完成，青年干部在工作历练中慢慢成长起来，学校各项工作有序推进，5 个年级已经完整，教师成长、学生发展都逐步走上轨道。学校先后被评为“上海市依法治校标准校”“上海市教育信息化应用标杆培育校”“上海市心理健康达标校”“上海市安全文明校园”，连续两年获得“嘉定区教育系统砺新奖”，学校影响力、家长满意度逐年提升。

卢一实小"云课堂"起步

吴蓉瑾

2018年,我来到了嘉定区卢湾一中心实验小学(以下简称嘉定卢一实小),和黄浦区卢湾一中心小学(以下简称黄浦卢一中心)一样的红墙白楼,骤然让人有了熟识的感觉,瞬间亲近起来。在这里,我开始了3年的流动工作。黄浦卢一中心的信息化一直备受关注,"云课堂"的教学模式在十几年的"打磨"中渐渐架构成型,这朵"云"是否也能稳稳地飘到这里?

经过2018年的基础建设,2019年,黄浦卢一中心和嘉定卢一实小成为上海市信息化标杆培育校唯一一个跨区域同学段发展共同体,嘉定卢一实小的"云课堂"真正起步了。我盼望以发展为本的教育理念,充分尊重学生年龄及心理特征,关注发展需求,为每个学生提供随时、随地、随需的学习空间,着力培养嘉定卢一实小温暖"云端少年"。

第一组线上、线下混合课程

"同学们,今天我们将继续学习结绳。在野外,这根'魔法绳索'可以当成晒衣架、备用鞋带或是行路的标旗……"视频里,老师正在讲授"城市拓展课程",孩子们一边认真听,一边跟着老师学着结绳技巧。除了在线上的课程以外,孩子们还能够在学校开展的线下课上进行课程的学习与动手实践。在六月的军事训练营中,孩子们还将凭所学的知识进行团队演练和竞赛。

对于一所外省市孩子占比达70%以上的学校来说,"第一组棒垒球""城市拓展""功夫扇""力瀚实验室""小云朵加油站"等10余门约170节拓展线上课程一经推出，就给孩子们带来了全新体验。原来，课堂教学还能这样！“七彩大舞台”艺术单项比赛、“Yearn at the time Love all the time”第二届英语周、“阅读美丽绘本，助力生命成长”第二届读书节等活动也通过在线形式开展。

在学习过程中，我根据学校地域的特点，和教师们一起充分听取家长和孩子们的意见及建议，根据孩子们的需求不断做着微调，使他们在轻松、愉悦的学校氛围中，以最佳的情绪状态积极投入，主动发展，享受学校生活所带来的幸福体验。新的课程也陆续开发出来，孩子们的信息技术应用能力在一步步提升，从刚开始拿着平板电脑有点无措，到后来操作娴熟，开始线上观课，再到后来学习编程，制作作品。看着孩子们如小笋芽般拔节似的成长，我的心里欣喜无比，因为我看见了他们的改变。

数字化时代的到来，打破了原有单一的学校教育模式。我们通过两种教学组织形式的有机结合，把孩子们的学习由浅到深地引向深度学习。“混合式教学”让孩子们原有的学习时空得以拓宽，他们站得更高，看得更远了。

第一节“云笔”教学课

这是一节与往常不同的数学课，寂静的教室里孩子们正在做练习，耳边传来“沙沙”的写字声，孩子们使用的已经不再是前不久从平板电脑过渡来的电磁板、电子笔，而是一支“云笔”。它和日常使用的笔没什么差异，但是经过迭代升级，能够立足课堂教学，不影响教学秩序，让操作更便捷。

此时，我的目光跟随着教师的巡视。这种巡视并不是像我们传统课堂教学一样，一支红笔走遍教室。教师的目光环视教室，不落下一个孩子，而手中的终端已经获得了即时上传的练习情况、相关数据。教师观察的是过程中孩子们的学习状态、专注投入、神情变化等。第一节“云笔”教学课结束后，教师们立刻开展了教学研讨，每个人都就课堂教学提出了见解，知无不言，言无不尽，这样的研讨每周开展一两次。

如果说原来的“云课堂”关注的是技术助力课堂教学，那么现在我更关注的是

"去屏化、护隐私、多维度"采集学习过程数据。教师根据数据分析,生成学习动态曲线,结合学习过程中孩子的表现、情感等,让教学更加具有针对性与有效性。

每每沉浸在教师们热火朝天的教研活动中,我也会全身心地投入并为之感动。回想我刚来到卢一实小,面对一群高学历,迫切希望在专业能力上提升的青年教师,望着他们渴求的双眼,我知道他们在应用技术的同时,更应该关注的是孩子们的成长,关注师生之间的情感互动。于是,我们都围绕主题循序渐进开展每一次教研活动、每一次探索实践。

教师们获取的数据多了起来,一个个孩子的学习画像由初步架构到渐渐明晰起来。数据的分析帮助他们更加深入地了解孩子的内在情感变化,满足孩子身心各方面的全面发展,协助教师更加高效、有效地做好以培养完整人格为目标的育人工作,助力学校特色情感教育再上新台阶。

第一场全员线上家访

疫情来袭,卢一实小的在线教学迎接了一场大考。除此之外,我们还积极探索线上互动。因为我知道,在小小的屏幕前,我们面对的不仅仅是孩子,还有家长。延迟开学后,孩子们长时间待在家中不能出门,日常活动难免受疫情的影响。对于不少家长的焦虑情绪,我隔着屏幕都能深深地感受到。每学期开学前的全员家访能否也在线上开展起来?我和教师们一起动起了脑筋。为使线上家访做到有序有效,家访活动开始之前,我们对全体语、数、英任课教师进行了培训,布置了具体要求,甚至细致到着装、背景等。

全员家访开始了。入冬以来,疫情有所反复,孩子们生活中的一件件小事,成为丝丝牵挂,萦绕在教师们的心间。教师与家长们进行预约,为充满爱的"云"沟通做好充分准备,努力将问候、关心、帮助、指导送到每位家长和孩子的身边。我们在空中架起了一座家校之间面对面沟通的桥梁,增进了师生的感情,呵护了孩子们稚嫩的心灵。在视频电话家访中,教师们通过谈话,及时发现孩子身心状态的变化和心理需求,并给予积极引导。有的孩子兴奋地向老师讲述自己的寒假趣事："老师，我今天读了一整本书""老师，你看我的口罩就挂在那里，我一定记得戴口罩""老师，我给您画了一幅画，开学带给您"……老师们提醒孩子们做好自己的假期规划，保持良好的作息习惯，多锻炼身体，帮助父母做力所能及的家务劳动。老师们更多的是与家长沟通，假期里应该花更多的时间与孩子交流，充分利用这一段亲子陪伴的时间，遇到任何问题都可以寻求老师的帮助。线上家访不仅让教师们了解了孩子们居家生活与学习，给予了学生充分的关爱，同时，还协调好了学校教育与家庭教育的关系，调动了家长参与学校、参与班级的积极性，还吸纳了合理化建议，进一步完善学校的管理。

特殊的时期，不变的牵挂，这样的全员家访一次又一次架起了教师与家长们沟通的"云端"桥梁。倍感温暖的特殊形式，将学校与教师的关心送到了每一个孩子的家庭。

借助信息技术，我们的教育指导由校内走向校外，由学校来到家庭，除了面对面的交流，家长们也拓宽了了解学校，体验情感教育的通道。

第一次"云校园"开放 5G 直播

"大家好，欢迎大家来到爱的校园——上海市嘉定区卢湾一中心实验小学，请跟我来——"全体中层干部都有明确的分工，有的介绍信息技术融入特色课程的"云工坊"木艺课程，有的介绍学校的情感教育，有的介绍我们的教师团队……大家对于学校各个板块的介绍如数家珍。他们面对的是即将进入嘉定卢一实小的新生和家长，面对的是线上更多的观众。

"云课堂"无处不在，校园开放日也不例外，这也是我们首次用 5G 带大家畅游"爱的学校"。目前的 5G 技术已经较成熟，流畅稳定。我还请英语教师团队做了双语讲解的准备。当天的直播观看率直线上升，我和行政的同事一起关注着后台数据。当我们看到评论中的关键词聚焦在"情感教育""云课堂""课程"等时，觉得非常欣慰，这场直播真正达到了效果。不少家长选择了重复播放，有的是爸爸妈妈和祖辈一起观看，评论中还不时出现"我喜欢卢湾一中心实验小学！""老师好漂亮哦!""我喜欢这样的课!""这样的展示形式真好,线上就能看到学校的情况、认识老师,盼望着带孩子走进校园的那天。"……

一场"云校园"开放5G直播对于我们团队来说是一次难忘的经历。它让家长"走"进了校园,走进了课堂,了解了课堂教学和课改方向,以及学校的管理与发展趋势,从而能更好地配合学校,共同关注孩子的成长。开放办学,让更多的人"走"进校园,充分发挥学校教育的辐射作用,宣传学校办学思路和教育理念,使学校向更高、更远的目标迈进,向更深层次发展。

3年,嘉定卢一实小成长着……

学校的"温馨邮局"里,孩子们给我的信上写着:"云朵校长,我马上要毕业了,我真舍不得离开卢一实小。"

每当媒体上有介绍嘉定卢一实小的内容,学校教师们的微信朋友圈就会刷屏。我会看见每位教师的转发,并充满自豪地注明"嘉定卢一实小"。

家长会结束后,总有家长围着我要求加微信:"吴校长,我们听了很振奋,我们一定积极配合学校。"

3年,属于嘉定卢一实小的"云课堂"慢慢开始起步了。我深知,每一段探索之路都是漫长而艰辛的,但是,我和教师们将不懈努力,积极探索,为每个孩子提供适合的教育而奋进。

认真做事，
经常学习、思考。

李跃平，特级教师、特级校长。宝山区实验小学校长。毕业于上海市第六师范学校，从事小学语文教学、教研及小学教育管理。2018 年开始流动工作。获得“上海市先进教育工作者”“上海市园丁奖”。担任校长期间，坚持依法治校与构建健康向上的校园文化。学校被授予“上海市文明单位”“上海市依法治校示范校与书香校园”，曾在市、区教育工作会议上交流。2018 年 8 月赴新疆喀什地区支教一年半。现在参与宝山区校长、教师培训与带教工作。

我在叶城支教

李跃平

2018年8月，响应教育部等四部委号召，在上海市、区教委领导下，上海170位教师赴新疆喀什地区支教。我与宝山支教团队40位教师在喀什叶城县工作。

我们从虹桥机场启程，经过4个多小时飞行，进入乌鲁木齐；转机又1个多小时到达喀什机场，后又上了巴士，经过4个多小时的行驶，来到了离上海万里之外的叶城。我们进入新疆，感受到祖国山河的辽阔与壮美；到了叶城，对戍边战士与为帮助叶城脱贫而辛勤工作的同志充满敬意。新疆喀什地区有11个县与1个市，叶城县位于它的西南面，南依昆仑山脉，北接开阔的平原，紧连塔克拉玛干大沙漠，远眺巍峨的世界第二高峰——乔戈里峰。流淌的叶尔羌河是母亲河。叶城有50多万人口，是国家级贫困县，也是个多民族居住地，其中少数民族同胞占93%以上。作为戍边重地，叶城是一座古老又蓬勃向上的小城，也是一座英雄的城市。

支教团队到了叶城，得到叶城政府的关心与支持；上海援疆前方指挥部叶城分指也给予了全方位的指导与细致安排。支教教师被安排统一居住，教师们10位一组，分别进驻叶城二中、叶城四中、叶城二小、红军小学工作。受援校领导、教师的友善与合作，令人温暖。宝山支教团队认真学习习近平总书记的治疆方略，深刻理解了长治久安与扶贫脱贫内涵，并迅速适应了叶城的生活、工作环境，了解当地社会情况与教育现状，制定并遵守援疆支教纪律……

经过短期培训，我与10位同志进驻叶城二小担任支教教师。叶城二小在当地是一所比较优质的小学，老师们在校长、书记带领下兢兢业业地工作。按照学校安排，全体同志担任一部分教学工作，并制定、开展校本课程。在支教第一个月，团队将教研工作视角放在制定、落实教学常规方面。支教教师主动上教学展示课，连接宝山与叶城的学校，共同研究提升办学质量的途径。

我按照学校领导的具体要求，承担“传”“帮”“带”工作，在学校管理等方面也给予一些意见。我平时主要是带动学校语文教研的构建，带教多位青年语文教师。叶城二小语文教研组是一个团结、努力、有一定专业水准的团队，有多位课堂教学优秀的语文教师。我与学校窦书记、刘校长、李教导沟通后，参与学校的“党员展示课”“青年教师实践课”等活动，以“说课、听课、议课”为基本教研形式，并以此为抓手，逐步建立学校教研机制。我认为，教研形式可以多样，但要贴近一线教师的教学实际，创设真实教学场景开展教研，吸引教师参与教研。为此，每次活动制定一个小主题，我每天观课两节，全体语文教师参与活动。上课教师精心备课、说课、上课，课后围绕教学目标达成谈感受；听课教师在认真观课基础上，坦诚交换意见、评议教学得失……我负责总的点评，并提出改进教学的设想，同时做一些贴近学校语文教学实际的即时讲座，如：如何制定正确的教学目标？如何独立备课？课堂上如何做到精讲多练？如何设计好板书？……在教学的真实场景中，我们边商议边改进，提高语文教学效率。

一段时间后，我开始深入年级教研组，与教师们共同商议如何应对教学中遇到的一些实际问题。如：新学年伊始，我参与一年级教学、教研，着重研讨如何提高识字教学效率，介绍一些方法，并观摩这些方法、手段是否在课堂上得到落实；在五、六年级教研组，我们主要商讨阅读教学与写作教学的结合点，语文练习编制的有效性，以及如何提高学生习作的兴趣，如何辅导特殊孩子的学习……在了解学校教学实际的基础上，我有针对性地开展学校语文教学研究。每学期我都带头开设公开课，如《穷人》《再见了，亲人》等；平时开放课堂教学，邀请教研组内教师观课、一起评议。针对一些教研议题，我每周四上午用一节课开设语文教学微讲座，主要围绕两个专题展开：一是“说课介绍—上课评议—评课要点”，指导如何开展有效的教研组活动;二是按照教师要求,开设如何提高学生写作能力基本途径的微讲座。

参与学校各方面活动是做好支教工作的前提。我每天参与学校升旗仪式、广播操等,参与防震、防恐等阶段性活动,以及运动会、六一儿童节等庆祝活动……在教育的本源上共同探索,大家也成为朋友,结下友谊。叶城二小的领导、教师给予宝山支教教师多方面的关怀,或邀请参与学校的工会活动,或带领前往民族教师家做客,或逢节假日组织支教教师赴城外踏青,在美丽的杏花前留下友善、愉快的笑声……远处,那一望无际的戈壁、沙漠,见证了宝山与叶城教师真挚的友谊。

慢慢地,我了解了学校的一些实际情况,主动顶岗顶班,教学一个语文班(有学校教师定期外出参与轮训),每周上课 10 节左右。几个月的备课、上课、批改作业、个别辅导,我感受到新疆孩子的聪明、淳朴、可爱,也认识到少数民族孩子学习汉语的不易、叶城语文教师工作的特殊性。

不管是教学还是教研的改进,在了解与尊重当地实际情况的基础上,还需要时间与耐心,支教可以助力叶城的教育发展。在共同教研中,我有了教学教研方面一些新的感悟与思考,上课更贴近学生的学习实际,教研也能更适合教师的工作需求。我曾应邀赴叶城四小、叶城二小的结对乡校等开展教学研究,解答教师提出的教学中的一些困惑,介绍上海教育改革状况,分享自己教育教学的感悟与经验……

按照当地教委与喀什前方指挥部(及叶城分指)要求,支教团队积极探索如何发挥团队中业务骨干的作用,研究组团推进的支教模式。在做好叶城二小支教工作的基础上,我与叶城教育局合作并取得支持,支教团队利用休息日,策划、组织团队中的校长与优秀教师义务为叶城校长、书记与学科骨干教师开展培训工作。我们开展了多次系列讲座,或介绍上海教研改革的成果,或分享学科教学中的成功经验,或分享在办学过程中的得失甘苦……得到听课领导、教师的欢迎与支持。我多次承担讲课任务,从办学理念的确立、依法治校的实践等方面与叶城中小学校长、书记交流沟通，共同探索提高办学质量的途径。宝山支教团队的组团式培训方式，得到上海援疆指挥部的充分肯定。

我与叶城县教研培训中心孙阁书记商议，举办叶城县小学语文学科骨干教师研修班。教培中心的班主任老师负责招生与管理(我们利用周六举办了两期语文骨干教师培训班，共约80位学员，每期10次活动，每次3个半小时)，我担任主讲，或介绍小学语文教育的特点与发展沿革，或厘清生字教学、词语教学到段、篇教学的本体知识讲授，或一同观看上海优秀教师的课堂实录，并分段讲解……我认真备课与讲课，期望在叶城撒下一些语文教研的种子。每次活动，许多教师克服困难准时出席，其中有教师每次要经过70多千米的山路来县城学习，真令人感动。听课教师认真学习并积极参与课堂讨论。

2019年10月，上海市教委、上海援疆喀什指挥部在喀什举行“大组团援疆项目”高层论坛活动。上海师范大学教授、上海市教育专家团、喀什地区分管教育领导、支教团队及当地中小学教师济济一堂，商讨如何提升喀什地区中小学教育教学质量。我应喀什前方指挥部领导邀请，参与教育高层论坛，介绍了上海市宝山区实验小学的校本课程建设，得到与会者赞赏。

作为宝山区支教领队，我认真履行职责，与张道义、盛红兵、张文兴、张华等老师组建管理团队，以身作则，顾全大局，服务第一，做到平稳有序地完成宝山支教任务。

我们认真贯彻市、区教育局，上海援疆前方指挥部及分支的各项要求，制定严格的管理条例，将市支教总领队张国昌的各项指示、要求在叶城团队及时执行；遵循叶城教育局的指示，依靠援疆挂职干部苏伟东副局长协调好关系，按原则办事，完成各项具体任务。

我们建立组长例会制度，传达好上级指示，经常沟通4个学校的工作情况，及时跟进措施，解决一些问题；发挥好团队中的志愿者陈雪林、黄聪、陈巍等老师的先进作用，群策群力，共同做好各项工作。发现一些不太妥当的苗头，我们即刻与张道义校长、各位组长商议，做好深入细致的工作，妥善解决。

我们团队定期组织学习活动，如参观叶城反恐展览馆、瞻仰叶城烈士陵园等；也开展一些体育活动，如组织篮球、乒乓球比赛等来丰富大家的课余生活。在分指与后方领导关怀、指导下，我们利用节假日组织支教团队赴喀什、阿克苏等地学习考察，进一步了解新疆的教育，也感受新疆的壮美与喜人的变化。每一项活动，团队管理同志都必须花出时间与精力去策划、沟通与实施。

边陲小城叶城的气候、环境，与地处沿海的上海相比，确实差异很大，日常气候干燥，春、秋天常常是沙尘弥漫……支教教师保持崇高的家国情怀，克服困难，努力适应。然而，团队的40位教师在年龄、生活习性、性格脾气等方面差异比较大，在特定的管理要求下，难免会在身体、情绪上出现波动，在工作、学习、生活中出现一些小问题。除了定期召开会议学习，我与20多位老师谈过话，彼此沟通，解除误会，让大家保持积极向上的支教情绪。有位老师身体不适，在叶城人民医院住院，我与几位管理教师及时探望，并安排好相关看护。我定期向宝山区教育局与前方分指书面汇报团队工作基本情况。

叶城，昆仑第一城、乔戈里峰、沙漠中的胡杨、219国道零公里、大巴扎、南环路……将留在我的记忆之中；叶城领导、教师对祖国的忠诚及奉献教育事业的崇高精神，将会伴随我以后的生活。挥挥手，沪喀心相连；道声“珍重”，宝、叶一家亲，我期待着再次重逢。

难忘叶城，我感谢这一段支教经历。

三尺讲台显身手

三尺讲台，是特级校长、特级教师们成长的起点，经过多年的摸索与反思，他们积累了丰富的教学经验与育人智慧。“双特”流动工作，让他们将所得所思倾注在不一样的教育环境中，收获了同样的精彩。

特级教师们与流动校的教师们一起磨课、听课，细致入微地分析课堂教学中的优缺点；倾听青年教师对学情的分析、教学的困惑，指导他们如何读懂教材和学生；以课题研究开展教研活动，让青年教师获得教学自信，提高课堂效率。特级教师们还主动上起了公开课，将课堂教学的全过程毫无保留地展示出来，让听课的教师们观摩学习，在具体的教学情境中更新教学观念，掌握教学方法。

教学是学校教育的主要内容，以优秀教师的教学示范来提升教师队伍的整体教学水平，助力学校教学质量迈上新台阶。

教学是一个发现学生、发展学生、发现自我、发展自我的过程，是师生共度的生命历程。

沈洁，正高级教师，上海市数学特级教师。毕业于苏州大学数学系。任教于上海市延安初级中学，主要从事初中数学教学工作。市见习教师规范化培训优秀指导教师，多次受市考试院邀请担任中考相关工作，曾是上海教育电视台几个栏目的主讲教师、参与“空中课堂”的录课与指导工作。参加上海市二期课改《初中数学》教材全套的编写与修订。2020 年 9 月流动到省吾中学工作，担任区创新团队领衔人，是区优秀学科带头人。

三尺讲台见证生命的成长

沈　洁

时光荏苒，三尺讲台我一站就是40多年。我教过的学生一届又一届。学生从六年级入学时的懵懂可爱到初三毕业时的明理懂事，可见初中四年的学习生活对一个人的成长多么重要。作为教师，我一直在思考：育人为本是教育的生命与灵魂，是教育的本质要求与价值诉求，一个爱学生、爱数学教育教学工作的教师，在学生生命的成长过程中能为他们做些什么呢？在每天平凡的数学教育教学工作中，在他们人生的启蒙阶段，做些什么对他们帮助最大，使他们成为对社会有用之才？同时，40多年的教学生涯中，我担任数学教研组组长一职20多年，现在退休在即，希望尽自己的绵薄之力给更多的青年教师提供教育教学上的帮助。

人生总是在不经意的时候有了预料不到的变化，2020年9月，我有幸被评为上海市数学特级教师，流动到省吾中学工作。这其中凝聚了领导的关怀、专家的帮助、同事的支持与学生的爱护。

省吾中学是一所历史悠久、文化底蕴深厚的革命传统老校，是上海市爱国主义教育基地。上海市启动实施百所公办初中“强校工程”，省吾中学成为“百强校”成员之一。此时正值学校明确树立3年“强校”发展目标——以“提升办学品质，服务学生成长”为着力点，借“强校工程”的东风，构建“活课堂”，发展老校长陈鹤琴先生的“活教育”思想，努力成为“家门口的好初中”。

学校数学组有9位教师，与我原来的工作单位延安初级中学数学组的43位教师相比，规模较小。省吾中学数学组是学校的特色教研组，教研组教师们工作努力、踏实。我根据学校的规划，与教研组教师一起把脉：首先围绕如何提高教师对数学教育教学的认识，从学科育人的角度看待数学教育教学。

记得在近20年前，我参加全国的数学青年教师大奖赛活动，亲耳聆听了著名数学教育家张奠宙先生的一席话；在10多年前，我还至张先生的寓所亲自拜访；后来，延安初级中学为了进一步继承与发扬数学特色，特请教张先生确定活动主题，开始举办以“美妙的数学”为主题的数学周活动，并邀请张先生为师生们做报告。这几次的经历让我感到非比寻常，终身受益，我与省吾中学的数学教师们分享了我的一些感悟。同时，我也与省吾中学的教师们分享教育教学观念的变化带给学生的变化。记得我任教的班级有一位蕾同学，当时她七年级，非常喜爱绘画，但她的数学基础很弱，对数学学习没有兴趣。我们举办的数学周活动的前期会徽设计正是发挥她美术特长的机会，但最终数学周的会徽要经同学和老师们的推选，才能作为这一届数学周活动的会徽。这个设计既要体现数学周活动的主题及相关元素，又要美观。结果，在几百位学生的设计稿中，经过层层选拔，蕾同学的设计方案得到了同学与老师们的一致认可。当需要在开幕式上为大家介绍设计构想时，一开始她胆小得哭了，不敢当着全校师生发言。这时，班内同学自告奋勇陪同她去介绍并揭幕。这一次的经历让蕾同学发生了改变，从此她的胆子也大了一些，同时非常努力学习数学并逐渐进步，达到了班级的中等程度。可见，育人方式的转变会产生多么意想不到的效果，学科育人不是一句空话。

在与省吾中学教师们的交流中，我与大家愉快地分享数学教育教学过程中的感悟，以及如何帮助学生体会数学的魅力，数学不是单纯的解题，数学的美妙无处不在。

我与教师们分享几个平时教学中常见但大家可能不一定留意的例子。例如：在一个地球仪的赤道上用铁丝打一个箍。现将这个箍的半径增大1米，这个箍增加的长度为a米；假设地球的赤道上也有一个箍，同样半径增大1米，增加的长度为b米。试问a与b的大小关系。当学生脱口而出a小于b的时候，正是让学生体会数学魅力的时候。让学生动手计算，他们惊讶地发现：a等于b！数学是理性的，只凭着感觉是不够的。这样的事例充分利用了数学材料并挖掘了它的价值，彰显了数学的理性之美，平时通过一些事例让学生深深感到学数学需要直觉，但更需要理性，用数据、事实讲道理。在学习“同位角相等，两直线平行”与“两直线平行，同位角相等”时，两个角的数量关系通过直线的位置关系来呈现，但两直线的位置关系又由两个角的数量关系来反映，这是数形结合的好素材！同时，两条直线的平行是无限的，而两个角相等恰是有限的，有限与无限的转换多么的自然、多么的富有哲理啊！“对顶角相等”“三角形内角和180°”是显而易见的，为什么还要证明？多次的实践不能代替证明，但一次证明可以代替千万次的实践，从而引出古今中外有关数学的故事，让学生受到数学文化的熏陶、感受数学的严谨。对数学教学的认识的进步才能使其让学生爱数学、爱学习，才能使其具备一个现代人必需的数学素养。

我与省吾中学的数学组教师们一起从数学教学的规律入手，交流与研究如何提高学生的数学学习能力。首先，重视学生的学情分析。我以问卷、访谈等方式，了解学生对学习的需求、教师对教学的困惑，分析研究教学效果欠佳的原因，确保课堂教学工作的方向明确、路径正确。

其次，加强教师的专项培训。开展专项培训，在市、区专家进行教学目标体系建立的多次辅导中，数学组先行探索学科目标体系的架构。教师们针对日常评测数据缺少有效分析与运用的问题，多次研究讨论。与此同步，教师们试用多套数据采集分析设备，经过一学期的实际使用比较，选定了某智慧系统作为基于大数据的学情分析，为教学改进提供技术保障，从而有利于对学生学习状况进行跟踪分析。

再次，落实教师的专题教研。教研组结合教学五环节加强精准化教学研讨，借助延安集团的教研活动，在改进课堂教学的同时，逐步形成校本题库、学生个性化作业，提高备课的质量；关注课堂练习、课后作业及阶段性质量抽测的数据收集，力争高效率地准确评价、发现问题、弥补缺漏。

最后，依托集团化办学。在“强校工程”的实施过程中，我们利用集团化办学的大好资源，拓展了获取教育信息的渠道，与延安初中数学教研组、备课组的联合研讨学习为教师的学术发展提供了平台，特别是年轻教师参与了延安初级中学数学备课活动，专业得到成长。

一个学校的持久发展一定需要关爱、培养青年教师。青年教师自身往往缺少经验与方法，对如何帮助暂时落后的学生提高数学学习的能力，青年教师不知道从何入手，于是我与他们分享我的教学经历。在10多年前，我突然收到一份来自英国讯同学的邮件："老师，您知道我现在大学学习什么专业吗？我在伦敦大学学院(UCL)数学系学习……您教我数学学习方法的重要性，我后来有了更深的体会。"这个好消息着实让我非常欣慰，要知道我刚接手讯同学班的数学教学任务时正值初二第二学期。当时，她自己说："我是文科生。"讯同学能写出一篇篇好文章，但数学成绩实在不尽如人意，特别是害怕学习数学。我从讯同学的学习态度到学习方法，再到她的学习习惯一一分析，发现她主要是在学习方法上存在问题。

亚里士多德说："思维自疑问和惊奇开始。"所以，我坚持自始至终让学生参与知识形成的过程。首先设计情境，激发强烈的求知欲，引导思维进入学习内容。然后发掘教材背后和字里行间蕴藏的奇珍异宝，以课程标准和教材为"本"，但又不囿于课本，对教材内容进行适合学生实际情况的调整。对较容易的内容，从不同角度、和其他知识的联系中找出隐藏于内部的本质，以及与旧知识的联系；对于较难的内容，分解成若干个较易理解的部分，用浅显的道理分析将抽象的问题具体化，在归纳总结时将具体问题抽象化；精心组织问题，不是简单地学习现成的结论，而是引导学生通过分析、对比、推理、判断等多种方法探求问题。在知识的形成过程中亲自尝试得到结论而获得的成功或失败，对加强学生对基本知识的理解非常有益，理解越深刻，接受新知识的速度就越快，思维才能得到提升，在结构化的归纳与总结时才能将所学内容化为自己的理解。讯同学经过一个学期学习方法的改变，学习的积极性、学习的成就感大大提升，随之学习成绩也有了可喜的变化。后来，她继续学习与数学有关的专业，现在从事与数学有关的工作。回顾讯同学的成长过程，我们可以发现学生的潜力是无法估计的，激发出学生学习的积极性，再加上正确的学习方法的指导对一个孩子的成长是多么的重要啊！教师工作的崇高是要经过岁月的沉淀的。

所以，我经常鼓励青年教师多实践、多思考、多调整、多总结。青年教师既年轻又有活力，对新事物理解吸收快，教育的发展更是给了他们用武之地，但他们教育教学经验少，无法把学习到的教育理论应用到教育实践中来。作为老教师，与青年教师构成团结协作的教师群体，知己之不足，知人之所长，互相学习，互相鼓励，使青年教师的活跃与老教师的丰富经验融为一体，生成更多的经验，新、老教师都进一步提高专业能力，最终形成共同进步的良好局面。在与省吾中学教师们共同工作学习的过程中，我也向省吾中学数学组的教师们学习，在他们身上我看到了奋斗在一线教学岗位上勤恳工作的教师们，是他们撑起了教育这一百年大计。

体育，教学是一门的科学，也是一门艺术。

与体育教育为伴，就是与身心健康相携，

与好运结伴相随。

徐燕平，1982年参加教育工作。体育特级教师、正高级讲师。毕业于上海体育学院。上海市教育委员会教学研究室体育教研员。华东师范大学兼职导师、上海师范大学兼职教授，中国教育学会体育专业指导委员会理事。2014年至2017年在上海市莘城学校、上海市康城学校结对支教。所带教的两位学科教研组长被评为高级教师，显著提升了两校体育教研和教学等工作，指导闵行区体育教研得到广泛好评，积累了《当今，支教的“支点”在哪里》等近10万字成果。

我的支教“支点”

徐燕平

在我的教育履历上，2014 年至 2017 年是一个特殊的年段，成为一个特殊的“档案”。尽管岁月流转，那一千多个日子都清晰如昨日。

作为体育特级教师，我流动到上海市莘城学校和上海市康城学校，支教 3 年。我亲身感受支教的全过程，感触颇深：一个良性的支教，必然是理念到行为的全方位付出，也是彼此良性互动的过程性积淀，更是理想愿景的有效性呈现。

支教先“知教”

底在哪里，路就在哪里。知根知底，方能察情；知己知彼，方能合作。

调研——摸心，奠基了支教的原点；摸底，奠定了支教的基点；探底，奠下了支教的切入点。于是，支教开始了走向正轨的旅程。

“知教”，就是要真实地了解支教的学校和教师的现状。调研主要有教师问卷、学生问卷和全覆盖观课、课堂数据跟踪、即时议课与评价反馈等形式，关注中小学体育课程教学探索，持续追踪“学生身体练习的量”，以及学生对体育与健身课程教学、体育锻炼活动等的感受，力求帮助莘城、康城学校教师建立并完善课堂教学和教研活动的基本规范，提升学生体育锻炼的质量，谋求未来发展的新走向。

如何“知教”？一是“真对真”地调查现状，真切地了解服务对象，知道其现有的基础、可能的需求与有待改进的方面，以利于日后指向清晰地开展工作，实现有意的学习、有效的指导和有质的服务。二是“点对点”的指导方式，切实走进一线教师的教学、教研与培训现场，分析并研究因地制宜的教育教学方法、师训需求，促进其专业成长，提供第一手资料和个性化的帮助。三是“面对面”的服务方法，参与并改善学校教研组、备课组等开展的系列活动，梳理教育管理、教学实施和教师培训的特点与问题，提出针对性的改进对策。

我通过与部分体育教师的交流，发现大部分体育教师对体育课密度含义及计算方法等存在认识模糊的现象，这是导致预设密度与实际密度相差较大的一个重要原因；其次，教师在教学推进中未按教案的“设计”进行教学，这可能是导致预设密度与实际密度相差较大的另一个原因。

怎样让学生在获得运动技能的同时，又让身体得到积极而有效的锻炼？怎样将预设与实际、解决教学重难点与必需的身体练习建立有机联系，体现其一致性？对此，我提出：一要加强对体育教师体育课密度含义及计算方法等内容的培训；二要教师基于教学文本进行教学，同时倡导根据教学实际做灵活微调，如遇到学生练习密度较小的情况，可适当加量调整等。

事实证明，支教并不在于“名头”，而在于建立在“知教”基础上的针对性。

支教重“知心”

对教师而言，课堂既是“风口浪尖”，也是“浪花涟漪”；教学既是“周而复始”，也是“气象万千”。

听课——深入，走入课堂静心倾听；深化，走近师生细心聆听；深刻，走进专业悉心助听。于是，支教迈开了走向专业的征程。

我组织的第一次教研活动，以“与体育教师做‘朋友’”为题，将莘城中小学体育教师、康城中小学体育教师分3组，3次完成。在不影响教学任务的前提下，确保教师有备而来，并有充分表达自己意愿的时间和空间，主要内容有自我介绍（是谁、有何特点、最需要解决的问题、未来一年想有怎样的发展等）和希望获得的发展。

听完了每一位体育教师真切的发言、学校领导的相关介绍与要求，我做了“七个基于”的交流，即基于原态的相识、走近的观课、带教的协同、养成的积累、联动的结对、眼界的学习、问题的教研，直面教师们对相关运作思路的改进意见，做以诚相待、量体裁衣的“指导与相长”，帮助教师消除由距离感引发的“怕”，渐渐变得亲近和有话要说。

在支教中，为教师提供专业介绍的方向和具体内容非常重要，这是“基线”。我曾指导教师明确以下内容：对教材的分析，尤其是教学重点与难点的确定；对教学文本的规范撰写，尤其是学习目标的提出(过程与方法目标的表述)；对教学内容与方法手段一致性的认识，尤其是选取针对教学重难点的手段；对身体练习中运动负荷预估的操作，尤其是准确标注练习时间、次数与强度；对组本教研解决身边问题的理解，尤其是确定基于问题解决的教研主题；对教学育人与具体活动的关联性分析，尤其是怎样提炼一个活动的育人目标；对教师专业发展与职务晋升需求的满足，尤其是做强自身的教育教学、训练与教科研等；走出校门学习鲜活的课改理念并转为教学实践做法，尤其是优质可操作资源、学习模仿对象和专业阅读资料等；对问题解决和前瞻性研究的了解，尤其是研究主题的提出和研究运作；对改进学校广播操质量，尤其是学生“肢体动作正确表达”的习惯养成；对学校体育特色可行性分析与项目选定，尤其是整合学校软、硬条件和优势的共赢；对区域性学科教研、教师专业、体育科研、“一校一品”等，尤其是将全市层面未来发展需要与区县特点有机融合的设计与推进……

支教的“知心”，更多的是要带有专业的“轴芯”，不能是随意的“心理安抚”，要有切实的导向“标的”。

支教要“强规”

支教，不能人一走，就立即恢复原样。因此，在这一过程中，建立常规化的运作机制就显得十分重要。

我曾就学校教研规范给予“重点”强化，重视学期工作规划、学习内容、主要任务、操作流程和团队目标的确定，采用追踪规范、随机观测、揭示问题、商议解法、自主改进的方式，引导教师关注自己的课堂行为、自身的内涵发展，与会发言、记录、提问、解答和读书学习、动笔行文等，直面体育教师的“短板”，敢于语言表达、尝试文字记录，做以往很少做或怕尝试的事情……

第一，“教研主题”源于问题。我结合莘城学校、康城学校两校的实际，联动随机跟踪观课和“暗访”校园体育活动，择时给予有所侧重的反馈，共同分析面临的“短板”，针对问题开展指导和确定教研主题，聚焦课堂教学规范，助力学生学练增效、校园体育教育改善和教师专业成长。

第二，“跟踪观课”揭示问题。“随机跟踪”三四周，主要对象为莘城和康城学校大部分体育教师，其中对新教师、代课教师、实习生和校内评价相对较弱的教师进行全覆盖观课，合计 15 节课左右（课型含体育课，体育活动课/晴天、雨天），关键操作有观课记录、同步服务，揭示问题、个别指导，教研反馈、重申规范，限期改进、跟踪再测和磨课交流。

第三，“专题研讨”聚焦“两化”。上海作为全国教育综合改革试验区，实施“小学体育兴趣化、初中体育多样化、高中体育专项化”课程改革是其中一项关键任务，是整个基础教育改革的重要环节之一。其有序的实验探索和有质的推进，一定程度上对学生的运动能力的获得、体育素养的形成和体质健康的产生具有积极的作用，也对基础教育的改革和上海教育的发展起着积极影响。莘城学校、康城学校两校的分管领导和全体学科教师着眼于社会发展对未来学生基本素养的期许，融合学校管理层认同的操作建议，提出“基于标准、回应目标、张扬特色、分步实验、师训跟进；做中完善、教师成长”等工作要求。

我们仔细分析学校体育教学实验探索的可能性，微调或重组一、二、六、七、九年级（康城学校分部的一、六年级）体育与健身课程的学习内容，体现不同阶段学生的学练侧重点和学校体育特色的创建，让学生经历“激趣、多样”的体育学练，获得相应的知识、技能和能力，逐渐养成正确的身体姿势，培育遵规守则、不畏困难、竞争进取的良好品格。

第四，“借班比较”体悟增效。近年来，莘城学校和康城学校体育组的教研活动由内而外地发生着变化：教研组长的主题意识、命题能够从身边的问题出发，教研主持和组织能力明显改善；组内教师有备而来，积极发言、表达见解的频次明显增多，提升课堂教学质量、提高学生体质健康水平的内驱力日渐增强……

我们采用“借班教学比较”的方式，旨在打造小团队，同议教学主题，取舍方法手段；教后及时互动，改进再教方案，以引导参与者体验从未有过的教学经历，如跨校教学、集体准备、团队合作、追踪改进等，回应学习目标、教学重难点的达成和解决要求，实现“做中学、议中改、行中悟”的目的。

作为一个跨学期，需要教师身体力行的“长教研”，第一、二轮的教学运作比较渐显活动设计的初衷，即由两校对垒者商定教学主题，各自组建具有专项特长的小团体，自主完成单元教学设计和课时计划并进入试教；两校各层面教研组长发挥作用，群策群力投入借班教学准备等，形成“跨校教学组长同行、直面课堂互动改进、不同意见敢于表达、取舍良方基于理解、返校教学再试改观”的局面。

新学期，两校约有 16 位教师参与借班教学比较体验。作为指导者的我，将继续沿用并微调“教学比较”的做法，由教研组长、学段组长带领，按需结伴分，工合作，全程组织并实施此项活动，经历从分析教材，确定学习目标，提出教学重难点，配以适切的方法手段，预估合理的运动负荷，试教检测教学文本的贯彻与不足，以及后续的研讨、改进教学安排等环节。

支教，不要作为负担，而是使命；支教，不是单纯的付出，也有收获；支教，不是“单程票”，而是“双通道”。3 年支教，于我而言就是一本耐读的有用之“书”。

支教，让我深知基层的需求，从而指导教师们获得专业的收获，明晰发展方向。这样的支教，离教育最近，对教学最真。

支教，让我感知体育的地位，从而助推教师获得成长的快乐，成就自我。这样的支教，离基层最近，对实际最真。

支教，难忘的教育旅程，可贵的教研征途，珍贵的生涯财富。

开放，引来阳光和雨露
创新，拥抱世界和未来

施洪昌，1985年参加教育工作。特级教师。毕业于上海师范大学历史学系。华东师范大学硕士生导师及论文答辩委员会委员。曾兼任上海市世界史学会理事，被聘任为上海市中学历史教学研究会副秘书长达10年；受聘任上海市高级职称评审委员会委员、国家教师资格考试考官。

执教高三学生26届，指导学生在市级竞赛获奖280多人次，曾获“学科素养与历史教学”全国海选特等奖。近10年来，主持或参与或指导部级、市级、区级课题8项；在《历史教学问题》等专业期刊发表论文7篇，主编、参编图书9部，为上海、漳州、开封、淮南教师培训上课10多场。

2017年至2020年参加“双特”流动工作。所带教的青年教师，频频站上教学评比舞台，其中全国比赛一等奖5项；教育部“一师一优课”3项；市一等奖5项、二等奖8项、优秀奖10多人次。

回归学科本源,落实素养培育

施洪昌

“当年的明月照着这条路,关山险阻迤逦向晚霞,多少苦寒多少风沙,远方传来了驼铃声和胡笳,还是那条路,如今又出发……”看着苏大宝的沙画作品《丝路》,听着那英演唱的《丝路》歌曲,我的眼睛开始模糊,这不就是我 3 年流动的一条缩小版的“丝路”?

跨区、校的“双特”流动成为上海市教育改革的一抹亮色。2017 年,我作为市教委选派参与流动工作的特级教师,要承担四方面的职责与任务:一是深入课堂教学一线,开展教育教学工作;二是主动参与学校教研组、备课组活动;三是充分发挥示范引领和辐射作用;四是积极推进区域教师专业发展。

记得那是 2017 年 2 月 24 日,延安中学的李德元校长亲自把我送到青浦,交给陆康其校长,并且提醒对方,施老师思想跳动,请多担待。按青浦教育局副局长高燕与人事科长周敏华对我的要求,要充分发挥辐射引领作用,带出一支高质量的学术团队,建成至少一门校本课程或者区本课程,设计一整套校本化实施的方案,完成好科研引领任务,争取做到“强强联手、共创新高”。我当时感觉责任重大,压力也大。我流动到的青浦高级中学,属于城区,历史教育理念、教育水平在上海市特级教师吴国章的带领下,在市里已经有较高知名度。这为我提供了一个强强合作、互相学习、互相交流、共同提高的机会,力争达到青浦与长宁的历史教学优质均衡的目标。

如何做好支教工作?教师流动的目的就是要分享优质的教育经验,实现共同发展。如何提高“双特”流动的工作效益,把自己的教育经验、研究成果以最合理、最科学的方式毫无保留、最大成效地分享给当地学校?教育经验的移植是一个颇具挑战性的问题。记得教育专家前辈顾泠沅老师说过，第一，把握了教育经验移植的两个基本特征，即一是内化，不是照搬；二是合理迁移，不是单向输出。第二，找准了经验移植的三个过程：经验接纳、融合阶段和创新阶段。第三，找到了两个关键行为：一是平等对话，二是生成实践知识。

夏花灿烂播种频，秋月高高映长城。男儿不言征战苦，壮志得遂慰平生。学校，于学生，是驿站；于吾辈，是营垒。欢乐、向上，是你们的使命；淡泊、坚守，是我们的本分。从1952年的"1.0版双基"到2001年"2.0版三维目标"，再到2016年"3.0版学科素养"，昭示着教学功能在嬗变中升级。培养学生未来发展的必备品格和关键能力，有赖于课程文化的浸润。根据实际情况，我确定了工作路径：回归学科本源，落实素养培育。

2017年12月，青浦区教育局有一项校外教育运行机制建设，即创新协同育人机制，共创"上善"社会大课堂，需要涉及青浦本土文化的课程。由于当地学校历史教师日常教学工作繁重，我就接受了这个任务，利用历史学科特点，培育学生的关键能力、必备品格和价值观念。所谓关键能力，即能用知识做事，能做事也会创新；所谓必备品格，即会做正确的事；所谓价值观念，即能坚持做正确的事。我确定的主题是"陆海之畅，家国之盛；陆海之吟，家国之殇——丝绸之路上的故事"。

虽然我接受了这个任务，但心里还没底。首先，复旦大学葛剑雄教授不久前为学生们做过"一带一路"与"古代丝绸之路"的相关讲座，珠玉在前，我短时间在学术上无法有所突破；其次，我对青浦的历史文化及古迹了解不多。如何在有限的40分钟内完成青浦教育局德育室的讲座课题，我并没有头绪，因为要求讲清楚"古代的陆海丝绸之路"、今天的"一带一路"及青浦的青龙镇与之千丝万缕的联系；既要有"家国情怀"，又要培养学生的创新意识，还要有史学方法（史料实证、历史解释或历史理解）。我沉下心来，确定用理论积累、走进博物馆、研学旅行的方式来培育学生的核心素养。我带领学生们进行人文学科的探索、研究，以青浦的博物馆、纪念馆、物质文化遗产和非物质文化遗产为研究对象，帮助他们初步掌握学术规范、学术方法，学会收集资料，提高发现问题并解决问题的能力，培养独立完成具有创新性和社会价值的研究性课题。

我和学生们一起收集相关的史料，拜访学者，了解前沿的学术动态；一起来到金泽，开启民间祭祀文化探源，实地探访江南民间如何原汁原味保留着千年传统，以及在现代化转型升级中演变；一起来到青龙镇隆平寺察看荣获 2016 年“全国十大考古新发现”的青龙镇遗址；一起到青浦博物馆收集资料，收获颇丰。

平时课堂上，我们都读“有字之书”，难免片面；亲临实地，我们翻开了“无字之书”，亲历立体的、生动的生活以及现实与历史的勾连。

走进博物馆，走进家乡的古迹，学生所学到的历史知识和对此的亲身参与感，在平常的学校教育中是难以复制的。首先，对文物、古迹及其保护，学生通过近距离的参观过程，增加了学科知识，提高了历史思维能力。其次，所有可见的资料都是重塑过去的历史事件，反映作者的主观性、解释和假设。当学生们使用历史资料来获取知识时，可以获得重要技能，包括自主评估和分析；也学会将博物馆视为从各种观点、各种角度、各种感受，对重现历史所做的努力和尝试。再次，很少有学生在毕业后还会继续上历史课，但他们一定会去博物馆。学生在本次活动中的经历，可能对其一生的历史学习都有影响，尤其是培养了他们分析、解释和评估史料的能力，对历史的同理心。

筹备活动的过程中，不是“教师到学生”单向度的知识传达，而是互相学习、互相交流。每个人都是教师，每个人也都是学生。教师本着对学生的问题引导而不主导，对学生活动具体实践的指导到位而不越位，对学生的行程安排参谋而不代谋的原则，在此过程中，充分发挥学生的能动性，学生自主设计，培养了学生的策划能力和交流沟通能力。通过这一批评性思维模式的训练，学生的关键能力得到提升，必备品格与价值观念全方位得到了培育。在一起探究“青浦青龙镇考古遗址与古丝绸之路、一带一路”的课题过程中，学生们心中生出浓浓对乡土、乡音、乡情的依恋之情。最后，我们以 40 分钟课堂集中呈现，得到来青浦观摩的同仁的高度肯定。

高考招生结束了，对青浦高级中学来说是完美收场，历史合格考连续两年来都全员通过——关心每一个孩子，一个不落下。此后，这批学生首次代表青浦高级中学参加上海市第十九届“我看博物馆”征文赛，也收获满满。学生们收到上海博物馆的通知，参加暑期夏令营活动。在2018年第四届“青春影像”全国大中学生原创作品大赛中，青浦中学师生的参赛作品《阿尼玛卿》，荣获微电影一等奖(第一名)。2019年、2020年，师生们又拍摄微电影《黄河源》和《闹乌卓玛》，并称为“青海三部曲”。参与活动的学生里，就有几位曾经和我一起探寻“丝绸之路上的故事”课题的学生。

3年流动工作结束了，丰富了我的教育教学生活，终身受用。双方单位形成了教学共同体，为教育均衡优质添砖加瓦，两校两区的合作将继续下去。

冬夜寂寞无人伴，独守空室味凄凉。有路途奔波的辛劳，有家母离我而去的痛苦……在这3年，如果没有上海市教委、上海市特级教师特级校长联谊会、长宁区和青浦区教育局、延安中学和青浦高级中学同仁的关心，特别是家人的支持，我是支撑不下去的。

教育理想在岗位上，
育人信念在行动中

朱燕青，1989 年参加教育工作。正高级教师，上海市特级教师。毕业于上海师范大学，2020 年 9 月流动到上海市嘉定区普通小学白银路分校，2021 年荣获嘉定区“三八红旗手”。

三尺讲台显身手

朱燕青

经上海市教委统一安排，2020 年 9 月，我流动到嘉定区普通小学白银路分校工作，担任一年级数学教师。

9 月的一天，教研组长尹老师匆匆过来："朱老师，咋办呀？数学组的'白银升级课'怎么上呀？"是呀，怎么上呢？我盘点了一下，整个教研组只有一位教龄 5 年以上的教师。

我们是很棒的！

这是我见过的史上最年轻的教学团队。组内 10 位教师，只有一位是区内学校调过来的成熟教师，其余都是教龄 5 年以内的青年教师。于是，我来到了这群青年教师的身边，走进了他们的课堂。一轮 10 节课听下来，确实存在不少问题。有的教师把数学课上得像语文课，有的教师把小学生当大学生来教，有的教师入职一年却像老学究……我焦虑了，失眠了。

一周下来，我已经初步了解了 10 位青年教师的特点。我努力挖掘每位教师的闪光点，细致地指导起他们的课堂："你的课堂教学中对学习规范的指导很细致。""你班的孩子学习效率很高。""你上课很淡定，没一句废话。"……针对每位教师的风格，我对他们执教的每一节课从教材理解、学情分析、材料选择和教学环节推进的策略方法，以及达成的意图目的进行细致剖析。

第二周我继续听起了"推门课"，看得出来，每位教师都在课堂实施过程中努力地发扬优点、改进不足。课后，我认真倾听他们对教材的理解和学情的分析，指导他们如何正确解读教材和学生:“要立足单元视角读教参、读教材,读懂教材的作用、地位、意图,以及不同学段不同年级教材之间的联系,要分析学生已有的生活经验和知识基础,找准学习起点,因材施教,必要时可以进行前测,精准分析才能精准教学,遇到困惑时与老师们讨论或请教,一定要做到心中明白,才能讲得清楚。”我鼓励青年教师分享他们的实践成效,一起解决他们的实践困惑。看到青年教师谦虚好学的劲头,我欣慰了,放心了。

9 月底,数学组承担了学校开办以来的首场区级数学研讨活动;10 月底,数学组再次承担了区重点项目的启动仪式,制作了微故事《化茧成蝶收获成长》,讲述了一群年轻人成长的故事,尤其是两个多月来立足课堂、开展研究的心路历程。大伙儿看着故事,不禁掉下了眼泪,互相说着:“我们这么厉害,我们是很棒的。”

微故事的讲述暂告一个段落,但研究的故事还在继续发生着。

磨课真心累!

这是我“磨”过的最有挑战的一节课。研究的切入点是我们从未涉足过的逆向教学设计。“第一个吃螃蟹”的竟然是一群教学理论与实践经验都还很稚嫩的青年教师。我彷徨了,困惑了。

一线教师最喜欢和擅长的研究方式是实践研究。我决定自己先行先试,再分享自己的学习体会。这段时间,我认真阅读格兰特·威金斯的《追求理解的教学设计》《项目化学习的实施》等书籍,反复咀嚼核心概念,仔细梳理逆向教学设计的关键要素,根据自己的理解,选择内容尝试进行逆向教学设计。

一次教研活动中,我和教师们谈起了逆向教学设计。教师们面面相觑,见此情形,我安慰大家:“我们站在同一起跑线共同学习,这是我这几天的学习心得与实践案例,与大家交流一下,希望得到大家的帮助。”听了这些,教师们的神情渐渐放松下来。我将设计的案例“三角形分类(2)”进行了详细的解读,其间有教师提问、质疑,3 小时很快过去,他们从初始的茫然到参与,再到投入,最后纷纷跃跃欲试。趁此机会,我提出了本次展示活动的研究主题是“逆向教学设计，让学习更有品质”，研究的载体是二年级数学“统计表初步”，大家纷纷表示赞同。

我把“统计表初步”的预期理解设计成问卷，让教师们根据自己的理解打钩，然后把10位教师分成2个小组。第一小组开展学情分析：通过前测初步厘清学生将知道什么和能够做到什么，习得这些知识和技能后，他们最终能够做什么。第二小组开展学材分析，通过对各版本教材相关内容的解读，初步梳理出基本问题。两组在热烈的争论中确定了预期结果。

到了第二阶段确定评估证据，这是最难也是最关键的阶段。为了弄明白逆向教学设计区别于传统教学设计中将评价设计优先于教学设计的问题，我们利用国庆长假去学校开展研讨，发现表现性任务是逆向设计的重点，评价规则又是逆向设计的难点。这就要求将本课的主要知识点和学科关键概念或能力，即核心知识梳理到位，确立本质问题和驱动性问题。最终，我们设计了“光盘行动”之最喜欢的蔬菜调查的真实情境，旨在让学生经历统计的全过程，体验参与学校管理决策，激发他们的社会责任感，并聚焦统计素养的培育，从数据收集、数据整理、数据分析等维度进行评价。

由于时间紧、任务重，磨课常利用业余时间完成。忙碌的时间总会过得特别快，每天的加班磨课总感觉很快就结束了，教师们纷纷要求第二天继续研究第三阶段的设计学习体验和教学。看着兴奋异常、信心十足的教师们，我释怀了，有底了。

经过“白银”一级课、二级课，10月26日，“白银”升级课拉开了帷幕，孙老师尽情演绎着精彩的课堂。看着齐刷刷地坐在我身旁的青年教师们，我的脑中出现了一张张忽而蹙眉凝思、忽而豁然开朗的脸庞。回顾磨课的整个历程，酸甜苦辣尽显其中，呈现出别样的“四重境界”：从初始的“雾里看花”到“山穷水尽”，再到“峰回路转”，直至最后的“柳暗花明”，真有一种化茧成蝶的艰辛和欣喜。我长舒一口气，想起了几个小年轻的话还真有道理：磨课真心累。

三尺讲台显身手

教学改进一定要基于学生！

这可能是很长时间内留给我印象最深刻的一次教学改进了。被要求承担区级研究课任务的教师有着繁重的家庭拖累、烦琐的教学工作羁绊，自身对教材、学生的研究也不够。当他和我谈起要上区级课时，我担心了，无措了。

我们第一时间开展备课活动，确定研究内容，制订研究计划。首先，我们开展教材分析，比较了各版本教材两位数加一位数（进位）内容之间的联系与区别，并进行了学情分析，设计了前测单，了解学生的学习起点。其次，我们搜索了各地教师的相关研究，试图站在巨人的肩膀上做新的攀登。最后，由执教教师开展以学定教的教学设计和教学实践。

一周来，我沉浸在研究的苦恼与喜悦的交织中。我有时为突破教学难点而绞尽脑汁。“今天是周末，吃好晚饭去散个步吧。”先生提议道。“这个星期我看你挺累的，昨天还帮老师改课件到深夜，今天就休息吧。”先生关心地问着。“给你买点润喉糖吧，天天说嗓子疼。”先生啰嗦道。“唉，你说说看，为什么给孩子提供直观学具，反而把孩子给绕晕了，让孩子们讨厌学具？”“唉，为什么我设想从动态到静态，再到图示，最后到算式的层层递进引领孩子思维的发展，在老师的试讲中体现不出呀？”“哎……”突然旁边的先生扯住了我，“小心，红灯。”“我有想法了，我要回家了，你帮我去买润喉糖吧。”我留下了在大街上不知所措的先生转身往家走，打开电脑，写下了改进的意见：“要真正做到以学定教，分析真实困难，精准施教，让学生不仅知其然更知其所以然，从理解算理入手，借助学具、学具变身成图示，图示隐身成算式，从具体直观到半直观半抽象、抽象层层推进，让学生在变的过程中感受不变，从操作层面向方法层面飞跃……”思维的火花不断闪耀，不知不觉已到凌晨。

有时为突出教学重点，我搜肠刮肚。“难道学生根本体会不了转化思想？”两位数加一位数（进位）都是先转化成整十数，用整十数加两位数或用整十数加一位数。可是学生在操作中完全体验不到的原因是什么呢？那就是操作流于形式、走过场。但学生是感受不到的，此时就应该发挥教师的指导作用，教师富有启发性的点拨是至关重要的。如操作位值图时，启发学生："你们发现这个小朋友做了一个意义非凡的动作。"此时学生就会发现，10 个 1 是 1 个 10，个位满 10 向十位进 1，位值图上清晰地看出 20＋12＝32，转化成学过的本领。如操作计算条片时，启发学生："你们发现这个小朋友摆的时候说了一句重要的话。"此时学生就会发现，5 可以分成 3 和 2，27＋3＝30，30＋2＝32，转化成学过的本领。教学重点就在教师智慧的质疑中闪现。

又一周，区级公开课如期举行，在好评如潮中，执教教师流下了激动的眼泪。我放心了，开怀了。

2020 年 11 月，王老师开展了"20 以内数的排列"逆向教学设计展示汇报；12 月，李老师开展了"角与直角"逆向教学设计展示汇报。2021 年 1 月，戚老师开展了"平方米"逆向教学设计展示汇报；3 月，学校举行了青年教师评比活动，7 位青年教师参加了评比，区教研员对青年教师的快速成长给予了极高的赞扬和肯定；4 月，王老师向全区一年级数学教师进行教学展示；5 月，尹老师向全区二年级数学教师进行教学展示，戚老师向全区展示项目化学习的阶段研究成果。

我欣慰地看着青年教师们逐步成长起来。

将化学课堂"有效教学"研究进行到底!

毛东海，教育硕士，1991年参加教育工作。上海市化学特级教师。上海市久隆模范中学副校长、上海市化学学科中心组成员、静安区化学学科带头人、核心期刊《化学教育》外审专家。创建了化学课堂"有效共识"的教学主张与市级培训课程。

2017年至2020年在松江区第四中学参加"双特"流动工作。3年来，带班上课，经历了从高一到高三完整一轮的课堂教学，向全校开放家常课300多节，并摄制了大量的课堂实录。主持教研活动、备课活动100多场，听课、评课指导160多节，组织研发了50万字的校本课程。申报市级课题1项（研究中），完成区级重点课题1项，研究成果两次荣获"松江区教育科研成果一等奖"，在核心期刊发表论文5篇。指导青年教师在全国级刊物发表论文4篇（其中2篇获职称论文A级、1篇获B级），各类教学获奖20多项。

用课题的力量“激发智慧，分享经验”

毛东海

2017年，我作为新评特级教师，流动到松江区第四中学（以下简称松江四中）参与支教工作，期限3年。这既是一个学习、锻炼的机会，又是一个挑战、考验的任务。一是自己的教育经验能否适应当地学生的学习基础、能力，我有些担心；二是如何在有限的时间内培养好当地教师，我不够自信；三是如何推动当地教研组的持续发展，而不是“人走茶凉”。面对这些问题，我没有底气。

我觉得要解决以上问题，关键要抓住两点：第一，要把自己的教育经验、研究成果毫无保留、最大效益地分享给当地学校；第二，要用一种合适的载体来凝聚、承载支教工作的方方面面，并对教育经验的异地移植产生有效影响。能支撑、解决以上两个关键点的最佳载体，我想到的就是课题。因为课题具有创新实践、攻坚克难的基本特点，同时具有统筹布局、有序推进的实施要求。

2018年5月，研究课题“化学课堂优质教育经验的异地嫁接与融合”被立项为松江区教育科研重点课题，并有两万元研究经费。听到这个消息，我非常兴奋，全组教师也非常振奋。因为这是统领3年支教工作的规划，也是松江四中的教师们进行学习、锻炼的指南。

课题的内容是概括、精炼的，而针对课题内容，每天的工作、生活则是具体的、琐碎的。我住宿松江四中的966天，诠释着支教工作的意义和情怀，历练着我的专业技能和生活体验，也一天天地收获着教育经验分享的硕果和研究的快乐。我用充实的支教工作推动着青年教师从课堂迷茫走向教学自信。

主持100多场研讨活动，推动教育经验的“内涵认知”

要分享我的教育经验，首先要让教师们明白我的教育经验是什么，是怎样的教育观点，核心内容是什么，在教案、课件、作业中是如何体现的。也就是说，要让教师们对教育经验有深刻的“内涵认知”。教研活动、备课活动则是解决这个问题的最佳平台。3年来，我主持了这样的研讨活动100多场。

教研活动每月一次。为了组织好教研活动，我需要做好充分的准备工作。首先是制定研讨主题。我的教育经验(化学课堂“有效共识”获上海市教科院学校科研成果一等奖、“十三五”上海市教师培训共享课程)包括“四层级”内容系统、“六要素”策略系统。我需要将教育经验进行系列化主题设计，并做好时间上的序列安排。然后，要准备好研讨素材。这里主要是将教育经验进行精简的文本梳理和图示化处理，使教育经验的内涵达到浅显易懂的效果。其次，我要精心准备主讲报告和PPT课件，力求培训过程重点突出，效果最佳。最后，活动环境和座位安排也尽可能做到宽松、民主，一般是圆桌会议形式，便于讨论交流。每次教研活动一个半小时左右。

备课活动每周一次。为了组织好备课活动，我需要做好更加充分的准备。首先，自己备课。根据松江四中学生的特点调整教学内容和学习要求，对备课文本进行修改。同时，针对教育经验的结合点进行斟酌和标注，做好指导的充分准备。高一、高二每周各备3节课，每节课备3份材料：教案、课件、作业。由于这项工作工作量大，并需要静心研究，我一般在周末完成。然后，在每周二的下午，组织相关教师分别进行备课活动。先是高二备课，再是高一备课。

集体备课实行3个环节：内容主讲、讨论修改、定稿共享。内容主讲，重点是讲解教育经验融入的契机和教学策略。针对目标的设计，要考虑对“四层级”内容系统的凝练是否科学、合理，既要突出重点，又要系统兼顾；同时要关注化学学科核心素养的培养要求。针对教学过程的设计，要考虑对“六要素”策略系统的体现是否清晰、恰当，既要关注素材的融合、环节的伏笔，又要关注时机的提醒、时间的把握。讨论修改，需要集思广益，广泛听取大家的意见，包括对教学要求调整的意见，以及对教育经验融合的讨论。定稿共享，活动之后所有的备课资料在教研组内进行共享。

2018年的下半年，学校安排我们高二备课组在学校大礼堂向全校的教研组长、备课组长展示备课活动，活动反响热烈，受到大家的高度评价。

公开300多节家常课，示范教育经验的“实践要领”

上课是支教工作的第一要务，也是分享、传播教育经验的关键环节。上课的目的不只是为了完成支教工作的任务，其根本目的是要向教师示范教育经验转化为课堂教学的实践要领，是为了培养教师、发展教师。3年来，我经历了高一至高三完整一轮的化学教学，并全程公开家常课300多节。

为了上好公开课，首先要对当地学生的学习实际进行全面的了解。为此，在进入松江四中的第一周，我与化学组全体教师进行了座谈交流，倾听他们的教学需求，同时了解学生的学习基础和能力。另外，我还设计学生问卷进行了化学学习现状的调查研究。调研结果显示：学生对化学学习是有兴趣的，只是学习的基础和方法有问题。

针对学生的实际，我在“策略系统”的运用上进行了再调整。针对“问题”提出，删除了针对等级考要求的问题（化学选修班除外），优化提问的方式，多搭设提问的坡度；针对教学“环节”，多使用“引导—探究”教学范式，充分发挥教师的课堂主导作用；针对“方法”总结，更多地体现策略、方法的精准的文字总结和简约符号的表达，慎用学习技巧的总结。另外，提供充分的时间让学生记录策略、方法，圈画书本上的内容要点。总之，要让学生听得懂、学得会、做得来，同时立德树人的要求不降低，“向美生长”的办学宗旨不偏离。

听评160多节研究课，指导教育经验的“实践体验”

青年教师是培养的重点，也是教育经验移植的关键群体。在备课、听课之后，他们的课上得怎样，能否将“有效共识”的观点体现出来，必须要通过听他们的课才能感受到；同时，要通过评课研讨存在的问题，指导他们今后努力的方向。3 年来，我听评各种类型的课（主要是家常课）160 多节。

支教工作的第一年，我每周听评青年教师 4 节课，第二年频次降为每周 2 节课，第三年频次降为每周 1 节课。听课表是提前一周排好的，事先在群内预告，要求没有课的教师尽量参与活动，评课活动一般在当天完成。首先是开课者说课，主要是反思教育经验自主运用的意识和效果；然后是团队评课，从旁观者的角度研讨教育经验实践中的成功、问题和努力的方向，达到专业引领和同伴互助的双重功能。每次评课的时间在 1 小时左右。每次听评课活动，教师们态度积极，发言踊跃，精神饱满。

对于教师们在实践探索中出现的一些思想问题、专业错误，必须要及时指出甚至要严肃批评，并耐心帮助他们改正。记得有一次听小张老师的“氯气”一课，他连一瓶氯气都没有带进教室让学生看一看，所有的化学实验都采用视频或 flash 动画代替。评课时，我非常生气：“这些实验成功率都很高，基本没有污染和安全隐患，你为什么不到实验室上课，当堂做给学生看呢?”小张老师说：“准备化学实验要花费大量时间。这些视频都是现成的，效果也不错，我就直接用了。”我说：“如果污染严重或有安全隐患的实验，确实应该用视频代替，但是这几个实验都是没有问题的。视频实验的证据效力比真实实验要差很多，教学效果必然会大打折扣；同时，削弱了‘证据推理与模型认知’化学学科核心素养的培养。如果为了图方便、省时间而损耗了学科育人的应有价值，那么我们教师工作的意义又在哪里呢?”听了我的话，他陷入了沉默，脸颊上渗出了汗珠。后来，在其他平行班上课时，小张老师将大多数的化学实验均进行了当堂演示，尽管多花了时间准备，但教室里学生的欢呼声、鼓掌声还是出乎了他的意料。事后，他在教案札记中写道：“真实的证据对于培养学生的化学兴趣、提升课堂教学的效果真是太重要了，我以后一定要引以为戒。”

研发 50 多万字课程，形成教育经验的“沉淀载体”

以校本课程为载体沉淀教育经验，一方面可以保留教育经验移植、吸收的痕迹，作为后续培养青年教师的重要资料；另一方面，可以方便在原有经验基础上进行调整、发展和积累，并最终形成教研组的教学经验或教研特色。

校本课程的研发，实际上是对经验输出方的校本课程（包括每一节新授课、专题复习课的教学设计、教学课件、配套练习）进行本土化改造。这项工作，我主要是依托备课活动来完成的。例如，本周的备课活动，重点研讨针对本校的学生实际，如何修改校本课程，包括教学内容、学习水平、教学方法等，并形成初案文本；在经过团队的听课评课、教师的自主课堂之后，在下周的备课活动中，对初案文本进行调整、修改和定稿，并形成电子化的课程资料。

每一次校本课程的研发活动都是在浓厚的研究气氛中进行的，都是在激烈的思想交锋中达成共识的。记得有一次，讨论以怎样的方式将核心素养的培养要求体现到教学设计中，大家争得面红耳赤。一种意见认为，在教学目标的描述中适当体现就可以了，其他地方不必太较真，考虑太多。但实际上，教学目标中融入核心素养的文字描述具有相当难度，每节课都这么做几乎是不可能完成的事，而且具有一定的主观判断上的风险。另一种意见认为，在教学过程的设计中要标注清楚支撑载体，否则无法落实。但每节课都要做到这一点，研究的难度和工作量也是相当大的。最后，在我的建议下，采用了“标注提醒”的方式，既降低了教学研究的难度，也提高了课程研发的效率。例如，在知识与技能目标“知道氯气的物理性质”后面标注“宏观辨识”；在教学过程“（引言）氯气可以消毒杀菌，运用于自来水的生产”后面标注“社会责任”等核心素养，以初步明确落实的契机和素材，为教师的自由发挥提供方向和余地。这样的做法受到了大家的普遍欢迎。同时，我们还达成共识：核心素养的培养、设计不必面面俱到，可以其中一两个维度为主、其他维度兼顾的策略开展实践探索。

通过 3 年的艰苦努力，基于化学课堂“有效共识”的松江四中校本课程已研发完成，共计50多万字。校本课程的研发成果将随着教学轮回不断完善、发展，将成为教研组积淀教学经验、凝聚教研特色的重要基础。

总之，通过3年的课题研究，青年教师成长迅速，课堂效益显著提高，化学教学质量多次实现历史性突破，引起区内同行和专家的高度关注。同时，教育经验的移植研究也收获了丰硕成果。

目前，我的支教工作已结束，区重点课题已结题；市级课题“优质教育经验异地移植的运行机制研究”又立项衔接，持续推进中。现在，我每个月仍赴松江四中或组织网络教研一次，继续深化学科教研和课题研究活动。我的后续目标是：依托市级课题的力量，进一步提炼支教工作的经验，争取为上海市的特级教师流动工作提供成功案例。

关心，呵护，尊重每一位学生
做学生快乐、健康成长的催化剂

徐志强，1996 年 7 月参加教育工作。上海市化学特级教师。毕业于上海师范大学。现任上海市朱行中学党支部书记、常务副校长。第三期上海市普教系统“双名工程”洪东府徐晓燕化学基地学员、第四期上海市普教系统“双名工程”攻关计划名师基地主持人、上海市高级教师评审委员会委员、金山区教育学会化学教育专业委员会秘书长。

2017 年 9 月到 2020 年 6 月参加“双特”流动。曾荣获上海市、金山区“优秀园丁奖”“金山教育科研 30 年先进个人”“金山区教育系统建功立业先进个人”“金山区拔尖教师”，金山区“金牡丹奖”“金玉兰奖”等荣誉，连续多年获得金山区教育奖励。

流动课堂的"三力"

徐志强

2017年9月,我被评为上海市特级教师。10月,我开始了以"特级教师"身份的流动生涯。其实我的流动工作早在2014年8月就已经开始了。当时,金山区成立了蒙山教育集团,我受蒙山教育集团管委会主任、上海市蒙山中学和朱行中学校长张连芳的安排,带着蒙山中学的教育理念和实践经验来到了朱行中学,进行行政方面的日常管理。

在特级教师流动工作正式开始后的第一次教职工大会上,我向全体教职工讲述了这次评特级教师的过程和自己20多年来工作的心路历程。我也向全体教职工坦诚:我的收获来自自己坚持不懈的努力,不放弃任何一次学习和实践的机会是我取得成功的最大秘诀。我积极参加市区级各类培训;主动投身于公开课、评优课;积极参加市区级教科研实践,并积极梳理、总结,撰写成文。我希望我们的青年教师也能够积极投身于教学实践与教学改革的洪流之中,并坚信只要自己能够坚持,任何人都可以获得成功。

课堂的领导力——我的流动"宣言"

我在朱行中学建立了自己的工作室,有了一个发展提升的更好的机遇和平台。其一,我带教了朱行中学3位青年教师,积极开展备课组活动和教研组活动。其间,程华老师成为我第四期上海市普教系统"双名工程"攻关计划名师基地的学员,并成为金山区初中化学导师、"种子计划"主持人。其二,我积极走进每一所乡村学校,送教上门,并积极带教区内骨干教师,以工作室为平台进行教学研讨互动。其间，我和“种子计划”的学员方时超进行了课堂教学的实践研讨。其三，2018年，我有幸成为第四期上海市普教系统“双名工程”攻关计划初中化学学科基地主持人，基地现在一共有来自6个区的10名化学骨干教师。我们在一起进行专题研讨，课堂教学实践，教学课题研究。

以上这些平台，让我能够深入课堂第一线，参与学校教研组、备课组的教学发展，进行区域内示范引领辐射，推进区域发展。3年的流动生涯，我坚持立足课堂，我的课堂我做主。日常的课堂教学，我都严格要求自己，以研究课、示范课的要求上好每一堂课，而且我的每一堂课都可以接受全校任何教师的检验。我也积极参与备课组活动，以课题研究引领化学备课组达到蒙山中学备课组的理念和实践水平，并能够影响理化生教研组，影响全校教师参与教学和科研中。我承担了校本培训任务，把自己对话课堂的教学理念与朱行中学“生态课堂811”有机融合，并能够辐射到全校教师。其间，学校龙头课题“基于中考改革的课堂转型的实证研究”顺利结题。。

课堂的执行力——我的流动“践行”

课堂是学校教育的主阵地，课堂的效果决定着教学的质量。建设高效课堂是减轻学生过重课业负担的根本途径，也是促进教师专业发展的必然要求。

2017学年以来，我在区域内每学期至少上一节公开课，先后在钱圩中学、罗星中学、西林中学、亭新中学、金卫中学、蒙山中学、教院附中、山阳中学、金山初级中学、松隐中学、枫泾中学、张堰二中等区内学校开设教学研究示范课或者给师生进行专题复习讲座。几年来，我也去过浙江嘉善、江西弋阳、江苏射阳等地送课或讲座。我在攻关基地指导每一位学员上好每一节研究课，做好观课议课要求和评价，促成学员在专业上更快成长。

2019年5月9日，我和“种子计划”学员、区骨干教师方时超在金卫中学分别执教了两节相同主题(物质的检验)不同内容的课堂教学。

这次活动是我和方时超师徒二人以优化课堂教学设计为背景，以“有效的教、高效的学"为指导,通过"学习、实践、反思、交流、合作"的实践策略,以学生自主学习和师生有效互动的课堂对话为主要特征,全面提高课堂教学的质量和效果,共议初三专题复习。我们在课堂学习活动中发展学科核心素养,进行融合育人的课堂展示与实践探索,为"攻关计划"初中化学基地和区初三复习主题教研提供示范,也为优秀青年教师搭建展示教学成果和教师素养的平台,向优质和高效课堂迈步。

方时超老师执教了"混合气体的检验"。他通过创设情境、应用多媒体软件、引导学生小组合作学习,自主探究,发现问题,解决问题。我执教了"混合溶液中物质成分的检验",以诙谐、幽默的语言,条理清晰的板书,游刃有余的课堂驾驭能力,找准学生的认知水平,创设有效问题链,充分体现以学生为主体,重视学生思维方法的培养。我们在教学设计、课堂氛围、板书设计、教学资源运用等方面都注重了在课堂教学中发展学科核心素养,通过"学习、实践、反思、交流、合作"的实践策略,引导学生自主学习,关注师生有效互动对话,充分体现"有效的教、高效的学",展示了不同的教学魅力。

金山区特级教师特级校长联谊会主持人、金山区教育学院副院长陆丁龙也参加了此次活动。他充分肯定了我们师徒二人的教学能力,并从培养学生能力无界限,时时、处处、事事、人人要学科统整,关注素养培育三方面提出新时代背景下我们的教育要能够"五育"并举,融合育人的要求。

这样的课堂教学形式使方时超也获得了很大的专业提升。他在教学内容的理解上有了自己深入的思考,并在日后的课堂教学中对知识与技能、过程与方法、情感态度价值观以及核心素养的渗透达到了一定的认知高度。

课堂的反思力——我的流动"再造"

我的流动工作已经结束了,但我已经在朱行中学"冻"住了。在2018学年,也就是我流动的第二年,担任了学校党支部书记,行政编制也正式加入了朱行中学。我已经全身心地融入了学校,在抓行政工作的同时,我依然不忘课堂,对我的化学课堂情有独钟，眷恋不舍。我和我的团队依旧是携手同行，共同提升。“流动”对我来说，并不具备实质性的压力。但是，在这段时间里，我还是获得了不同寻常的感受和“再造”。

流动，让我更精心修炼素养。修炼，修心炼身，使身体更坚韧、健康。“内修练而知之，谓之圣人。”“教师是人类灵魂的工程师，是人类文明的传承者，承载着传播知识、传播思想、传播真理，塑造灵魂、塑造生命、塑造新人的时代重任。”既如此，先修己。

我把教学“特点”串联成“特长”，又将“特长”放大形成“特色”，最终提炼了自己的教学特色，形成了以“课堂对话，师生融合”为特色的对话课堂教学模式。在我的教学中，不仅仅关注化学学科领域内已经形成的知识和能力，更重视将抽象的化学学科知识和学生丰富的生活世界相联系，和学生发现问题、解决问题及形成知识的丰富过程相联系，以此实现从对学科知识本身的关注到对学生终身发展的关注。

流动，让我更深入思考教学。在这个世界上，有一种美看不见摸不着，却令人心旷神怡——那就是思维之美：步步为营的缜密之美，豁然开朗的顿悟之美，体现人类智慧的理性之美。我们的课堂，不仅仅传递着知识，更重要的是，站在“以人为本”的角度，形成自己的学科思维方法。我们必须站在学科本质和学科精髓基础上，提炼自己对于该学科的认识，并在教学中对该学科的教学思想和教学方法进行一定的梳理和提炼。

作为一名化学教师，我认为对于化学学习而言，最重要的是能够厘清物质宏观和微观的关系，搞清楚物质宏观的组成、物质的性质、物质的变化规律，也要搞清楚性质和变化规律都是由物质微观的构成所决定的。在微观构成的学习中，借助于模型来架构化学知识，是学习化学的一种很重要的思维方式。在这样的过程中，重要的不是获得知识，而是发展思维能力，一种学习化学知识的架构能力。知识只有转化为人在实践活动中的能力才能实现其价值，就是说，要把学科知识转化为学科能力，才有知识的真正价值。

将爱根植于教育
静待生命之花绽放

刘琪，参加教育工作35年。高级教师，上海市学前教育特级教师。毕业于华东师范大学教育管理专业。现为上海市普陀区大风车幼儿园教师，上海市人民政府督学，上海市中小学高级教师任职资格评审专家组成员，国家教师资格（幼儿园）评审专家组成员。2017年至2020年参加“双特”流动工作，荣获“上海市园丁奖”。2017年，领衔主持上海市级课题“借助‘学习故事’，提升教师解读幼儿能力的行动研究”。出版有《绘本中的多彩世界》《温润教育　静待花开》。

以敬畏之心甘为人民教师

刘　琪

2017年秋，我参与上海市特级教师流动工作，有幸成为嘉定区丰庄幼儿园（以下简称“丰庄园”）的一员。

初识“丰庄园”，我从幼儿园网站的“园所介绍”一栏里，读到了这样一段文字：“丰庄幼儿园地处城乡接合部的嘉定区真新新村街道，由本部和分部两园组成。全园现有20个教学班，自1997年开园至今，以‘爱国、爱园、爱家、爱人’为园旨，让孩子感受爱，学会爱。”

初见“丰庄园”的朱园长，我被她充满教育激情和人文关怀的话语所打动，被她对特级教师流动工作的支持和精心安排所温暖。在那里，我见到了属于我的温馨工作室，于是，强烈的归属感让我瞬间融入这个大家庭之中。

初遇“丰庄园”的教师们，我从她们的眼中读到了欢迎、依赖和渴望。我被这样的气氛所包围，真实而强烈地感受到了：我是被需要的！于是，我便发自内心地愿意做这个新家庭中的知心大姐姐。

正是这样的初识、初见和初遇，让我寻找到了3年支教生涯的支点。正是心中有底，我也就越发明确了支教工作的努力方向。

一、博学反约，点亮心灯

我很珍视自己人民教师的身份，我将“让课堂闪耀教与学的智慧”作为永恒的追求与理想。带着这份初心，我走进了“丰庄园”的教学现场和教研现场。在研究幼儿、发展幼儿的过程中，我将多年积累的“历练锐眼聪耳慧脑功力——磨砺成为学习行为设计者素养——养成习惯于通过‘察学’以提高教学效能的思维和行为品质”带教模式融入其中，试图通过“对话教学”方式，与“丰庄园”的教师们一起研磨教学活动、反思教学行为，着力帮助“丰庄园”的教师们在点亮教学心灯的同时，具备点亮幼儿学习心灯的专业自信。

2018年，“丰庄园”接到了迎接嘉定区专项督导的任务。其中，在教学质量评价中要求对全园20个班级全体40位教师的教学活动进行全面的专业评审。“丰庄园”是一所上海市二级幼儿园，面对由专家随机推门听课和评价教学活动的要求，“丰庄园”的教师们感到挑战极大、压力极大。

睿智的朱园长决定以此为契机，发出了“课堂攻坚战”的信号弹。于是，我便一头扎进了教学现场，评析了一节又一节教学活动，帮助教师分析和调整了一个又一个活动设计方案。我经常微笑着站在教师和幼儿身后，耐心而慈爱地观察，更会润物细无声地敏锐捕捉和及时点拨他们的真问题。我认为，这种不去打扰和干预的点拨带教，可以帮助教师磨砺教育思想力，并让示范辐射更具生命力。

青年教师小A老师在执教集体教学活动“我想变成彩色鱼”时，一开始对如何引发幼儿对绘本故事的兴趣，以激发幼儿创意表达的教学行为不理解，习惯性地用自己的认识替代孩子的认识，束缚了孩子们的想象空间，影响了教学效果。为此，小A老师很是沮丧。于是，我便适时抛出以下问题：“基于绘本故事，我们应该如何设计能够引导幼儿发现、引发幼儿讨论的关键提问？在教学现场，我们又该如何给予幼儿发现和讨论的时间和空间？”归根结底，我们要思考和探讨的是：“在教学活动中，我们应该如何让幼儿的思维和行为被看见？”带着这些问题，我与小A老师多次走进教学现场研磨教学行为并做行为演绎……诸如此类的场景还有很多，现在回想起来，还都历历在目。

有时，我会遇见一些在教学现场总是无法有效化解教学重点和难点的教师们。对此，我会以鼓励的方式适度等待。于是，在我的工作室门口、教室门口出现了请我再度把脉的队伍，为此，“丰庄园”的教师们戏称这是“专家门诊”。

功夫不负有心人，在大家的共同努力下，“丰庄园”在区域教学督导中，全部40节教学活动100%获得良好及以上成绩，实现了“零”的突破。

和“丰庄园”教师们在一起的时光是快乐的，我将我们的关系视为专业发展的“杠杆”两端。我希望通过我的用心支教，能够促使“杠杆”两端在互相学习、共同进步中，将支点平衡地落在并有力地扎根于“让教师在专业的持续发展中能够更为有效地支持儿童的持续发展”这一关键点上。因此，我会最大限度地变“我说你听”为“我们一起说，我们一起思，我们一起行”，以此帮助教师们树立“做一个有思想力的教育者”的意识，引导教师们通过反思解构和实践重构来不断优化教育教学行为，助力教师们在“让课堂闪耀教与学的智慧”过程中不断发现和积累帮助幼儿积聚学习力量的经验，实现在专业的舞台上做好专业的事情的目标。

二、温润教育，静待花开

身为人民教师，我在实践中深深地感悟到：教师的学识和主张是体现教师思想力的两个重要方面。如果说，教育的力量最终是由教育力和学习力催化的话，那么，滋养教育力的根本便是来自教师有理论支撑的教学观点。在支教的岁月里，我将自己历时10年之久，以系统、实证的方式，借助“有效反思”载体开展的“有序教、有效学”的系列研究经验融入其中，并携手“丰庄园”的教师们立足各类优质教育平台，共同拓宽视野，着力在不断积聚的教学养料中理解和践行“教学中不仅有教师，还要有未来，更要有我们的孩子”。

时任大风车幼儿园园长的我，时常会向“丰庄园”的教师们敞开我在领衔特级教师工作室、大风车幼儿园教研科研、面向全国及市区各层面展示活动等不同平台中及各个阶段的教学心得。以下所分享的是我在“首届普陀区幼儿园教学节展示专场”中与“丰庄园”教师们互动的内容片段。

2019年12月16日，大风车幼儿园以“绘本中的多彩世界”为主题，在“首届普陀区幼儿园教学节展示专场”上向本区和全市姐妹园展示教研成果。在大家观摩了大风车幼儿园所有小、中、大班个别化学习活动后，我从“观察是提升教师解读能力的起点”出发，与“丰庄园”的教师们共同探讨：作为教师的我们应该如何通过观察以认知幼儿的学习轨迹并助力不同个性、不同能力的幼儿进行自主学习？接着，我将这一核心问题分解成若干个具有内在关联且呈递进性的细化问题，以帮助教师思考和理解：幼儿能够理解教师所投放的学习材料吗？教师所投放的学习材料能满足不同幼儿的学习需要吗？“鹰架教学”中如何通过观察指导为幼儿提供外部支持？等等。

在与“丰庄园”教师们的互动中，我强调“教学即儿童研究”的思想，并以现场评析的方式，阐述了自己的观点：“要让儿童成为爱学习的天使，兴趣是引发一切学习的源泉。”其中，我特别强调作为教师，我们应该着力做好的两件事，第一，融合幼儿的经验维度。比如，中一班有一个以绘本《爱吃水果的牛》命名的个别化学习的活动区域。在同一个区域中，教师通过“挤牛奶”“送牛奶”和“调制水果奶”等内容将共同生活、探索世界、表达表现 3 个经验维度进行了融合。又如，有的班级图书区域中凸显了帮助幼儿积累多维度经验的课程内容，在这一空间里除了呈现有“看图书、画情节、听故事”的内容以外，还融合有类似“钟书阁”等特色书店中的休闲游艺和动植物养殖元素。这样不仅将课程内容中幼儿的 3 个经验维度进行充分的融入与整合，还体现了保护视力以及因人而异的生活情趣、生活养育等保教并重的思想。第二，强调绘本的欣赏质量。比如，所有班级的不同区域都以绘本书名进行区域划分，就如现场所见的以绘本《彩虹色的花》《母鸡萝丝去散步》等书名命名的区域内容。这样做不仅凸显了以“绘本中的多彩世界”为主题的展示思想，更彰显了以绘本为载体的教育价值。具体而言，在各个学习区域中，教师着眼的是基于幼儿日常在园内绘本馆、班级图书区自主阅读的兴趣点，关注的是幼儿带着对绘本故事的感性认知走进与绘本故事相关联的个别化学习区域，以发现和丰富自身已有经验与主题内容之间的融合点；继而教师在及时捕捉幼儿有感而发的学习需求时，适时地将幼儿在个别化学习中所产生的再生兴趣点引入或个别或小组或集体等不同的教学形式之中。

最终，我和“丰庄园”的教师们达成的共识是：对于学龄前儿童来说，绘本是神秘的，是绚烂的，是充满魅力的。绘本可以让孩子们的眼睛发光，脸上洋溢满足的笑容。作为教师的我们，可以运用绘本载体开展教学活动，让幼儿能够从绘本中获取滋养，成为爱学习的天使！

转瞬即逝的3年支教时光，让我有缘结识了更多志同道合的伙伴，也让我有机会成为"燎原"的星星之火，更让我真实地看到了"丰庄园"的教师们将"唤醒"的教育本质落实到了智慧课堂之中、体现在了被教育者身上。正如我在2020年5月由我主编的《绘本中的多彩世界》一书的"前言"中所写的那样：

将绘本运用于教学活动，必须强调的是绘本的教育作用。其间，我们会特别关注这样两个关键节点：有感而发的"哇时刻"和见仁见智的"引爆点"。为此，我们形成了两个基本点：第一，让孩子们感同身受。我们希望通过绘本激活孩子们的最近发展区。在"默会知识"被唤醒的那一刻，让孩子们自主而愉悦地进入奇思妙想、探索发现、思考判断、发表见解的神奇世界。第二，让孩子们身临其境。我们通过PPT制作、动画制作、立体呈现等方式，让绘本全方位的"动起来"。我们的目的是：通过与"动起来"的绘本深度交流，引爆孩子们的思维火花，让孩子们在与自己、与同伴、与教师、与周围的人互动的过程中，彰显富有情感、逻辑和创造力的思维和行为。

我想，上述这段话不正道出了"站在孩子的视角谈教育"的核心思想吗？

是的，作为人民教师我是幸福的！我和"丰庄园"的教师们始终坚守智慧课堂，静待百花盛开！

点燃教育火种

“双特”到流动校，就是要以星星之火点燃一个学校，乃至一片区域的教育热情，打造出一支高素质的教师队伍。

特级教师们将优质的教育资源引入流动校，让青年教师们接触到最前沿的学科资讯与理念，开阔了教育视野；赋予青年教师“隐形的翅膀”，形成对学科、对教育工作的信仰与坚守，为专业成长提供源源不断的精神动力；为教师们搭建展示的平台，夯实教学基本功，克服职业倦怠；引领示范，区域辐射，促进教育优质均衡发展和城乡一体化发展。

“双特”流动，让优质教育资源跨区域交流，搭建起教师互帮、互助、互赢的发展平台，助推师资整体提升。

多维激活　多元发展

姜兰波，1985 年参加工作。上海市政治特级教师，中学正高级教师，上海市莘庄中学科研室主任。

2017 至 2020 年同时承担“双特”流动和“精准托管”两项工作，兼顾上海市二体育运动学校（市体育中学）和莘庄中学，带领全职、兼职和后援三支团队全职常驻。

3 年流动期间，主持的项目荣获 2017 年“上海市级教学成果奖”一等奖；核心期刊发表 5 篇论文，2 篇被中国人民大学书报资料中心 2020 年《中学政治及其他各科教与学》全文转载，获得全国性的中学政治教学论文评选一、二等奖各 2 篇。开发“闵行区暑期教师培训课程”和“上海市见习教师基地培训课程”，共 6 个专题，授课 50 课时。获评“闵行区政府教育领航人才”“上海市第一轮城乡携手共进计划先进个人”“闵行区教育系统先锋模范好党员”等荣誉。

跨界·兼顾·多赢

姜兰波

莘庄中学承担的市教委、市体育局和区教育局下达的托管任务，是闵行区唯一的区属学校跨界托管市属体校。2013 年至今，学校委派我带领全职、兼职和后援三支团队，“2+2+4”连续三轮、合计 8 年多全职常驻上海市第二体育运动学校(上海市体育中学)(以下简称市二体校)。2015 年，中共上海市体育局党委聘任我为市二体校副校长，协助校长分管教育教学工作；2017 年至 2020 年，我志愿参加市政委的上海市“双特”流动项目。所以，我跨越行业、跨越主管部门、跨越类别与学段，从普教系统流动到体育系统，跨界承担“双特”流动和“精准托管”两个市级项目。我把自己当作体校人，模糊身份与工作界限，分内分外工作一起做，白天坐班晚上加班。

拓荒式的原创性工作，极具挑战性，道阻且长，艰难程度可想而知，然而其特殊的意义与价值也正在于此，苦累之后是满满的成就感。战胜职业倦怠预防“躺平”，突破高原现象阻断“内卷”，有效的方法之一就是接受或者自寻一块新天地来拓宽职业领域、积淀人生阅历，做一个新项目“自我激活”内源动力，重建内外双循环机制，激发自身的精神成长。

一、特级教师流动项目润泽体校文化教育

(一) 组织保障，出谋划策

市二体校，1987 年上海市政府正式批准建校，是一所学制 3 年的体育中等专业学校，承担着培养输送体育后备人才和高水平运动训练任务，隶属上海市体育

局，业务归上海市教委指导。莘庄中学、市二体校领导班子大力支持，两校有关科室和部分教师积极配合，共同为我流动和托管工作提供智慧与资源、支撑与保障。莘庄中学荣获“上海市第一轮城乡携手共进计划先进集体”。我作为两校托管工作领导小组核心成员，学习与实践、探索与反思、突破与分享“三同步”，努力扮演好3种角色：两校托管领导小组协议的执行者、多重复杂关系的协调者、两校教师和学生发展的服务者，发挥政治特级教师的优势，把握“创建全国体教融合先进学校”的目标，承担了提炼学校的文化标识和完善教育教学制度等顶层设计任务，填补了学校的历史空白，形成学校“价值引领与制度约束相结合”管理体系的核心制度。我积极为学校出谋划策，并撰写创意策划、项目方案、报告总结等各类材料16万多字……诸如此类的全新项目和创新任务，其中都有我的勤恳付出。

（二）项目驱动，课程育人

我依托“上海市二体校姜兰波名师工作室”，坚持“体教并举、立德树人”的办学理念，倾心构建以初高中思政课程一体化为核心，以专业课和基础型课程为主导，以综合性校本课程为补充，以人文系列讲座为辅助，以志愿者、社会实践、德育活动为载体的校本德育课程体系。我主持闵行区重点课题“体校人文类拓展型课程体系建设研究”，探索体校人文类拓展型课程建设，内部挖潜外部聘请，煞费苦心，累计经营出了18门课程。我全面全程负责课程设置、师资聘任和考核等工作，比如“体育场馆管理”等6门专业拓展课，共1258课时；人文系列专题讲座，共206课时。我们针对校情实行晚间上课，根据实际需要适时调整，初步形成动态的人文类拓展课程群。校本化的课程群，作为滋养人文精神与价值诉求的育人载体，既填补了体育专业理论课程的空白，拓宽了体校生的眼界，涵育学生的综合素养，又充实了全员住宿学生晚间空档时间，还破解了晚自习教师值班的老大难问题。

（三）探究模式，精准培训

我设计了由教务科实施的“五步三结合”校本培训模式——搭建教师培训“立交桥”，激活专业发展增长点，完善学校教育管理体系。“五步”是指自主修炼、专家培训、组内研讨、公开课探究、多途径教研，“三结合”是指学研结合、教研结合、内外结合。学校每年安排教师开展读书、专家讲座、教学展示、友校观摩、反思研讨等系列研修活动；多次组织教师到外校外地实务培训；聘请莘庄中学8位骨干教师带教市二体校的青年教师；多次邀请区教研员听课评课、现场指导，为教师提供专业展示与发展的舞台。我们每年还开展“教学质量月”系列活动，打造优质师资队伍。跨学校、跨区域实务培训的过程，就是观念碰撞、心灵触动、现场感悟的过程。在搭建的学习交流和借鉴提高的平台上，开展座谈对话、听课研讨、专家讲座、参观班级和校园文化建设等活动，学习优质兄弟学校教育教学先进理念、经验和做法，促进管理水平和教学水平的进一步提高。

（四）量身研制校本资源

我主持了“体校系列校本补充资源开发研究”项目，针对市二体校生源多地、学籍多种、考试多样、基础差异大、半日制上课、参考资料匮乏等现实情况，精准抓住困扰教师多年的问题寻找突破口，量身研制校本资源，给体校生的文化课学习提供适合的坡度。我们首先从高三语数外三科切入，按学段分学科逐年推进。起步阶段由莘庄中学多个教研组与市二体校教研组结对携手开发，后期由市二体校教师独立推进。3年累计完成初高中“语数英校本补充资源”等6门学科18种学材，每年修订重印使用，成效显著。合作开发是策略，独立编写才是目的，部分教师因此走上了教研之路；从输血到造血，教研组整体教研能力不断提升，特色项目初步形成。显性的成效是教师专业发展异彩纷呈：闵行区政治名师工作室学员1名，闵行区第四、五届骨干教师后备10名，闵行区心理学科中心组成员1名，闵行区中职学校学科中心组成员5名，合计占在编教师总数的70%。

（五）驰援救场，贡献资源

市二体校的文化课师资长期短缺且缺额较大，加之教师生病、生育等原因常常告急。因此，莘庄中学全力以赴救场、补缺和供给，3年合计29人“白＋黑”地倾情倾力驰援，白天全职团队任教初高中基础型课程，晚上兼职团队执教拓展型课程，4名导师带教。我努力协调全职、兼职和后援3支团队，同时竭力向社会资源求助，召唤我的往届学生和朋友友情助教，共同帮助我完成流动和托管工作。我集中莘庄中学优质资源，发掘社会有效资源，引进校外优秀资源，将先进的教育理念、管理模式和教学智慧，潜移默化地渗透到教职工和学生心里，从促进教师发展、完善课程结构、提升教学质量、涵育学生素养、培育学校文化等方面，全心全意为市二体校补齐文化教育短板竭尽绵薄之力。

二、特级教师流动项目唤醒体校师生活力

（一）扎根一线，微光照路

尽管兼顾市二体校和莘庄中学，教育教学管理与教师专业发展并重，但我从来没有离开过思政课教学与教研，志愿老兵只争朝夕，“不用扬鞭自奋蹄”。我依托“上海市二体校姜兰波名师工作室”，带教两名思政课教师，分 4 个阶段有序展开、有效推进，共同发展。第一个阶段建立机制，缔结“师傅带徒弟、徒弟带徒弟”共同体，形成内部螺旋式循环互助机制，优势互补，共同成长，“三人行必有我师”。第二个阶段取经学艺，我们三人共同体同向行，一起到本区、本市、外省市参加理论培训、听课评课等学科活动，开阔视野。第三个阶段教研教学，根据学情校情，针对教育教学的难点、痛点，共同提炼设计研究课题，立项为区级教学小课题，带着课题进课堂反复实践、即时改进。中期撰写论文分享阶段成果，开设校级、区级公开课，展示研讨，反思改进。第四个阶段呈现成果，集体磨课，参加区级、市体育系统教学竞赛，归纳提炼结题报告。3 年来，从备课、授课、赛课到写论文、做课题，我全方位、全过程、全身心手把手地指导，现在他们在教育、教学、教研等方面成绩突出，都已经成为学校专业发展的头雁，其中 1 名是建校以来第二个在本校成长起来的高级教师，竞评为闵行区骨干教师后备，被遴选为闵行区政治名师工作室学员，另 1 名成长为闵行区骨干教师后备。我指导了这两名教师 6 节区级公开课（竞赛课），其中 3 节课获得闵行区第五届闵教杯“论坛之星”，上海市体育局系统文化教师教学竞赛二、三等奖；我们师徒合作在市级报刊发表 3 篇论文，2 篇论文获“全国非智力因素研究 2018 年学术论文评选”二、三等奖；2 项区级教学小

课题获二、三等奖。我从带教两名政治教师扩大到助力各学科数名教师，由思政一个学科拓展到语数英等12门学科，在教育科研和晋评职称等方面，给予他们实质性指导和帮助。我们秉承莘庄中学"和合共生、守正出新"的办学思想，实施"项目驱动、专业带动、师生互动、德育联动"的"四动"策略，在校际交流、教研组结对、师徒带教、学生联谊4个层次全面对接，从教师成长、课程建设、课堂教学、学生发展4个方面重点突破，探索校际多元联动发展，教育教学成效明显。

（二）坚守阵地，深耕精作

从2015年我就开始关注新课程新教材"双新"改革，在繁杂的事务性工作之余查阅文献，挤压节假日和休息时间潜心钻研，针对"双新"深耕不辍。我曾任教市二体校、莘庄中学高一、高二年级的思政课，开发讲授2门思政学科拓展课程；开发并讲授"闵行区暑期教师培训课程""上海市见习教师培训基地课程"。我主持的上海市教育科研规划项目"价值多元背景下中学政治'激活教学'的实践研究"结项时被评为优秀，2017年荣获"上海市级教学成果奖"一等奖；我还在全国核心期刊发表探究与实践"双新"的教学论文多篇。

（三）坚毅摸索，分享反思

我跨界在市二体校开展流动和托管工作，因无而具有原创性，因少而具有特殊性，因新而具有探究性，因真而具有连续性。诚然，这两项工作的挑战性和艰难程度也许超出想象，要获得多方满意、社会认可又是多么不容易啊！然而，上海市区两级体校有50多所、全国各级各类体校共有2183所，探究体教融合的上海实践，恰恰就是跨界托管的现实意义和独特价值。目前，一个教学管理分工合作、资源配置优势互补、体育教育良性互动的新格局已经初步形成；一个突破教育与体育两个系统的界线，超越体育中职学校与普教高中名校两种类型可资借鉴的异质学校托管的创新模式初现雏形；市二体校不仅运动成绩在全国青少年竞赛中创历史新高，而且文化课中考和高考成绩高位之上继续跨越性增长，创建全国体教结合先进学校的阶段目标已经达成。多家媒体报道推广体教融合的办学经验，激励我们面对文化教学属地化管理新变革，持续探索可借鉴、可辐射的鲜活经验。

（四）压实两端，培育精英

为上海创建全球著名体育城市，培养更多德才兼备、文体双全的优秀学生运动员，是市二体校的使命担当。我们的行动策略是：做好出口，稳定并提高本科录取率，高职高专力争100%兜底，保住上海市中职校学业水平评价领先地位；做实“进口”，初中全面接轨综合改革，重心下移提升初中质量；推行小班化教学，形成自培自选良性循环，逐步扩大办学规模。学校全体教职工勠力拼搏，本科录取率实现了历史性的突破，文化课高考成绩在全国体校名列前茅，连续3年大丰收，实现“三连增”。

没有组织的持续助力和教职工协同发力，一个人的能量毕竟是微弱的，也是一事难成的。如果说我的“双特”流动和“精准托管”工作取得了一些成效，一定是以市二体校教职工为主体苦战出来的业绩，一定是两校深度合作的集体智慧结晶，一定是全职、兼职、后援3支教师团队团结拼搏出来的战果，一定是亲友团慷慨相助，深厚情谊凝结的成果。我们深度合作，实现共赢，苦干实干普惠多方，体校教师和学生是最大的受益者。

如果说驰援师资是“倾力救场”，那么带进经验和做法促进质量提升、渗透理念观念影响思维行为、牵线搭桥引领教育教学资源，这些宝贵的无形资产才是学校持续发展的内生力和原动力。通过办学理念和管理方式的内化、渠道的开通和资源的供给，“谁也离不开谁”阶段即将完美收官，“你中有我、我中有你”的态势不断增强，转型升级、深化内涵、发展特色道阻且长。

这段经历对我来说是体验、是积淀、是精神财富，促进我完善知识结构，提升实践智慧，丰富教育阅历。谁吃苦谁知道，谁受累谁成长，每一个成长的足迹，都是成熟的起点，教育人生只有起点没有终点。喜欢挑战、乐意尝试新事物是我的性格；坚毅坚持、蜗行求进是我的特点；恰恰就是在这种既累又苦、痛并快乐的历程中，我锤炼了自己的精神“倔性”、心理“韧性”和能力“弹性”。我始终认为，“做什么工作不重要，矢志不渝做好才是根本。望望头上天外天，优秀的老师灿若繁星，都是自己仰望的榜样，‘见贤思齐焉，见不贤而内自省也’”。

结伴成长，成就梦想！

张丽，1987 年参加教育工作。数学学科特级教师，正高级教师。毕业于上海市浦明师范学校。打虎山路第一小学学术专业委员会主任，主要社会兼职有上海市教育督学、市教委教研室外聘专家等。2017 年至 2020 年在浦东新区曹路打一小学进行“双特”流动工作。在杨浦区和浦东新区共策划、组织并主持了 5 场教学展示活动，共指导 11 人次进行区公开教学，8 人次获区教学一、二等奖，26 人次获全国基础教育系统全科论文大赛一、二等奖，37 人次的教学案例获得发表，1 人成为高级教师，4 人成为一级教师，3 人成为区级骨干教师，3 人成为区级教育教学新秀。

领衔或参与多项市区课题研究，获得 5 项市区科研成果奖，进行 10 堂市级教学展示；不仅在市区开设 20 多次讲座交流，还赴贵州、云南各县进行教育扶贫帮困；成立“张丽数学名师工作室——第四期‘上海市普教系统名校长名师培养工程(种子计划)培养基地’”。主编出版 2 本教学著作，获得全国、市区多项荣誉。

不断修炼，砥砺前行

张 丽

2017 年 8 月，我光荣地成为一名特级教师，受上海市教委委派，承担了“双特”流动工作。10 月，在上海市教育功臣卞松泉校长的亲自护送下，我来到了浦东新区曹路打一小学，开始了 3 年的流动支教工作。曹路打一小学是一所乡村学校，是市政府重点规划建设的大型社区“曹路基地”的配套小学。2010 年，根据市政府、市教委关于大型社区引进优质教育资源的精神，经杨浦区教育局和浦东新区教育局协商，由杨浦区打虎山路第一小学承办曹路打一小学，希望将其也办成一所具有打一小学办学质量和办学风格的好学校。

2010 年至 2017 年间，我不仅是曹路打一小学办学的见证者，更是参与者，在引领该校青年教师成长的过程中，已与大家建立了深厚的感情。如今，要每天到曹路打一小学工作，每天来回 4 个小时，近 60 千米的路程，不会开车的我能坚持下来吗？一天又一天的奔波，我切身感受到路途遥远、交通拥堵、身心疲惫……然而，每天一踏入校门，美丽的校园、门卫师傅的热情问候，都让我感到安心，于是疲惫的身心得以舒缓；曹路打一小学小伙伴精心布置的办公室，宽敞明亮、绿意盎然、美丽温馨，使我舒心；因为晕车，我不敢坐车前吃早饭，每天徒儿留的热粥让我暖胃、暖心又充满力量！曹路打一小学数学教研组是一群年轻朝气、热情活泼、充满活力的青年教师，我愿助力大家一起成长飞翔！

一、深入教学一线，转变教育观念，提高教学水平

曹路打一小学是一所年轻的学校，有着一群努力而可爱的青年教师，全校教

师平均年龄只有28岁。流动支教的3年里，我关注数学组整体建设，每学年深入不同年级并执教教学班，分别是二年级、四年级、五年级；每学期进行公开教学，每年重点培养2名青年教师，每天欢迎老师们随时进入我的课堂听课交流。数学老师们说："张老师好温柔哦，上课轻声说话居然也能牢牢吸引学生，我也要试一试，以后不吼孩子啦！""张老师上课总是鼓励学生多观察、多思考、多表达，老师少说教多点拨，效果真好！""张老师喜欢让学生动手操作、自主发现知识，这样学数学真有趣！""学生的错误原来都是有原因的呀，张老师帮助学生分析错误原因并进行针对性指导，真是个好方法！"二年级班主任和学生们说："张老师可是上海最高级的老师哦，天天那么远来给我们上课、批作业、辅导学习，我们真幸福，一定要珍惜啊！"四年级班主任悄悄告诉我："张老师，您来教我们班后，孩子们不仅学数学的兴趣高了，而且班级学习风气也有转变，现在好多小朋友都在学校主动抓紧时间完成作业呢，连班级行规也进步不少呢！"年级组长请组内老师来看我是如何在每个课间耐心辅导孩子学习，和孩子们和谐共处的，老师们都说，连特级教师都这么抓紧时间关注孩子的成长，我们更要加油啊！青年教师的话朴实又带着几分稚气，我想他们的情感是真实的，感受是真切的，他们更是年轻有为的！

为了得到针对指导并获得更好的专业发展，每天都有青年教师主动约我听课，课后我们一起交流反思，保持优势、寻找不足，改进教学。3年来，我在曹路打一小学共听了200多堂课，不仅听遍了所有数学教师的课，更是听了全学科许多教师的课，成了大家的知心姐姐。同时，我还参与了每学期全学科的教学评议、每一次的岗位晋级等各类评审工作，并就发现的问题和教师们互动交流，助力教师们的专业成长。看到青年教师的教育观念与教育行为在不断转变，教学能力在不断提升，师生和谐关系蔚然成风，我为他们站稳了讲台而感到高兴。

二、指导教学展示，收获教学成果，凝聚团队力量

一天又一天，我和各备课组老师一起备课、磨课、听课、评课，教师们在慢慢成长着。作为浦东新区兼职教研员，我在区教研员的支持下，每学年策划、组织并主

持了区级教学展示活动，不仅开设讲座，还指导了6位曹路打一小学的数学教师进行了公开教学。备战浦东新区“新苗杯”教学评比时，我从教学设计的格式规范、教学环节的精心设计、教学目标的有效达成等各方面进行指导，吸引数学教师们全程参与磨课过程。终于功夫不负有心人，我们成功了！教师们欢呼雀跃：“前几年我们连复赛都进不了，现在有了张老师的指导，居然连续两年拿下了一等奖，太开心了！”而我认为，功劳是大家的，虽然是一人参赛，但数学组全体教师全员参与，大家群策群力，彰显了团队的力量是无穷的！教师们继续团结协作，职初教师努力进取、“小师傅”尽心尽力、学科组互帮互助，我们一次又一次拿下了历届区见习教师规范化培训教学设计比赛一等奖。

众人拾柴火焰高，看到曹路打一小学数学组拥有了和荣获十几项荣誉称号的打一小学数学组一样的团结向上的精神面貌，我感到由衷的欣慰！

三、鼓励教学积累，引领课题研究，撰写教学案例

不断地学习、实践、思考是教师的职业意义所在，引领教师发展更是一名优秀教师的职业价值。在30多年的教学实践中，我深切体会到善于积累日常教学活动资料，不仅有助于反思教学得失，更能为撰写教学文章、开展教育研究提供鲜活的素材。于是，我鼓励教师们注重积累、勤于笔耕，并通过开设系列讲座进行指导，引发青年教师对教学的深入思考。一名优秀的教师应该同时也是一名教学研究者，善于思考、勇于研究、勤于笔耕，这样才能不断更新教育教学观念，收获教育教学成效。因此，我又带领数学组教师们一起进行课题研究，引导他们带着思考开展日常教学实践与研究活动，努力使教学更有趣、更有效，进而使学生喜欢数学、理解数学、运用数学。

曹路打一小学的青年教师是聪明好学又努力上进的，听了讲座并参与互动交流后，教师们体会到了做好教学积累的好处，知道了及时反思教学得失的优势，他们带着对教学的思考开始了教学案例的撰写。在之后打一集团教育教学文稿评比中，曹路打一小学的张芳校长欣喜地告诉我：“我们青年教师的文稿获奖率比以

往大大提高了！难怪平时总是看到你办公室有青年老师来咨询，有时我想和你说话也说不上呢！”我再趁热打铁，结合教学实践对数学教师们撰写的教学案例进行指导修改，鼓励并帮助他们参评或发表。3年里，曹路打一小学教师中有10人次的教学案例获全国基础教育系统全科论文大赛一、二等奖，12人次的教学案例获得发表。

四、携手浦江两岸，师徒结伴成长，收获专业成长

作为特级教师，我深知肩负的重任，并牢记自己是一名杨浦教育人，是杨浦培养了我不断成长，是打一小学孕育了我逐步发展。因此，即使在流动支教阶段，我也丝毫不敢放下杨浦，心系打一小学教育集团各校的徒儿们。我充分利用集团特级教师工作室资源，多次组织打一集团在浦江两岸的各校进行教学交流。公办打一小学有曹路打一小学每位见习教师的导师，民办打一小学有曹路打一小学每位青年教师的师傅，公办、民办、曹路打一小学三校，同济小学，许五小学都有我工作室的成员，这是一份多么强大的力量啊！于是，每个月我都组织工作室成员辗转各校开展研讨活动，让浦江两岸的教师们互动交流，拓展视野，携手成长。

疫情期间，我想方设法开展工作，第一批参与拍摄市教委组织的“空中课堂”。当我班孩子们从电视中看到第一单元亮相的居然是自己的张老师时，那份欣喜和自豪立马通过网络传送到了我接下来的直播课堂，而我也为自己能承担“双师”身份而骄傲！与此同时，我关注集团各校教师的线上教学情况，每天进入教师们的线上课堂听课指导，并组织公办打一小学和曹路打一小学成立联合教研组，指导青年教师规范有效地进行线上教学。我们还自行开展了线上教学大比武，我针对教师们的上课特色设立了“耐心引领奖、沉稳大方奖、温柔亲切奖、善于钻研奖、阳光帅气奖、活力四射奖、教坛新苗奖、小荷清新奖”等奖项，旨在鼓舞士气，鼓励教师们接受新的挑战，做好“在线主播”。我还多次召集各校数学教师进行线上研讨，共享线上教学智慧、共研复学衔接教学策略，为打赢疫情防控阻击战贡献了一份力量！

3 年流动期间，不仅曹路打一小学的数学教师们获得成长，工作室所有成员的专业能力都在不断发展。教学、教研、科研是教师的主要职责，全心全意教好学生，是我作为一名党员教师的初心与责任；满腔热忱助力青年教师专业成长，是我作为一名特级教师的使命与担当。在此，感谢市教委、浦东新区教育局、杨浦区教育局、杨浦区教育学院的领导和专家们，打一小学教育集团各校领导和教师们，以及所有关心我的同行、朋友、家人，在 3 年流动支教阶段给予我的关心和支持。特别鸣谢曹路打一小学领导和青年教师们给予我的温暖。我将一如既往地与青年教师在探索与分享教学智慧中结伴成长，与学生教学相长，一起追求梦想、携手成就梦想！

知之为知之，不知为不知，是知也。

袁晓东，1987 年参加工作。上海市小学语文特级教师，正高级教师。毕业于上海师范大学。虹口区教育学院师训室主任、全国特级教师教学研究中心委员、长三角基础教育学科专家、上海师范大学教育学院兼职教授、上海市小学语文教材审查专家。2014 年至 2017 年参加“双特”流动工作。

清思·构思·反思：为青年教师插上“隐形的翅膀”

袁晓东

2014年，我流动到闵行区中心小学担任语文学科带教老师。对于这次流动，我的内心一直是很激动甚至欣喜的：一个有责任感的教师，不仅要努力实现自身专业成长，也应该在区域教育改革发展的大潮中努力贡献自己的汗水和智慧。3年时间，我充分发挥自己原有的工作优势和学科积累，聚焦困扰学校语文教师的关键问题，着力通过理念、制度、文化、路径的创新，改善青年教师专业成长的心智模式，在一位又一位青年教师的茁壮成长中实现自己的“流动”价值，也让自己作为一名特级教师的精神世界得到升华。

清思：厘定青年教师专业成长的“制约瓶颈”

有效开展工作的前提是找准问题、理清思路。

新时代学校教育改革发展面临的问题很多，但是其中根本性的一定是教师的专业成长问题。因为教师始终是教育的第一资源，要改变学校面貌，要提升教育品质，必须从打造一支高素质的教师队伍入手。

在虹口区教育学院的工作经历，让我在教师培训领域积累了一些经验，我迫切地希望能够将这些经验和方法一股脑儿地带给闵行中心小学的教师们。但是，在实践中我发现，每一所学校的教师都有其相对特殊的文化、特征，也有不同的发展需求和问题，任何教师专业发展的方法都不能简单照搬。由此，在流动到闵行中心小学最初的日子里，我给自己定下了两条目标：第一，了解语文学科组的每一位青年教师的工作情况，分析他们的专业成长需求；第二，听青年教师一节课，通过对课堂的观察了解教师专业发展中的问题。经过上述两个方面的铺垫,我深刻感受到闵行中心小学的教师普遍有较强的上进心,对学科教学充满感情,但是也较明显地存在3个方面的"缺失":首先,缺引领,就是青年教师的专业发展长期以来主要靠自身的摸索,缺少优秀教师的带领、指导,与上海最先进的语文教学思想和方法融合不够紧密;其次,缺文化,就是教师专业发展的个体主义比较盛行,缺少有效的专业成长组织和文化,专业发展中的集群力量没有得到有效体现;最后,缺规范,就是教师对于语文教学中的基本要求、基本规范了解不够深入,很多基础性的问题并没有镌刻进教师的脑海,教学中的不规范现象时有发生,在很大程度上影响了语文学科的教学成效。

构思:开展青年教师专业成长的"敏慧行动"

问题催生变革的力量,行动成就变革的希望。

我来到闵行区中心小学的时候,学校的语文教研组共有30位教师。教研组在学校课程教学部的领导下扎实开展语文教研活动,稳中求进。针对我在与教师谈话、观课等过程中发现的问题,我从组织的变革入手,在校长的帮助下组织成立了一个语文学科教师专业发展的团队——"敏慧坊",以工作室的形式开展教学研究,促进教师专业发展。

通过"敏慧坊"工作室,我想传递一种精神价值。多年的教师培训和学科教学实践使我发现,在日渐复杂的现代教育体系中,有必要打破教师固有的专业发展个体主义文化,倡导通过学习共同体的方式凝聚教师成长的集群力量,唤醒教师专业成长的内在自觉。我们将这种组织命名为"敏慧坊",就是希望通过教师的集体行动,抱团发展,打造"聪敏智慧"的高素质教师队伍,让专业成长成为教师的使命追求,让有形的团队和无形的文化成为支持教师成长的有效载体和方式。

通过"敏慧坊"工作室,我想辐射一种榜样示范。教师的专业发展,是教师健全人格和实践性智慧的成长过程。在这一过程中,榜样示范作为一种特殊的方式，始终受到教育管理者和一线教师的双重关注，这也是特级教师流动制度设计的初衷之一。

在“敏慧坊”工作室的设计和运作之中，上到整体性的制度设计，下到每一次具体活动的组织，甚至很多的课程，我都主动承担下来。之所以要这样，并不是不相信我们的教师，更不是对自己的专业素养盲目自信，而是希望通过自己这样一个“老教师”的一言一行，传递给青年教师一种积极向上的精神力量。这种力量就是“事在人为”。每一次研讨、每一次指导、每一次讲座、每一次互动，我想传递我对于专业的热爱，对于学科的感情，对于专业发展严格的自我要求。我相信在这样的接触中，很多青年教师能够感受到示范和激励，也能够将更多的精力投入专业发展之中。3 年间，我们形成了 1 份总体性的工作坊设计方案，12 份半年度工作计划和总结，多次主题式交流展示活动，数十万字的教师案例、论文、课题探究、感言，这些都让我深刻体会到了青年教师生命成长和专业发展的潜力，也赋予了我无穷无尽的精神动力。

通过“敏慧坊”工作室，我想开展一种行动变革。青年教师的成长是日积月累的持续变化。我抓住教师的这些共性问题精准施策，为青年教师的专业发展提供支持。我坚持课题引领，3 年围绕一个大主题“探索以句段篇学习为突破口的小学语文课程序列建设研究”，每学期围绕大主题下的一个小主题开展实践研究；要求教师全程参与，记录研究过程，积累研究成果，提升研究和思考能力。我坚持立足实践，围绕小学语文教师普遍关注的文本解读、阅读写作教学、课堂管理等问题进行精准指导，通过专题讲座、推门听课、课例研究、集中研讨等方式，帮助教师会诊问题。3 年来，每个周一，成员们积极投入每一次工作室活动，学习热情高，研讨氛围好。大家围坐在一起，一起深入研究教材，一起探讨小学语文课堂教学。特别值得一提的是，工作室的青年教师每学期都积极上课，平均每位教师每学期都要上两节甚至更多节次的研讨课。在一次次的课堂锻炼中，教师们在逐渐成长，辛苦的汗水换来的是教学思想和行为的变化、能力的提升。

我还充分利用自己的资源优势，开设“闵小大讲堂”，将语文学科最优质的专家团队引入闵行中心小学，给青年教师带来学科最前沿的引领。教师们感叹道，人民教育家于漪老师，上海市小学语文教研员陈褫、薛峰老师，特级教师高永娟，特级教师王林琳，特级教师陈娟娟，小语名师卢雷等都亲临指导我校语文教学工作，让我们足不出户就能够领略大师的风采，真是令人难忘的精神盛宴。

反思：赋予青年教师专业成长"隐形的翅膀"

3年的流动时间，说长也不长，说短也不短。在这个过程中，我始终在想，在我离开之后，我能够留给闵行中心小学语文教师的究竟是什么？在很长的一段时间内，人们对于青年教师的专业发展，更多的理解角度是教师实践素养，或者说教学和管理能力的提升。这种理解是有一定道理的。因为教学是一种具有高度丰富性、复杂性和情境性的特殊实践活动。对于身处其中的青年教师而言，实践性知识才是他们真正信奉的知识，也才是他们真正能立足课堂、适应工作的根本。从这个角度出发，似乎我作为一名特级教师的"流动"价值，主要应该体现在指导青年教师提升教学和管理技能之上。然而，在我的认知之中，教学和管理的能力对于教师而言，是一种"有形的翅膀"，它看得见，摸得着，是一种实实在在的存在，并且能够在实践中雕琢出教师的独特风貌与专业水平。但是，相比较这种"有形的翅膀"，我更希望能够通过自己的工作和榜样示范，赋予青年教师一种"隐形的翅膀"。这种"隐形的翅膀"就是对专业、对学科、对教育工作的信仰和坚守，这种重要的精神力量，尽管不能够直接表现为教师的专业发展素养，但是却为教师的专业成长提供着源源不断的精神动力。只要有了这种内在的动力，不管他们的身边是谁，不管他们身处何方，他们都能够振翅远行，主动追寻专业成长之梦。

在3年的带教时间中，参与"敏慧坊"工作室的教师均获得了明显的成长。他们有的第一次主持市级研究项目，有的在市级区级层面的教学评价中获奖，有的在教学公开展示活动中深受好评。对于这些成绩，我欣喜的不仅是他们教学、科研、管理能力的提升，更为支撑他们这种专业发展背后的精神力量感到欣慰。我想，这才是我作为一名特级教师能够带给他们的精神引领。在此次"流动"项目的总结会上，我带教的很多老师都纷纷发言。有的说，“您敬业的职业操守感动着我们闵行区中心小学的每一位老师，您用智慧的教育素养点燃了我们的灵感火花。质朴、谦逊、坚持是您用人格魅力留给我们的最大财富，我们将继续在语文教学之路上潜心研究，不断学习”。有的说，“当我走向你的时候，我原想收获一缕春风，你却给了我整个春天”。有的说，“您给了我们一杆语文教育教学的尺，让我们自己天天去丈量；您给了我们一面教学模范行为的镜子，让我们处处有学习的榜样”……我想这些发自内心的话语就是我留给闵行区中心小学青年教师“隐形的翅膀”，这既是激励他们今后专业成长的内生动力，也是我最大价值，我倍感欣慰。

三年流动，一生财富。我会珍藏这段特殊的人生经历，不忘初心，牢记使命，持续在语文学科教学研究和教师队伍建设上发挥自己的光和热。

天生其人必有才，
天生其材必有用；
人无全才，扬长避短，
人人成才。

王桂明，1990 年参加工作。中学数学高级教师，德育特级教师。毕业于上海师范大学数学系。上海市青浦高级中学副校长。2017 年至 2020 年流动到嘉定区封浜高级中学。上海市第四期“‘双名工程’攻关计划”高中德育基地主持人，完成上海市学校德育实践研究课题“创建人生导师制，引领高中学生生涯发展的实践与研究”，成果《高中人生导师制的探索与实践——以上海市青浦高级中学为例》发表于《江苏教育》。流动学校获得“上海市普教系统校园文化建设‘一校一品’特色校”“上海市家庭教育示范校”“嘉定区教科研先进集体”“上海市依法治校示范校”等荣誉。

磨炼留下的印迹

王桂明

我起初觉得，3 年的支教或许会令人身心俱累，单个人改变不了什么；陌生，融合不到深处；为客，总不能喧宾夺主；途远，来回奔波……而今回首，我感觉又多了一个“家”，多了一群伙伴。当我们怀着想把教育做好的热情，那一个个“磨炼”彼此的日子，充满了欢愉，也成就了彼此的教育情怀。

一、磨德育团队，炼育德能力

（一）重视深度思考，形成闭环管理

教育是教人成长，人的成长离不开磨炼。德育，是用心、用力搭建磨炼平台，让学生在磨炼中不断成长。来到封浜高级中学（以下简称封中）后，我通过谈心了解到学校德育干部和班主任的需求与困惑。每周，我坚持与政教处干部、年级组长、班主任一起商讨，既谋划德育及班级工作，又诊断与解决疑难问题，还与他们一起探讨学校的发展、思考自己的未来。这样旨在让大家明白：只有思绪走得远，现实才能走得稳；虽然封中现在生源底子薄，在全区公办高中“托底”，但学校要有决心托起学生未来的希望、人生的幸福，并以此提升教育者的自豪感。学校有了忧患意识，逆境能使人深度思考，目前的工作回归到最在乎的事情上。要让政教主任和班主任练就倾听的技能，不仅倾听学生，还要倾听任课教师、家长；不是偶尔倾听，而是时刻倾听。班主任对学生要有引导，对班级要有规划。如面对学生带手机入校管控难的问题，我们与政教处一起策划“‘机’限挑战赛”，设置 3 种不同挑战系数，学生自主报名，分层闯关挑战；帮助班主任通过家校协同，促使学生

从他律走向自律；通过扬优惩劣，促使学生养成好习惯，逐步克服手机依赖症。我们通过制度保障，做到凡事有交代，件件有着落，事事有回音，学校德育形成了闭环管理。

（二）优化活动设计，提升活动效益

德育是有目的地培养受教育者思想道德的实践活动。它既是行为学习，又是精神磨炼。德育活动是培育青少年社会主义核心价值观的有效载体。为了让师生一起参与每一次活动，通过活动增进师生情感，我依托市“双名工程”攻关课题，与学校德育团队一起设计方案、组织实施、反馈效果，以彰显育人功能。“活力校园”体育节、“魅力校园”艺术节、“智力校园”科技节、“心理活动月”等活动在原有的基础上更显特色，为学生搭建了展示自我、超越自我的舞台。如高三年级的 18 岁成人仪式，既有师长祝福，又有学子感恩父母、感恩师长的回馈，更有成才宣誓和梦想放飞。每一次 18 岁成人仪式，都令师生与家长感动，甚至让由来已久的亲子“疙瘩”得以解除。

我们拓展学校已有的“非遗”特色项目功能，弘扬中华优秀传统文化；“五育”融合，深化学科育德能力的培训，试行导师制，逐步完善磨炼育人的运作体系，凝心聚力提升育人质量。

二、磨青年教师，炼专业成长

（一）用心教学引领，助力竞争成长

虽然自己的任务是德育支教，但作为一名坚持一线教学的数学教师，我欣然接受了高三提高班的教学任务。面对学校数学教研组人员青黄不接、学科教学质量下滑的情况，我在上课的同时兼职带教教研组长，助力教研组建设。为此，我和高三年级备课组一起备课、磨课，相互听课、评课。点评之后，我还把内容写下来，结合课堂录像与大家再讨论、再分析。我的办公室大门对教师、学生敞开，有求必应、有问必答，尽己所能。在此基础上，我不断鼓励年轻教师勇于挑战自我，积极参与各级各类的教学竞赛，在比赛中激发潜能，寻找差距，聆听建议，提升教学能

力。3年来，青年数学教师快速成长，2人在区青年教师教学比赛中获得二等奖，2人进入区名师工作室，教研组长也被评为区骨干教师。在高三第一次模拟检测中，数学组打了个“翻身仗”，获得上级部门表扬。

（二）打造青年团队，点燃教师激情

“磨”生先“磨”师，在与数学教师交往的日子里，我看到了其他学科教师希冀的眼神。在和教师们的交流中，我了解到他们不缺乏激情，信心也不比别人差，只是缺乏高位引领。为此，2018年3月，我组建了“一家亲”教研小组，有8门学科12名教师参加。首先，我们通过观摩班会课、心理课，就德育活动的设计、实施，开展了第一轮团队指导。然后，进行跨学科听课、评课，提升团队成员的学科育德能力。再次，依托青浦高级中学学科名师资源，开展教学会诊、磨课活动。最后，借助特级教师团队资源，有选择性地进行面对面指导。

2020年，沈洁老师参加区幸福课程课堂教学评比，她的“本色出演——高中学生职业生涯导航”课不仅获评一等奖，并且在全区现场直播。

2018年底，我主持的市“‘双名工程’攻关计划”高中德育基地，与作为“强校工程”学校的封浜高级中学结对。2019年3月，双方组建封中“幸福课程建设小分队”，学校教师与基地的18位伙伴结对，并举行了启动仪式。会上，我要求青年教师完成“五个一”任务，即每月读一本书、写一篇教育随笔、每学期上一节班会课、每年申报一项德育课题、撰写一篇小论文。

2019年12月，在“小分队”的基础上，学校组建了青年教师成长共同体，作为培养青年教师的主要平台。从此，青年教师群体通过有序合作、良性竞争，在专业发展中取得重大突破。两年来，青年教师们共撰写175篇随笔，有近10人在市、区两级教学评比中获一、二等奖；2人被评为“区十佳班主任”“优秀班主任”，3人被评为区骨干教师，1人被提名“示范教师”；在区级及以上期刊上发表多篇论文，有15项课题被列为区重点课题、一般课题、青年规划课题；8项科研成果获区级及以上等第奖。

三、磨学校内涵，炼封中品质

（一）教师同台竞技，绽放新的光彩

家门口的好学校需要教学质量的支撑。学校教学质量的高低，既有学生学习基础的差别，也有教师工作能力的差别。经过磨炼，封中青年教师中的新星已冉冉升起。他们在各项比赛中获奖颇多，成为学校“雁形师资梯队”的中坚力量。学校趁热打铁，为他们搭建成长的平台，提供比一比、赛一赛的机会，激发他们不断奋进的斗志。2020 年，我以封中“学区化建设项目——强基计划”为依据，引导青年教师进一步夯实教学基本功，通过改进教学行为，提高专业水准，培养可持续发展力。项目实施以语文、数学、外语 3 门学科为重点，聘请专家每月指导一次，进行同课异构实践；举办青年教师教学基本功比赛，为青年教师脱颖而出铺设轨道。除了自己带教，特级教师伙伴团队也友情参与指导，给予智力支持。从此，学校师资队伍建设从关注青年教师成长转向全员培训，教学基本功大赛也覆盖全体教师。这一举措让青年教师激流勇进，让老教师不忘初心、克服职业倦怠，在与青年教师同台竞技中绽放新的光彩。

教案评比、微课大赛、作业设计等一系列活动，使学校教师的整体素养有了明显改观。2021 年 3 月，区教育学院来封中进行教学督导，学校教师整体风貌良好，得到全体教研员的肯定。

（二）打造家教特色，提升学校品质

家门口的好学校，也要赢得家长的好口碑。在问卷调查以及与班主任的交流中，我发现有些学生学习偏科或不思进取，其中既有学生自身因素也有教师原因，但更多的是家庭问题。有的班级，近三分之二的学生来自父母离异的家庭。家庭温暖的缺失，导致学生行为习惯、学习习惯的偏差，进而对教师也缺乏信任感。面对这种情况，加强家庭教育指导刻不容缓。为此，我与学校协商，创建“移动会客室”，使家访实现全覆盖、全时空。

班主任通过专项培训，学习访前如何备课，比如，如何了解学生发展状况，如

何多途径开展个别化指导，如何做好“一生一档案”。我也一起参与家访，主动担任学生导师。一位位特殊学生的改变，让我们欣喜不已。

为了转变家长的教育观念，提升家长文化修养，融洽亲子关系，为学生营造良好的成长环境，奠定学生职业生涯发展的基础，我在封中开设了“同忻源”项目，取“同心”(同)、“启发”(忻)、“传承”(源)之意，整合家长、学校、社会三方力量，依托封中“非遗”特色文化教育资源，构建了“共学非遗技艺”“携手非遗活动”“合作非遗研究”“同享非遗魅力”四大家教指导板块，全面推进学校的家庭教育指导工作。疫情期间，重视学生心灵成长的“心陪伴”帮帮团应运而生，促进了学生心理的健康发展。

如今，封中人用他们的辛勤劳动写好封中故事，通过信息技术平台讲好封中故事，还在续写封中故事。他们用实际行动很好地诠释了俞建平校长倡导的理念——教育就是放飞心灵，落实了“为了每一个学生的终身发展”的办学宗旨。

3 年中，我与封中师生共同努力，为学校发展贡献了一份力量，并因此而收获喜悦。学校获得了一项又一项的荣誉。炼而有得，一切冷暖自知的体验也仿佛可以轻轻抹去了。

我流动到封中时最大的担忧在这样一种一家亲、“家腾飞”中渐渐消弭。同时，兼顾两校工作的压力，也给了我体能以巨大的“磨炼”：我曾突发亚急性甲状腺炎，一度靠大量激素治疗；家中老母的突然离世又让我悲痛不已；爱人做了肺腺癌切除手术，需要我陪伴照顾。也许，所有的获得其实都是需要以非凡的毅力作为代价的。幸好，我挺过来了。

相聚是缘，分别依然情不断。同行写给我的那一句句寄语，是我 3 年“流动”工作中最温润的记忆。

俞建平校长说，“一点一滴引资源、一招一式“传帮带”、一校一策当参谋”。

汤元英副校长说，“大写的德育人！封中人都看在眼里，他把封中当成家，封中人把他视为家人！”

带教的徒弟秦亚男,已从年级组长走上政教处主任岗位。她说,“斯为泰山而不骄”。

从政教处主任转岗为教科室主任的姚秀珠老师说,“甘为人师,点燃希望”。

心理教师沈洁说,“您更如一位睿智的引路人,从不否定我们对教书育人的看法,可也总能在我们表达不成熟的想法时,选择恰当的时机进行引导”。

艺术教研组长叶静老师说,“每每向您求教,我总是带着‘囧’相进去,带着笑脸出来。您教给我们的不仅仅是为人处事的态度,更是无私为老师和学校奉献的精神”。

数学组的老师们说,“您让我们深深记得,心中要有学生。我们永远在一起……”

3 年,千个日月;3 年,恍若一瞬。愿磨炼的印迹成为封中的财富,愿磨炼的印迹记录我不变的初心。

学做人师，与时俱进

李正辉，上海市数学特级教师。毕业于华东师范大学数学系。长宁区教育学院数学教研员，教研室副主任，中国数学奥林匹克高级教练员。荣获“2018年全国初中数学联合竞赛优秀教练员”称号，论文发表、获奖共7篇，开设专题讲座8场。

2017年至2020年参加“双特”流动工作，流动至奉贤区奉城第二中学。开展了“特级教师在行动”一系列丰富多彩、高质量的项目活动。指导奉城第二中学青年教师开设了10多节市区公开课，立项或结题5项区、校级课题，发表文章多篇；多位教师获得校、镇、区级荣誉。

引领推动，点亮专业发展之路
行稳致远，写好流动支教故事

李正辉

2020 年 7 月 6 日上午，我流动支教以来主讲的第 6 场数学讲座对初中数学命题的一些思考、认识和实践顺利完成，宣告着我为期 3 年的“双特”流动工作即将圆满结束。

当我挥手告别上海市奉贤区奉城第二中学（以下简称奉城二中），再一次回首凝望美丽的校园时，记忆瞬间就回到了刚来时的 2017 年。

2017 年 10 月 23 日下午，我来到了奉城二中，正式开启了 3 年流动工作。我作为一名进行流动支教的特级教师，感到责任的重大和任务的艰巨。能否承担起这份重任？令人忐忑不安；怎样高质量完成支教任务？令人激动憧憬。

我始终牢记着 2017 年上海市特级教师研修班向我们明确阐述的教育使命和历史责任，也深刻理解了特级教师“师德的表率、育人的楷模、教学的专家”的终生追求和坚守。人民教育家于漪先生“一生学做特级教师”的信念激励着我；上海市教委副主任贾炜的“使命，担当，率先示范，恪守师德，守住底线”给出了明确要求；上海市教委副主任倪闽景提出的“想，都是问题；做，才是答案”指明了工作方式。

一、研教深度融合，促进观念转变，静待花开

支教工作的开始，意味着肩负责任和使命担当的开始。这需要我尽心尽力把自己的工作做好，时刻深入教育教学第一线，充分发挥特级教师的示范引领作用，

做好学校顶层设计的参谋、做好深入基层的表率、做好教师专业发展的服务者、做好双赢互动的促进者。

我以“特级教师工作室”为研修基地，以“特级教师在行动”为活动抓手，充分发挥特级教师在教育教学方面的示范引领作用；深入课堂，指导青年教师成长，提升学校教师专业素养。

支教伊始，在听完了奉城二中所有数学教师的家常课，并在充分调研的基础上，我带领教研组长迅速开展促进教研组内涵发展的建设活动。我借助自己长期担任教研组长工作的经验，以及教学管理的经历，将优质经验异地根植，鲜明提出“大统一，小自由”的基本策略和“三定一专”基本方针，着力使教研组形成教师专业发展和校本研修的策略与路径，备课组构建有效备课的氛围和方法；既规范教学最基本的统一要求，又创设教师教学攻坚的自由空间，将备课组教研活动变为理念学习交流会、教学方法研讨会、学生学法培养分享会、育人观点交锋会、教学思想统一会等，以强化教研过程中的讨论、研究，大力提升教研组、备课组的学术研究氛围和业务水平，深化组室内涵发展。

同时，我积极开展听评课活动。我参与了近200多节次的听评课活动，引领着授课教师从目标制定、学习内容安排，到教学环节设计、教学活动开展，以及师生互动、教师教学基本功展现等多角度进行反思，指导教师们要深度研读教材内容，与教师们分享数学学科最新的热点问题，不断提升教师们的课堂教学设计能力和实施能力，促进教师们在专业发展上有更高的认识，从而获得更好的发展方法。

基于优质的研教融合，我们逐渐形成课堂教学的共识，共同打造课堂教学的“深刻、有趣，创新、扎实”，突出对数学知识的思考、情感态度的设计，体现知识的生成、发展和应用的全过程；以典型的、简明的、代表性强的例题或练习题，培养学生的思维能力，激发学生的学习兴趣，开阔学生数学学习的视野。

在自身强化研修的同时，我积极外引内联，用活资源，助力教师专业发展。

2017年12月20日，我带领奉城二中数学组全体教师参加娄山教育集团举行的“构建活力课堂，培育核心素养——初三一模数学综合题复习策略研讨”活动。教师们受益匪浅，感受到了团队教研的魅力和对学生探究能力培养的重要性。

2018 年 4 月 3 日，我领衔策划并召开主题为“关注单元教学设计，培育数学素养——初中数学教学实践探索”的数学学科研讨活动。我们邀请了上海市著名数学特级教师、延安中学原校长郭雄先生领衔的长宁区名师培育工作室数学领军人才小组来校指导，共同架构起市区学术交流之桥。我们指导青年教师张晶结合中考热点以及数学组“关注单元教学设计”的教研主题，开设了教学研究课——“平面直角坐标系中的图形面积问题”；指导教研组长王金凤作了“教研组建设及教师专业发展的路径与策略”的微报告。活动取得了很好的效果。

2018 年 12 月 3 日，我全程参与了静安·奉贤“城乡携手·同课异构”学术活动，指导青年教师吴亦紧开设了“平面直角坐标系中的锐角三角比”教学公开课，以问题驱动，层层推进，帮助学生梳理了解决问题的通性通法。我提出课堂教学要遵循“激趣、启智、点燃、生长”的核心思想，要坚持贯彻生本理念，营造师生和谐的学习氛围，进一步构建“有氧”课堂。

3 年的支教工作，在我的领衔和带动下，立足于教师专业化发展，奉城二中数学组以课堂教学实践研究为重要抓手，初步形成了“学科专家引领，骨干教师推动，青年教师跟进”的专业发展与研修策略。

我始终要求青年教师们坚持以学术研修点亮专业发展之路，以实践研讨讲好专业发展故事。正是有了这样的付出，奉城二中的青年教师们有了长足的进步，获得诸多的成果和荣誉。

二、引领示范，区域辐射，点亮专业发展之路

以“贤文化　和教育”为宗旨的奉贤教育，正在着力打造“自然　活力　和润”的南上海品质教育区。因此，我也积极参与区域活动，在区域层面发挥更大的作

用，促进教育优质均衡发展和城乡一体化发展。3 年来，我自我加压，不断强化自身的专业思考、引领和示范能力。

在支教期间，我坚持每一学期开设一次讲座或专题报告，将自己在教育教学上的近期思考和研究成果与教师们分享，传递专业发展的策略和路径，积极发挥区域辐射。3 年里，我作了 6 次学术报告，涵盖了青年教师专业发展策略、教学设计研究、高效备课的组织与实施、初中数学命题等领域的心得体会，为奉贤区实验中学、教院附中教育集团、奉城镇联盟体校、奉城二中的青年数学教师们提供了教学研究学习、反思的契机，使青年教师们不仅学会了解决具体问题的许多方法和策略，也明确了自身专业发展方向，树立了卓越发展的信心。6 次讲座，反响热烈，饱含着一位特级教师对青年教师们的殷切希望和关怀。

同时，我积极开展“走进镇联盟体”学术研修系列专题活动。

2019 学年，奉城二中为奉城镇联盟体（奉城二中、肇文中学、头桥中学、洪庙中学、塘外中学）主席校，我主动抓住这一平台，筹划开展“走进镇联盟体”学术研修专题活动，以“‘单元教学设计’视域下的初中数学课堂实践探索”为主题，从数学概念课、数学复习课、数学专题课、几何教学课等不同的数学课型出发，组织教师们实践、讨论并形成教学共识，指向课堂教学有效性的提升，切实提高教学质量。同时，借助这一平台，我以“问题解决”系列微报告，指导教师们要善于在教学细微处发现问题、形成问题，更要善于在教学中学会从解题走向研究题，通过扎实的教学研究，促进专业发展。

促进教育优质均衡发展和城乡一体化发展，呼应了上海市特级教师流动（奉贤）举办的“涓涓交流情，同筑教育梦”欢迎会上双方共同的心声。

三、行稳致远，卓越成长，成就最美支教

3 年支教活动，责任在肩，重担在身，需要我行得端，稳得住，方能不负组织所托和“特级教师”的荣誉。我时时刻刻牢记着“师德的表率、育人的楷模、教学的专家”的终生追求和坚守，鞭策自己要行稳致远。

还记得在指导吴亦縈老师开展市级公开课“平面直角坐标系中的锐角三角比”一课时，历经多次磨课，团队成员们仔细分析数学教学参考资料中的每一句话，讨论如何引入课题、如何确定课的框架、“打磨”上课过程中精准的语言表述等。大家已经感到非常满意了，但秉着精益求精的高要求，我依然坚持再思考、再推敲，不到正式上课那一刻，就不停止推敲与“打磨”。哪怕在返回市区的飞奔着的16号线地铁上，我的思绪依然沉浸在吴老师课中一道例题的修改与变式中。当瞬间获得了更好的想法后，我马上把自己的所思所想反馈给吴老师，以便团队成员再研究、再尝试。正是这种对数学教学的专注以及忘我钻研的精神，吴老师献上了一堂精彩好课，团队里的每一位成员也经历了“好课打磨”的全过程，体验了“好课打磨”的艰辛，收获了“磨”出一节精彩好课的成就感。

我3年的支教活动虽已结束，我要感恩奉贤区教育局和奉城二中的领导对特级教师支教工作的大力支持。在最美的奉城镇，我遇见了最美的他们，结下了最深厚的情谊，才有了最美的支教。我还要感谢上海市教委、上海市师资培训中心、长宁区教育局和娄山中学领导的支持与帮助，以及我的家人默默的付出和包容，使我顺利圆满地完成了最美的3年支教。

苦干、实干、巧干，最美支教是干出来的！

引领、奋进、致远，最美支教是奋斗出来的！

回首3年支教时，我在长宁、奉贤两地辛苦奔波，开展教学研究，发挥引领与辐射作用，自身专业也取得了长足发展，梳理和总结3年支教所取得的成绩与经验，我没有了当初的不安与忐忑，只有自豪、骄傲和感恩。因为这3年的支教工作，我无愧于“特级教师”的光荣称号，我始终带领青年教师们探索着教育真谛，孕育学科思想，锤炼教学智慧。

我以我的付出、奉献和努力，引领、推动青年教师们转变观念，点亮他们专业发展之路。我以我的钻研、拼搏和奋进，行稳致远，与教师们携手共进，书写了流动支教的精彩故事。

这正是：

两地三载奔波辛，
示范引领支教勤。
行稳致远显成效，
情深谊厚永在心。

3年流动工作，是考验特级教师专业的试金石，是特级教师示范引领的必修课。我时刻牢记习近平总书记倡导的“青春由磨砺而出彩，人生因奋斗而升华”，将以更高站位、更强担当、更实举措彰显特级教师引领辐射作用；时刻不忘初心，砥砺前行，用一生去学做特级教师！

认认真真教学
踏踏实实做人

卜洪生,1995 年参加工作。正高级教师,体育特级教师。毕业于上海体育学院。现担任上海市宝山区中学体育教研员。获“上海市园丁奖”“上海市体育学科带头人”“宝山区文体工程先进个人”等荣誉。2019 年参加“双特”流动工作。近年来,共开设市、区级公开课 8 次,独立研究完成 5 个市、区级课题,参与了 1 个上海市重大委托课题、1 个市级课题的研究。10 多篇论文在市级以上刊物发表或获奖。

体育教师成长的三个"一"

卜洪生

2017年9月，宝山区为造就一支在区教育系统中具有理想信念、有道德情操、有扎实学识和有仁爱之心的骨干教师队伍，促进教育转型，实现教育可持续发展，命名了一批以特级教师和正高级教师领衔的名师团队。作为一名体育特级教师，我带教了8名骨干教师，其中有6名区体育学科带头人、2名区教学能手。这8名骨干教师又通过梯级带教的方式，带教了20多名青年教师。作为宝山区体育名师工作室的主持人，我感到了责任和担当：一种培养宝山区体育骨干教师的责任，一种提高宝山区学校体育教学质量的担当。

接受任务后，我经过认真思考和调研，明确了研修目标，定位于围绕上海市学校体育课程改革，开展体育教育教学实践研究，提高教师的教育教学水平，为宝山区体育学科课程改革和教育教学质量提升提供智力支持和成功经验。有了目标，如何实施是关键。根据学员都是一线教师的特点，我把工作室开展工作的落脚点放在三个"一"上，即上好一节课、做好一个课题、组织好一次教研活动。在后来的工作中，正是紧紧围绕了这三个"一"，教师们在活动中有了目标，有了方向，有了抓手。

一、上好一节课

上好课，首先要解决的一个问题是什么样的课是好课。看了最先几位教师开的课，我发现他们的课大多是以教师为中心，没能渗透新的教学理念。如何去改变这种状况，我觉得首先要加强理论学习，提高教师们的专业素养。于是在接下来的一段时间，我先后邀请了上海市特级校长、特级教师徐阿根做了“学校体育教材教法”的讲座，邀请了上海市特级教师俞定智做了“做有思想的研究型教师”的讲座等。这些专家讲座让学员们感悟了体育理论的精粹，积淀了先进的理论知识，夯实了成长的基石。为了开阔大家的教学视野，我又组织教师们参加了“长三角体育特级教师论坛”，上海市体育名师基地、上海市德育实训基地的一系列教学研讨活动，观摩了近20节优质体育课。每次观课后，我及时组织大家进行研讨。看课和评课让大家对体育教学的目的、性质更为明确，对体育课程标准和教材的理解更为深刻，更加领会“健康第一”的思想。大家深切地体会到，体育教师不再是消极地扮演教材执行者的角色，而是新课程的设计者；体育教师不应是一个只懂得教人如何运动的教练员，而应该是一个具备现代观念和教育素养，知道如何进行课程建设以及运用体育教学方法去促进学生全面发展的教育专业人员。

慢慢地，大家对什么样的课是好课有了共识。教师们一致认为，一节好的体育课应该具备以下几个特征：第一，课要上得“实”。这个“实”是指体育教学目标的全面落实。第二，课要上得“活”。这里的“活”是指教学方法、教学手段、组织形式的灵活运用。第三，课要上得“新”。这里的“新”是指要创新和变革自己的教学行为，不要停留在已有的经验方法上。接下来的课，大家围绕这3个特征进行了深入研究与实践，课也是一节比一节上得精彩。比如，张鹤老师在2018年上海市初中体育多样化教学展示活动中，开设了“少年连环拳”一课。本课在教学目标制定上，关注身体发展、知识与技能的同时，把增强学生经常锻炼身体的意识，促进学生逐步形成良好的健身方法放在了一个重要地位。张老师课堂上能做到精心组织，语言简洁明了，示范准确大方，指导适时有效，让学生在身体练习中得到身体的健康，掌握知识、技能，感悟民族自豪感。这堂课很好地把握了教学重点、难点与体育品德的关系，达到了教学目标的全面落实。

张老师在总结时说的话，很能代表团队教师们的心路历程。她是这样说的：一节好的课就是一次潜心研究的过程，也是对自己的教学理念、教学方法等全方位的一次检验。要上好一节精品课，就要对课程进行全方位的研究。它应该包括学科指导思想、教学理念、教材分析、学情分析、主要教学策略等的研究。这个过程一定是很烦琐的，也一定是很痛苦的，但是对提高自己教学水平也一定会有巨大的帮助。

教师们经过学习感悟、实践提高、撰写学习体会等环节，开阔了自己的教学视野，提升了理论水平。《上海市学习报》曾对宝山区体育团队 10 位教师的学习成果进行了专栏连载报导。

二、做好一个课题

钱伟长院士在谈到教师问题时曾经说："你不上课，就不是教师；你不搞科研，就不是好教师。教学没有科研作为底蕴，就是一种没有观点的教育，没有灵魂的教育。"毋庸置疑，教师的重心工作是教学，教师一定要树立教学第一的观念。另一方面，想要做一名合格的体育教师，不仅要能胜任日常的体育教学与训练，同时还要加入体育科研的队伍，成为教学的研究者，真正实现体育教育实践和体育教学研究的结合，在课堂的沃土中汲取丰富的营养。可是在体育教学实践中，科研一直是体育教师的"短板"——体育教师怕搞科研。我所带的 8 名骨干教师也存在着相同的问题，团队成立以前完成区级以上课题的只有一人。他们对我说："卜老师，你让我们上课，我们都不怕，你让我们写文章，做课题，我们真的觉得好难。"怎么办，如何去寻找切入点？我根据自己成长的经历，给教师们提供了以下建议。

（一）求"小"

我让大家不要把科研想得太"高""大""上"，一线的教师可以结合自己的教育教学实际，发现教育教学活动中的各种问题，捕捉一些有研究价值的教育教学行为，寻求解决问题的途径和办法，先从平时教学实践中碰到的小问题入手。比如，叶萍老师在开设"小学单脚、双脚跳"一课的时候，她觉得把握重点与难点是个困难，大家在评课的时候也一时没有好的答案。于是，我就建议大家把"小学单脚、双脚跳"教材的重难点作为研究课题。教师们查阅了大量的资料，从教材的动作结构到小学生的身心特点进行论证与分析，最后得出了单脚、双脚跳的关键技术是起跳与落地的动作方法。教学重点应抓住单脚跳——前脚掌蹬地跳起，双脚跳——两脚同时蹬地跳起，落地时都要自然屈膝，全脚掌轻巧着地。通过一个小课题的研究，大家掌握了研究方法，达到了提高研究水平的目的。

（二）求“准”

每一个体育项目都有自身的关键点，抓住了关键点就能让我们的教学如鱼得水。比如，在中小学体育教学中贯彻德育教育不仅仅是新课程下学校体育改革的需要，更是体育教师转变教育观念的要求。中小学体育教学中的德育教育必须同体育教学的特点、形式、内容及学校的实际紧密结合，使德育渗透到体育教学的每一个环节，贯穿整个体育教学过程。于是，团队开展了“中小学体育学科浸润德育教育的实践研究”，从目标的设置、教学方法的运用、情景的设置等方面进行了具体的研究，并且让每位教师结合自己的教学案例，让研究成果可复制、可借鉴，切实把德育教育落到实处。

（三）求“实”

体育学科有着学科的特殊性，是一门实践性很强的学科，进行体育科研必然需要投身于教学实践之中。课堂是萌生、孕育、展现先进教育理念和教改实验方案的主阵地；教育教学中的诸多热点和难点问题既产生在课堂，也需要在课堂得到解决。比如，在高中体育专项化改革实践中，我们发现学生在乒乓球的学习中没有明确的学习目标，部分学生学习缺乏动力。为了更好地激发学生的学习兴趣，让学生真正掌握一项运动技能，提高学生自主健身的核心能力，由倪佳慧老师领衔的几位高中教师开展了“乒乓球校园运动员等级制度”的实践研究。实践证明，乒乓球校园运动员等级制度的研究和实施，激发了学生的潜能，调动了学生的学习主动性和积极性，对学生身体素质的提高、运动技能的掌握和终身体育观的形成都有积极的促进作用。

理论和实践浑然一体，必然会散发出教育实践的芬芳，又闪耀着科学教育理论的光芒。宝山区体育名师工作室通过几年的探索，逐渐形成了“教研相长，以研优教，和谐共进”的团队教学研究特色。

三、组织好一次教研活动

体育教师相比其他学科教师，还有一个特别之处，就是体育教师需要有组织全校活动的能力。比如，学校运动会、大课间活动、运动队带队训练比赛等，所以组织能力也是体育教师的必备能力之一。团队的每一位教师都开设了专项主题活动，其中有区级层面的，也有市级层面的。这些活动主题聚焦课堂、聚焦学校的真实问题。团队教师们通过活动主题的创意、活动形式的设计、活动过程的安排、活动实施的组织，提高了教育教学策划、设计、组织、实施、管理和控制和能力，促进了认真学习并内化提升的能力，同时，也起到了骨干教师的示范、指导、引领和辐射作用。

3 年来，宝山区体育名师工作室紧紧围绕上海市学校体育课程改革，立足宝山体育学科实际，在课堂教学、课改实验、课题研究、师资培养等方面开展体育教育教学实践研究。我们在实施过程中以三个“一”为抓手，取得了较好的社会效应。成员开设各类公开展示课 32 节，开设区级以上专题讲座 11 次，组织各类区级培训 20 多次；完成区级以上课题 5 项，市、区级以上获奖论文、市级以上刊物发表论文 19 篇；特别是在体育课堂教学的备课、上课、反思等环节进行了积极探索，取得了突出的成绩。一分耕耘，一分收获，宝山区体育名师工作室正一步步展示出“名师小基地、成长大舞台”的风采。

生命有缝，阳光才能透进来；
音乐有律，教学才能渗进来；
学习有法，认知才能活起来！

郜方，1992年参加工作。正高级教师，音乐学科特级教师。毕业于华东师范大学。徐汇区建襄小学副校长，上海师范大学研究生外聘导师、上海师范大学天华学院外聘教授。2017年9月至2020年6月在崇明区参加流动工作，出版了《崇明山歌课程》，开展了“小学音乐课堂器乐教学与音乐作品学习互为交织的实施策略研究——基于关键数据分析的视角”项目研究，助推区域内教师成长。共计辅导教师20余人获得市、区级教学评比一、二等奖，形成区域影响力，事迹被《文汇报》等媒体报道。

一领众和把歌唱

邰　方

2017年9月，我接受“双特”流动工作来到崇明岛裕安小学。学校有一个市级“十佳非遗”项目——崇明山歌，这个项目从2012年开始至今，已经历时近10年。

裕安小学崇明山歌的历程可谓坎坷：山歌项目的辅导员几经转换。第一代辅导员临近退休，好不容易带出来的徒弟，第二代辅导员刚刚成熟，就因工作调动去了其他单位；第三代辅导员刚刚接手，面对崇明山歌那略带海风嘶哑的乡音，没有自信，没有动力，没有支持，没有成就感。2017年9月，岛上响起了一阵歌声，迎来了一个领唱者。我来到裕安小学的第一件工作就是去了解崇明山歌。我想利用一年的时间，编出一个崇明山歌的固定文本。我还有一个期盼：开一场全国全网首发仪式。这对一所乡村小学而言，是从未梦想过的事情，而我要领着所有裕安小学生自信、自豪、自由地去唱自己家乡的歌……

13个月过去了。2019年1月3日，裕安小学崇明山歌校本拓展课程《歌起瀛洲》首发式经历了反复“打磨”，终于使用微信直播的方式，向全国全网直播了。歌声回流，绕梁三日……

谁来领唱，谁来和声？

《歌起瀛洲》，歌从哪里来？谁还会唱？谁还可以去写崇明山歌的音乐拓展课程？裕安小学在2017年遇到了前所未有的困难，最大的困难就在于师资力量的流失与老化。当时的崇明山歌新辅导员还没有成熟，谁来执掌山歌队？而且，当时的裕安小学只有一个专职音乐教师，可全校有近900个孩子，谁来教音乐，谁来开发《歌起瀛洲》的音乐拓展课程？

上海市教委送我来支教裕安小学，崇明山歌这只锁在竹笼里的小鸟，要我用音乐的魔法解开它的锁链，让它歌在瀛洲，舞在海岛。山歌项目的修复和醒来需要一个设计者，还需要更多人的努力，一起托出这只山歌小鸟的双翅。人是崇明人，歌是崇明歌，学校教职工们虽然不是音乐人，但还是有一群音乐爱好者，他们来自语文、数学、美术、英语学科，走到了一起，和仅剩的一位专职音乐教师一起拿起了谱写歌谱的笔，和着我，充满虔诚地唱起了那支山歌，给自己的心去听。他们在民间收集山歌，和校外辅导员"崇明山歌"非物质文化遗产传人张小末、张顺法老人一起，对大量的山歌、童谣进行了筛选，把不适合新时代、不适合儿童、不够积极向上的山歌去其糟粕，取其精华。编写组成员们耗费了巨大的精力和时间，将收集到的歌词，用手写的方法进行记录，然后请外援的专业音乐教师打谱……一首首崇明童谣、一支支崇明山歌，终于从口耳流传的传统方式渐渐变成了固化的文字和图谱。

这支神奇的由各学科教师组队参与的编写小组，从组建到最后编完初稿，耗费了6个月的时光。我觉得这简直是一个奇迹，一个音乐课程的编写主力军居然不是音乐教师。然而，编写组的人知道，这是家乡的歌，即使不学音乐专业，这些乡音和乡情都流在喝长江水、走崇明路的崇明岛民的血脉之中。所以，即使不专业，但是专情，人一专情就能做好事情，就能做出事情。我用春风般的热情，用山歌的力量温暖、团结、鼓舞、催促着所有和山歌有关联的人。

山歌曲目文本固化后，转化为音频、视频还需要更多的力量支撑。转岗到数学学科的即将退休的陈老师说，退休前要为山歌作一些贡献，童谣部分所有的曲目都由她带学生去完成。她还说，要把家乡的歌唱到唱不动，把家乡的谣念给一代代孩子。她教授童谣、排练队形，在其他老师的协助下录音、录像，还请专业技术小组将音频、视频上传到优酷、腾讯等各大视频网站，作为音频、视频的资料库。

同样，唯一的音乐教师秦老师担负起了所有山歌男声部分的录制工作。在2018年5月，他执教的崇明山歌《劳动号子》成为非物质文化遗产“空中课堂”的成功课例，获得了上海市非物质文化遗产“空中课堂”二等奖，崇明山歌借助网络的翅膀终于飞出了海岛，所有人都能听到这只来自海岛的小鸟的歌声。

校外辅导员、崇明山歌非物质文化遗产传人张小末老人用生命的最后力量协助学校完成了《歌起瀛洲》山歌女声部分的录制工作。2018年9月，她因恶性肉瘤放下她一生挚爱的崇明山歌离开了我们，没有能等到《歌起瀛洲》首发的那一天。然而，《歌起瀛洲》音频资料录下了她生命的绝响。这位曾经在上海音乐厅唱起崇明经典山歌《潮水娘娘》的山歌娘娘，她美好的歌声永远留在了裕安小学的拓展课程资料库中，留在了崇明文化局录制的崇明山歌《潮汐》专辑里。

其他学科的教师作为音乐爱好者，在文本编制、插图绘制、文献考证、采访收集、筛选留存的思考中，不断为《歌起瀛洲》这本崇明山歌的拓展教材努力着。正是这样一群热爱家乡文化，努力传承、努力传播，校内校外的、专业非专业的人开始了这样的一次全网首发。他们托起了这只山歌小鸟的翅膀，给了它飞翔的力量。

歌起瀛洲，放声齐唱

崇明山歌面临的绝境就是，个别传承的方式使这一项非物质文化遗产项目越来越后继乏人。《歌起瀛洲》首发式正是一种推广和传播，也为将来崇明山歌的活动在裕安小学，乃至更多的学校出现“人人唱，班班比”的系列活动做了铺垫。

当我们想清楚了这个首发式的意义之后，开始着手准备如何首发。一个关键的领军者所起到的作用就是，把一些先进的技术和观念带到边远郊区去，这就是上海市教委“双特”流动项目的本意，用这些关键人带动一个落后地区的变化和发现，让这个闭塞地区的人们打开了心扉，有了站上高坡放眼远望的视界，能够用全新的思路去工作，把原先一成不变的，枯燥、嘶哑的东西变得丰富、美好起来。

首发式的消息一传出，微信直播的二维码就传到学生家长手中。他们早早安排好时间，就等着直播开始，在网络上收看我们的首发式，看一看自己孩子的表演，听一听那些熟悉的乡音。2019 年 1 月 3 日，《歌起瀛洲》首发式准时开播。崇明乡土文化研究的学者、崇明教育学院院长宋林飞对这次活动给予了很高的评价。他赞扬了裕小人坚持不放弃的精神，在山歌的音频、视频和文本、图像的收集和固化的工作中做出的很多努力，让这份宝贵的文化遗产得到了一定的保护和传承；赞扬了我这个领唱者这两年来对崇明山歌和崇明音乐教育作出的贡献，激发了一群音乐教师和一群乡土音乐的爱好者的工作热情，使崇明山歌不再是孤独的吟唱，而是一曲美妙的和弦，并且正朝着广泛传播的方向发展。

《歌起瀛洲》首发之后带来了很好的后续效果。2019 年 1 月，崇明山歌项目组组队出海岛，送课到上海市区的文来学校；2019 年 5 月，项目组第二次参与“非物质文化遗产联盟学校送课进校园”活动。学校 2019 年的艺术节上，全校师生总动员，学生们绘制出了山歌娃娃的系列图例，并制作了山歌娃娃的系列徽章和评价贴纸，还可以扫徽章上的二维码收听崇明山歌。

在我组建的山歌编制组多学科成员的推动下，以及我的音乐教师名师工作室的跨校学员们的努力下，裕小人和名师工作室学员们意识到音乐艺术的教化不仅仅是认同自己，认同本单位或本学科，只认同自己出生的地方，它还有艺术教育强大的创造和包容的功能。推陈出新才是我们继承和发扬区域文化的最终手段。

这就是一个关键人物带给一个学校发展变化的点，在裕安小学“亲近田园，融通生活”的教育理念下，山歌作为亲近田园的一种文化，渗入其他领域的课程中。比如，由劳动技术学科教师制作的山歌娃娃的造型和服装，进行了创意设计，将带着厚重的家乡印记的崇明风格的蓝色土布糅合到了山歌娃娃的设计中。学校一致通过山歌娃娃“裕娃安宝”为裕安小学的形象代言和吉祥娃娃。在关键事件的带动下，农村学校的教师终于胆子变得更大，视野变得更开阔了，他们的团队设计能力得到了全面提升。

随着眼界的打开、思路的打开，山歌已经不再是单纯的一种声音形象。和山歌相关的舞台形象的各种艺术形式出现在了裕安小学的校园里。裕安小学的每一个学生在儿童节演出、日常课间铃声中，都时刻感受到了山歌的元素。学校建设了山歌馆，休闲区设计了一棵山歌树，接送孩子的家长在山歌树下休闲时，扫描树叶上的二维码，就能收听到裕小山歌队的歌声和童谣。家长们在等待孩子的时间里不仅得到艺术的熏陶，还有对裕安小学的认可，以及对崇明家乡的乡音的自信。每一个学生都十分喜欢山歌娃娃的各类造型，对崇明山歌的喜爱更提升了一个层次。山歌的推广力度越大，认可度也越大，更多家长希望孩子参加山歌表演队，更多孩子希望可以成为山歌小歌手。山歌不仅仅是音乐的拓展活动，而且成为班级中班队活动的主打力量，童谣更是全校推广的艺术形式。因此，我们明确了校园文化的核心。

上海市教委在实施“双特”流动工作时，充分考虑到了名师将会在流动工作的过程中起到“关键人”的作用，会在一个学校乃至一个地区的一个关键时间点的“关键事件”中，起到重要的“点睛”和扶持的作用，取得一定工作成效。流动工作的效果是，将名师工作室延伸进校园，在原有基础上搭建起教师互帮、互助、互赢的发展平台，提供跨学校、跨学科的交流途径和人脉圈，从而更好地凝聚和吸引优秀教师学员和当地学校教师团队，共同发展，形成学习研究共同体和人才成长共同体，助推市域师资整体的提升，尤其是一所学校的社会认可度的提升。

一领众和把歌唱，2020 年，崇明山歌已被列为全国非物质文化遗产项目，愿山歌育人的途径越走越宽！

育人者之大不仅在于育生，更在育师

陆敏，德育正高级教师，特级教师。毕业于上海师范大学，现为上海市闵行区吴泾实验小学班主任、学生部副主任。

2017年10月流动到闵行区吴泾实验小学，承担道德与法治学科的教学任务，以及班主任和中层工作；还承担市、区班主任工作室和吴泾镇学区化项目建设任务，把班主任智慧辐射到吴泾镇地区的多所农村学校，带动农村班主任的成长。3年内协助学校荣获“上海市家庭教育示范校”“闵行区行为规范示范校”“闵行区基本功组织奖”等称号。8项市区课题论文获奖，发表5篇论文；带领团队参与全国和区本课程建设7门；学员在省市获奖49人次，发表文章17篇。流动期间，获得“上海市园丁奖”“全国模范教师”荣誉。

以最初的心，走最远的路

陆　敏

2017 年，我作为特级教师流动到闵行区吴泾实验小学。在闵行区吴泾镇教委和金校长的鼓励下，我报名参加吴泾镇学区化项目，创建了“飞扬班主任工作室”。我的初衷是希望用自己的专业所长为吴泾区域培育一支骨干班主任队伍，由此辐射并带动区域学校班主任共同发展。

当我拿到工作室学员的名单后，发现一个问题：市、区工作室的学员都是在优秀班主任推荐基础上，再通过考试进入，学员基本比较优秀。但现在进入“飞扬班主任工作室”的学员是各校推荐直接进入，有的各方面都很优秀，有的专业能力比较弱；有刚入职 2 年的班主任，也有进入“怠倦期”的中年班主任。我很着急，如何在有限时间内，让工作室的培训发挥更大效应，促使不同层次的班主任都能有所发展？

在查找文献的过程中，我发现有专家提出，现在的教师培训应从单纯地关注专业发展转变到对教师发展信念的追寻，以及对教师行动和人格形成与完善的关注。我恍然大悟，短短 2 年的工作室建设，要在有限的时空中实现育人效用的最大化，不仅要让学员获得有形的技能，还要获得无形的价值引领，更重要的是，涵养出作为一个优秀班主任的“基本气质”。当他们离开工作室这个外力之后，依然有可持续发展的内生力量，可以走好后续发展更远的路。

经过思考，我把班主任的“基本气质”定位在两个方面：一是指具有内定力，即坚守自己的教育理想，面对复杂纷繁的教育现状，有自己独立的判断，不人云亦云，随波逐流；二是指内生力，即对自我发展有自觉的意识，不需要依靠外界的刺激，自觉确定发展目标，主动进行实践反思，具有蓬勃的发展动力。

一、课程规划：内隐教育之“初心”

（一）课程与培养目标相对接

“基本气质”是一个人内含的精神。这些不是通过传授即能形成，而是需要通过人在日常的学习和实践之中不断地磨炼和积淀而成的。因此，我希望通过有形的“发展意识课程”“理论学习课程”和“专业技能课程”，帮助学员逐渐生成无形却有神的内在气质；而具有内生力和内定力的“气质”，又会促成学员自觉、主动地学习，提升自己的理论素养和专业技能。

我根据班主任的培养目标，以“高品质班级生活视域下的个性化家班共育”研究为依托，把课程整体规划为发展意识、理论素养、专业技能三大类（见图1）。

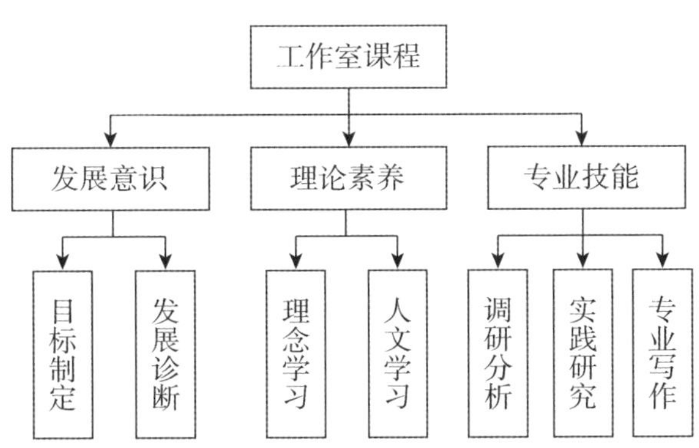

图1　工作室课程框架图

每一类又分为若干板块。如将理论素养分为理念学习、人文学习；专业技能分为调研分析、实践研究、专业写作，其中，实践研究按照课题研究的需要，设立文献综述、课题申请、课题实践、课题结题4个系列推进课程。课题实践又分设专题研讨、疑难会诊、课题访学3个板块，用课程引领学员学会做课题，做好课题研究，提升不同阶段的研究能力（见图2）。

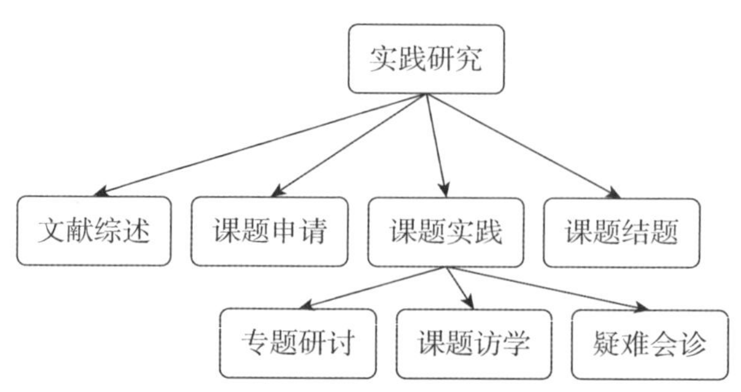

图 2　工作室专业技能的实践课程板块

每个板块都内含对学员内生力的培养。有的课程是显性设计，如“目标制定”，促使学员学会自定目标、自我反思、调整目标和行动，提升学员自我发展的能力。有的是渗透在课程学习之中，如“理念学习”，通过聆听专家讲座、观摩优师课堂、打开国际视野等活动，让学员在和各个领域专家、国内外优秀教师对话中，更新教育的理念，感悟名师大家的精神力量。有的是隐含在课程之中，让学员在活动中积淀生成，如“实践研究”，学员在具体的项目研究中，必定会遇到各种困难和问题，解决问题的过程中必然生成学员勇于挑战、坚持不懈的精神。

（二）课程与学员需求相呼应

由于工作室学员层次差异较大，依据学员需求，我把上述课程划分为必选课程和自选课程。每个学员可以依据自己的发展需要，有选择地参与。这也是班主任自我发展意识的孕育过程。

我发现，自选课程激发了学员参与的兴趣，他们分别从补短板和增长板的角度进行选择。朱老师是一名新班主任，班会设计比较薄弱，多次选择听区主题班会，通过努力，最终她成功召开区主题班会；单老师特别有实战经验，积极参加难题征集活动，使她的解决问题能力有了提升。

三、课程推进：涵养“基本气质”

共性课程和个性课程都蕴含着内生力的培养元素。要将它转化为一个人的内生力，不但需要理论和实践的转化，还需要实践的持续推进。

(一) 长程推进，强调过程亲历，促使内生力持续发展

一次培训活动能促进班主任的成长，但一个人的成长是不断循环更替的。我在活动策略的选择中，强调长程推进，强调过程亲历，强调交流互动，促进学员内生力的可持续、递进式的发展。

我把课程进行长程设计，让目标、内容呈现递进性，持续推进学员发展。如访学活动是实践课程中的一个板块，我要求每个学员能勇于开放自己的课堂，邀请专家、伙伴进入班级，对自己的课题实践进行评头论足，袒露问题，正视和解决问题。在每个学员访学活动时，我都分 3 个阶段系列推进：事先磨课—现场研讨—撰写体悟，努力尝试在不同阶段培养学员各种实践能力，如事先磨课培养学员独立策划活动的能力，现场研讨引导学员在听取和吸纳别人评课的意见后，主动进行整合，提升实践中的学习和领悟力。同时，我要求观摩、访学的学员积极参与互动，开展多维度比较：将自己的评课和其他老师的评课进行比较；将自己的反思和其他老师的反思进行比较，为下一阶段实践做好准备。

我还关注学员的内生力的发展。如沈老师要进行家班共育课题的访学活动。我一方面鼓励她勇于挑战自我，另一方面组织磨课活动。我和伙伴们对沈老师设计的班会进行“头脑风暴”，发现她设计的活动立足点太高，没有基于学生的年段特点，因此建议重新设计活动。沈老师很犹豫，不愿意修改。她告诉大家，她国庆节 7 天都没有休息，一直在收集资料，还带学生参加活动。现在视频都拍摄好了，如果修改活动方案，就前功尽弃了。面对沈老师的犹豫，我没有强势地命令她修改活动方案，而是让她回家后想一想：我们开展班级活动的最终目的是为了什么。一旁的伙伴则不断地鼓励沈老师：“不要焦急，我们会帮助你的!”当天晚上，沈老师打电话告诉我，她决定为了班级学生的真实成长重新设计活动。磨课活动中，伙伴们毫无保留地提出真问题、真建议，促使沈老师坚定了教育的初心。接着，我们又走进沈老师的学校进行第二次的磨课活动，“研磨”学生活动中生成的资源，大家共同为沈老师的班会出谋划策。然后，我们才进行了现场研讨，通过听课和评课活动，对沈老师及其班级学生的状态进行评议，不但寻找优点，还提出有建设

性的建议，促使沈老师再次跳出自我的局限，反思后续活动。访学活动3个阶段促使学员既能学习别人的经验，也能从他人的问题中举一反三，慢慢也形成了共同体的研究文化：开放的学习心态、求实的学习精神、多元的学习品质。

（二）助力弱势，注重陪伴鼓励，激发学员内在发展的动机

农村班主任愿意实践，但缺乏把日常实践提炼的能力。因此，我制定了“陪伴式写作”的课程内容，在发展意识、理论学习、实践研究课程内都渗透了写作课程。如发展意识课程有“制订自我发展计划”“阶段学习总结”，理论学习课程有“悦读体会”“好书篇章推荐”“三言两语话体悟”……使得写作伴随在工作室学习的每个阶段之中。同时，我还运用了“陪伴式指导写作”策略，如修改指导陪伴式、鼓励引导陪伴式、点评提升陪伴式……在专家、主持人和伙伴的陪伴式学习中，鼓励学员克服弱势，增强自信，喜欢写作。

我首先从撰写学习体会做起，要求学员参与每次活动后，联系自己的实践，总结学习收获，写出自己的真实感受。学员们上交后，我还要一个一个点评。这些规定，逼着学员只能硬着头皮写。如工作室有一位体育老师小朱，非常有爱心，能设计各种有意义的活动，受到学生和家长的喜欢。但他很害怕写文章。他的第一篇活动体悟如挤牙膏一般，用了整整两个小时才挤出了200字的感受。虽然他写出来的体悟就像报流水账，但我及时地表扬他：“学习体悟很真实！”点评激发了他的积极性。他从200字开始，300字、400字，字越写越多，感悟也能联系自身成长。接着，我进行“疑难问诊”写作，在线指导学员收集研究中的疑难问题，分析提炼共性问题，进行个性实践活动，在此基础上总结活动撰写案例，并鼓励他们投稿到杂志社。这是学员们人生中第一次进行写作投稿，充满了无限的新奇感。小朱老师也积极参与其中。其间，我邀请专家一对一、面对面指导，创设学员和专家深度互动的环境，并要求学员反思：专家提出修改的意图是什么？我的观点和专家的观点是否一致，是否坚持自己的意见？学员在明确了自己的不足的基础上，又有了自己的独特思考，然后对文章进行修改。最后，我又对一些“困难户”进行指导，像体育老师小朱修改了两次后就打退堂鼓了。放学后，我特地邀请他留在学校,陪着他一起细磨文章直到晚上8点多。小朱老师很感动,表示一定不会辜负师傅对他的期望。

“疑难问诊”写作活动中,有4位农村教师在期刊上发表了文章,小朱老师就是其中的一位。他非常高兴地发来短信:“师傅,我太高兴了,今天收到了人生中的第一笔稿费,感谢师傅不断鼓励。”在发表文章的巨大激励下,他们发现自己原来也可以写文章,极大地增强了自信心。就这样,学员们慢慢地从被动到主动,在“提炼特色经验”“子课题结题撰写”“微课程申报”等一个个写作课程之中,逐渐地成长为能反思、会提炼、善总结的班主任。

四、线上课程:内生“基本气质”

2020年新冠肺炎疫情阻隔了线下活动,我和学员们讨论后提出“停课不停研”的口号,决定借助丰富的网络资源,建设“空中工作室”,在“云研讨”“云辐射”中探索在线班级建设模式,促使学员主动发展。

(一)建设“空中班级”,探索班级建设新模式

我带领学员转变思维模式,运用线上和线下的资源,探索“空中班级”建设的模式。首先,我们收集居家学习资料,推送文章和微课,指导家长助力学生成长。如针对班级部分学生在线学习缺乏内驱力的问题,设计“提升孩子学习内驱力”的在线家班共育微课,通过“内驱力助力学习”“亲子21天的约定”等,帮助家长了解内驱力的含义和培养方法,家班共同培养学生学习内驱力,促进孩子居家学习更自律。

其次,成立“空中班级”,开展以小队为单位的“云学习”活动,如“云早读”“云锻炼”“云阅读”等,激发学生隔屏学习的积极性;布置“空中班级”,建立“空中植物角”和“空中学习园地”等,用丰富多彩的“云空间”滋润学生的成长;开展具有节日仪式感的活动,创设负责自律的班级精神,如三八妇女节寻访“最美女神”,学生运用各种形式了解妈妈在疫情下的工作情况,学习妈妈身上勇敢、尽责的精神,并运用于自己的学习生活之中。“空中班级”的建设激发了学生居家学习的积极性,让家长和孩子互相交流,亲子沟通融洽。

（二）建立“空中工作室”，享受充实的研究新生活

疫情期间，“空中课堂”的课表是上海市教委统一规定的。10多位学员无法通过换课而聚焦统一的时间开展培训活动，经过商量后，工作室活动时间定为晚上6：00—8：00，最晚研讨至晚上11：00，但学员们毫无怨言，克服困难积极参与。他们还积极学习多媒体技术，借助“瞩目平台”把课题访学拓展到“云端”，线下班会变为线上班会。例如，单老师进行了网上访学活动，开辟“云游校园”“云端中期汇报”的新形式。蒋老师开设了“云班会——隔离病毒，不隔离友谊”，把远在湖北的同学和上海的同学联系在一起，共话友谊。我还引导学员把课题研究成果转为课程，申报区域暑期培训课程。我借助“钉钉平台”，建立培训“云课堂”，分两天对全区100位教师进行“‘五育’并举下个性化家班共育”在线经验分享，受到了一致好评。“空中工作室”的创建，让我和学员共同学习、共同奋斗，隔着屏幕享受了这种虽虚拟而充实的研究生活。

两年多的工作室活动，不但提升了学员的班主任工作的专业性，更增强了自主性和主动性，如学员结合访学活动，主动向区德育室申请展示活动。当工作室搭建和外省市交流的平台时，学员都主动要求从不同方面参与辐射。虽然这一期的学员已经离开工作室，但我相信，他们离开了有形的工作室以后，依然能走得更稳、更好、更远。我们会以最初的心，走好班主任工作这一最远的路。

Everything starts from a dot.
万物自一点始

点
成线
再成面
其中有无限的机遇和变数
教育也是如此
探究和学习是永无止境的点、线、面

袁赟，1994年7月参加工作。正高级教师，英语特级教师。美国太平洋大学教育学硕士，博士在读。上海市徐汇区高安路第一小学课程部主任，民盟上海市基础教育委员会委员。第四期“上海市普教系统名校长名师培养工程”攻关计划小学英语基地主持人。

2017年10月至2020年6月流动到金山区朱泾第二小学。2018年5月成立金山区袁赟名师工作室。撰写的多篇论文和案例入选核心期刊及相关专业书籍中，多次应邀前往全国各省市开设示范研究课和专题培训讲座。指导流动校荣获多项全国和市区戏剧奖项，并使原来较为薄弱的英语学科综合评价整体上了一个新的台阶。工作室学员获得全国、市区级比赛和交流奖项近30项。

有一种感动叫作“金山情怀”

袁　赟

金山银山凤凰山，
山外有山碧连天。
情满天涯情如兰，
怀才经年更扬鞭。

2017年11月，作为新评选的上海市英语特级教师，我来到了金山区，来到了金山区朱泾第二小学(以下简称朱泾二小)，开始了为期3年的支教工作。

我从访学到支教，在不同的地方，遇到不同的人，经历不同的旅程，感悟不同的心境。经历中有欢喜，有泪水，也有独处的思考；有未曾意料的事情，也有过没有答案的难题……

做有想法的教育

来到朱泾二小的第一个月，我通过听课和比对，发现“阅读”是提高学生学习英语兴趣很好的一个媒介。于是，根据朱泾二小的实际情况，我结合《牛津英语》教材单元主题，完成了第一套为新学校“量身定做”的校本教材，即二至五年级的英语分级补充绘本，并积极在各个年级开展阅读实践课的探索研究。

支教3年来，朱泾二小的英语教研团队已成功地举办了4次英语综合实践活动和“绘声绘色”英语绘本阅读节，并形成校本化的成果手册。看着舞台上孩子们生动的绘本演绎，教师们尽心倾力地做幕后指导，我的内心充满欣喜和感动，因为孩子和教师们的内心都被打开了，就像春天打翻了田野。

2018 年，我又将戏剧课程理念带进朱泾二小，成立了 Drama Star 学生戏剧社团，通过将教师培训和学生戏剧表演捆绑一体式的项目，将戏剧的生命延续和发展。两年间，戏剧社团 3 次荣获全国和市级比赛展示一、二等奖，6 位教师荣获优秀戏剧指导奖。

此外，我还带领朱泾二小英语教研团队积极开展“基于课程标准的英语校本作业设计和实施”的项目化研究。教研团队采取边学习、边设计、边实施、边反思、边改进的方式开展研究工作。2019 年，英语教研团队申请的课题“基于单元整体下的小学英语中高年级的规范课外作业设计研究”，获得 2019 年金山区中小幼学校教育科学研究项目规划项目立项课题。团队两年的实践取得了明显的效果，完成单课时作业设计(口头＋书面)共 480 课时，目前正在进行第三轮的迭代调整，最终将形成校本作业册，也推动学校的英语学习整体上了一个新的台阶。

2018 年 5 月，我在金山教育局的大力支持下，成立了金山区袁贇英语名师工作室。2019 年 3 月，我又被评为第四期“上海市普教系统名校长名师培养工程”攻关计划小学英语基地主持人。同时带两个工作室，压力可想而知，但我有幸和一群积极向上、执着于共同理想的青年教师，一起承道、承德、承技，是一件虽辛苦但快乐的事。

做有情怀的教育

以手写文字通信，如今已显得奢侈。我却在新学期选择了这样一种方式，给英语组全体教师写了一封信：姐妹们，又是新的一学期开始了。过去的一年，我们从陌生到熟悉，从不适应到适应，慢慢走进，慢慢靠近。感谢你们接受我带给你们的“阵痛”，感谢你们一次次在项目中给予我的鼎力支持，更感谢你们每个人的微笑所赋予我的力量。新的一年即将启程，在这里，我想和你们再次审视这个词：“颜值”。在这个讲究“颜值”的时代，作为教师，也应该有自己独特的“教师颜值”。首先，要让自己“耐看”，就要有勇气，一份改变的勇气。你们都是一群有着丰厚教学经验的教师，但是，有时为了我们的孩子们，要试着心甘情愿地、不停地“折腾”

课堂。其次，要有沉淀，一份静守中的沉淀。这份沉淀来自学习。学习是我们教学生涯中不可或缺的部分，也是永恒的旋律。它能让我们从思考走向思维，并不断超越经验。最后，要学会"在乎"，有选择地"在乎"。"在乎"你所教班级学生的点滴进步，"在乎"课堂上不断可以创新的空间，"在乎"你们在一次次的实践中形成的自己独有的教学风格……姐妹们，让我们共同努力，新的一年继续修炼属于我们的"教师颜值"。

我和朱泾二小英语教研组全体教师的共同努力，也感染着家长们。这似乎是一种新型的学习方式的酝酿，更强调激发孩子的能力自觉和自我超越，教学相长也更加自然、流畅、欢愉。无疑，这个充满活力的团队，勇敢地迈出了坚定而务实的步伐。

我的流动工作结束了，教师学员们亲手制作了很多值得我一生珍藏的记忆和礼物："Yolanda，感恩遇见您，教会我勇敢，引领我成长。愿您能被时光最大限度地宠爱，伸手便能触得暖阳和花开。爱您……""Yolanda，喜欢你偶尔的严厉，喜欢你偶尔的鞭策，更喜欢你的小细腻和小温情，有你的引领和陪伴，让我感到满足和荣幸。不舍，感恩……"

我们的生命其实是由一段又一段旅程衔接而成。每段旅程，不论是喜是悲，欢颜或是落泪，都是值得珍藏的记忆。因为是独一无二的记忆，可以从中撷取源源不断的力量，因而我们才有勇气往前迈步、迎向未知。

做有温度的教育

3 年支教，我身边始终有一群人陪伴着、鼓励着、支持着、温暖着我。

2019 年 9 月 10 日，一个特别的教师节。一大早，金山区教育局党工委黄强华副书记就赶到朱泾二小来看望我。他在交流中关心地问起我在金山的生活和工作情况，一句"袁老师，不容易啊！"触及我的内心，领导的理解和支持，有时一句话就能击中你内心最柔软的那块地方。黄副书记临走时，一再嘱咐朱泾二小的孙翠英校长，即使支教结束，也一定要给我保留那间工作室，让我常回家看看。"袁老师，徐汇是你的家，金山也是你的家。金山需要你对教育的那份情怀，来带动更多老师对教育的情怀……”

同行的还有两年来已经成为好朋友的金山区教育局人事科陈艳科长。我们见面时再也熟悉不过的一个大大的拥抱，泪水却情不自禁在眼眶里涌动。

教师节的下午，金山区委书记赵卫星书记也特地赶到朱泾二小来看望我。初次见面，我就被赵书记的平易近人所感染。“辛苦了，袁老师！你来到金山支教两年，对于朱泾二小来讲，是更上一个台阶的契机，对于整个金山区区域英语学科的辐射，更是起了重要的作用。听说工作室的教师们成长得很快，你付出很多，辛苦了……”一连好几个“辛苦”，此刻听来，有欣喜，更是感动。感动于赵书记如此家常式的语言，让我感觉就像一个熟悉的朋友在和我交流，没有距离感，暖意从心而生。

当天陪同的还有金山区张娣芳副区长。她已经是第二次到朱泾二小来看望我了，依然是亲切的笑容和温暖的话语。金山区教育局党工委书记顾宏伟书记虽然是第一次近距离见面，但他对我工作室的情况了如指掌，我深深感受到那份一直以来的关注。同行的还有朱泾镇党委李士权书记、金山区教育局党办平主任。

深深感谢金山区区政府和教育局，是你们让这个教师节变得特别的不同，是你们撬动了我内心最感性和柔性的一面。因为有了你们，让我对“情怀”二字又有了更深一层的理解和诠释。

特别感谢我的师傅——上海社科院王泠一博士的牵线搭桥，在朱泾二小成立了以“金山区袁贇名师工作室”和“朱泾镇大芒村党总支”命名的市郊第一家《东方体育日报》中队。王泠一博士交给工作室的第一个任务就是“为每一匹骏马起一个温暖的英文名字”。这是我职业生涯中从未尝试过的一个任务，但是将体育和英语融合在一起，会产生什么样的“本土化情怀的效能”呢？这是我和我的工作室所期待的，也愿意去尝试的新课题。

如果说《东方体育日报》中队的成立，是我和我的支教学校朱泾二小结下的情意，是彼此的情怀所共同播种下的种子，那么，“天平德育圈・朱泾实践基地”的成立，更是预示着：未来，我和金山教育的“情”和“意”还将持续，还将继续在金山的教育土壤里开花结果。

3 年支教，我将 23 年在徐汇所浸润的情怀教育带到了金山，用我的“温度和情怀”感染着身边的每一个人，同时我也在感受着“金山温度和情怀”，是你们让我的“情怀”变得更生动、更丰厚。

这 3 年，是“金山情怀”让我适应了未曾适应的；

这 3 年，是“金山情怀”让我尝试了未曾想象过的；

这 3 年，是“金山情怀”让我经历了未曾预料到的。

未来，“金山情怀”依旧，愿自己依然有前进一寸的勇气和从容。

为了孩子，成为更好的自己

袁晶晶，上海市特级教师。徐汇区科技幼儿园课程主管。获上海市“教书育人楷模”提名奖、“上海市模范教师”“上海市园丁奖”等荣誉。2014年起，在金山支教3年，成为金山“优秀教师培育项目”导师、“晶晶工作室”负责人等。指导帮助青年教师，为化解金山教育教学工作中长期存在的问题提供了强大助力，为金山学前教育的成长成熟提供了新思路，获得了优良的支教成绩。

我的“支教笔记”

袁晶晶

2014 年 9 月，我前往金山区朱泾罗星幼儿园（以下简称“罗幼”）支教，为期 3 年。

到罗幼，我几乎每天都会进班，用亲身实践告诉教师，“带班”不等于“带孩子”。我认为，教师不仅是管理者，还是玩伴、引导者、组织者。我想以自己的教学风格和个人魅力影响身边的教师去观察孩子、走近孩子。

20 多年的积累，使我有较丰富的教研活动组织经验。一年多来，我先后在罗幼开展了 10 多次大教研活动，尝试引入数字故事、案例呈现和游戏等形式，带动罗幼大教研活动的开展。我善于调动教师参与教研的积极性，将“一言堂”改为“群言堂”，并以点带面，将生动、活泼、新颖的教研样式辐射至整个区域。

在支教中，我有着多重角色：金山区“优秀教师培育项目”导师、“晶晶工作室”负责人，罗幼“保教管理小组”成员、“骨干教师培养项目”带教人……不同角色均指向同一个核心任务——教师队伍培养。在带教过程中，我注重充分发挥自身所长，从教育教学、环境、运动、教学反思、计划制订等方面给予教师细致而又真切的帮助，让金山区各个层面的教师都受益良多。

金山有着得天独厚的自然资源，我和教师们一起通过“笔记大自然”“与孩子共享自然”的本土化行动实践，研究“田野课程”，让教师充分理解并体验《3—6 岁儿童学习与发展指南》中提出的“亲近自然”的意义和价值。鼓励教师恰当运用有效的方式，推动幼儿的发展过程，使其进而萌发对生命、对万物的积极情感。

改变,然后迈向更好的自己

我相信,"影响力"不是一个没有温度的词语,而是需要以专业实力与人格魅力以及实践来说话的。一年多来,一些改变留下了我支教"影响力"的痕迹。

环境之变:时刻牢记以孩子的发展为主

环境是一所幼儿园最直观的课程,也是最容易暴露问题的环节。一个个讲座,一个个微报告,我从采购开始带着教师一点一滴地实践和丰富环境,使罗幼的教师们在环境布置理念上有了全新的改变,园所环境在悄然发生着变化。

我坚持,"打造环境要时刻牢记以孩子的发展为主""布置上讲究简约化""呈现孩子们的作品更能打造出好环境""支持孩子的发展与减轻教师负担并不矛盾"……

无论是对环境大刀阔斧式的改革,还是细致入微的指导,我都立足抓住问题背后的本质,点到"痛处",落在实处,这样的指导,才更有效、更贴心。

视角之变:从孩子的角度看问题

罗幼的一位青年教师记录了这样一件事:她班里有一个不肯吃饭的特殊孩子。原先自己采取的是消极的包办方式,孩子不肯吃就喂。可是半个学期过后,孩子还是没有很大的改变。我建议多多了解背后的各种原因,从原因上慢慢调整和改变,而非每次就餐时盯着。我感到很幸运,在罗幼,教师们总是感叹,我是一个有"魔力"的人,每个孩子都喜欢我。其实,哪有什么神奇的"魔力",无非是我转变了角色,在跟孩子交往时把自己也当成孩子。教师如果能站在孩子的角度想问题,知道孩子真正需要的是什么,很多细节就会发生润物细无声的变化。

"从孩子的角度出发看问题",也许是我的这次支教带给教师最长久、最深刻的认知变化了。视角一旦改变了,思考问题的方式也就变了。这种内在的转变恰恰是激发教师自我反思、唤醒教师专业自觉的"利器"。

教研之变:教研不再冷冰冰

教研活动是教师研究孩子和提升教师自身专业素养的重要阵地,但在实际开展过程中往往难以达到理想效果。“教研就是要一本正经地坐下来讨论”“教研流于形式”“教研组长‘一言堂’”“普通教师参与度不高”等议论在幼儿园里十分常见。

罗幼的每个班级入口处都有一个自然角，那里放置了精心养护的植物，但仅仅用作观赏。在一次教研活动中，我直接把教研现场搬到了自然角，并向教师抛出问题：“自然角只能用来欣赏吗？不同年龄段的幼儿在自然角里会有不同的感受吗？”带着问题，教师们分头观察了幼儿的行为：“他们会数叶子的数量”“他们会比较小草的高度”“有时候，他们会伸手去摸摸嫩叶”。这些发现令教师们吃惊，原来，自然角是幼儿亲近自然，观察植物生长轨迹，感悟生命的契机。教师们马上进行了调整。如今，自然角里的“风景”大不一样，有植物趋光实验材料、根须观察器皿、用作生长记录的夹子……一次偶然的教研活动，让小小的自然角焕发生机，也让教师对如何确定教研的内容和形式有了新的认识。

作为一名有经验的教研组长，我还将自己最擅长的教研形式迁移到了罗幼的教研活动中。我常常在教研中采用案例、数字故事或游戏的方式，这些案例或故事往往都是教师亲身经历的。值得一提的是一个“照片背后的故事”。那是罗幼教师在暑假里辛勤加班时，我趁教师们不注意时抓拍下的大家工作的背影，并且不动声色地将照片编辑成数字故事。照片上，有的教师在抬头看环境布置是否得当，有的教师低头思考下一步怎么做，还有位教师正挥着平底锅，尝试用不一样的材料来画圆……教研活动开始后，我逐张分析照片上每个人的专注和投入，还给每张照片取了名字，将温暖和正能量传递给了罗幼的教师们。我的“用心良苦”甚至让教师们流下了感动的泪水……丰富有趣的教研形式一扫之前教研活动的沉闷，罗幼人说：“教研不再是冷冰冰的了，我们都乐于参与，在轻松互动的氛围中接受和消化课改的教育理念。”

从现场教研到教研形式多样化，都体现了我在支教过程中努力让幼儿园教研变得更生动有趣、更贴近实践的理念和想法。当然，背后还传递着敢于突破和创新的勇气，也在潜移默化地影响着每一位教师，使她们从原本墨守成规的状态中脱离出来，不断思考，大胆质疑、推翻，积极主动地成为每一次教研活动的主人。

模仿之变：知其然，更知其所以然

我上过很多“经典课”。在支教之初，罗幼的教师们最喜欢看我上公开课。但我很明确地说：“你们拿走我一个教案很容易，但你们必须知道为什么要这样上课，未来才能形成自己的‘经典课’。”

于是，在区级优秀教师和园级骨干教师团队培养活动中，我将教师们分为几个小组——目标制定组、问题设计组、材料组、有效提问组、有效回应组、师幼互动组。在我上示范课之前，每个小组首先要完成相应的任务，如目标制定组和材料组的教师们要事先准备好前期理论依据等；在上课过程中，有效提问组的教师们要做出有针对性的提问；上完课后，每个组还要选出一名教师代表，针对这节课中自己小组所观察的内容进行讨论和分析。这样的磨课方式完整地“肢解”了组成一节好课的各个要素，让每一位教师在亲身参与和研讨中了解了一节好课是怎么来的。

我们一起成长

我想，支教的意义并不是单向的，不仅仅是“我”来帮助“你”，更是“我们”共同改变。一年多的支教生活也给我带来了新的视角与体验，让我有所反思，不断转变和完善自我。

岗位之变：“从点到面”和“从面到点”

教师出身的我，在支教之前，工作的视角更多着眼于处理班级事务和关注孩子的发展。而在罗幼，我的视角变得更大了，要通过大教研的形式，引领和转变教师的教育理念，还要通过一对一的“诊断式”听课，为教师的专业水平“号脉”，为其提供更贴切的指导。

来到罗幼，深入一线的我看到了课堂的真实情况，了解了教师的真实水平，更关注到一线教师的生存状态。由于看到了教育真实，我深深地感到，我曾经在上海学前教育的高地徐汇，但不能忘记“托底”——要保证每一个教师、每一个入园的孩子都能得到最基本的发展。这就是我支教的价值。

无论是从点到面还是从面到点，支教因岗位的改变而拓展了我看问题的视角，丰富了我对教育内涵的认识，促使我开始关注从未关注到的现象，思考从未思考过的问题，延伸了思维的广度和深度。

工作方式之变："接地气"，更有效

视角变了，思考问题的方式变了，工作方式也会随之改变。

来支教前，导师提醒我，我现在做事要“重质量，而不是数量”。导师的叮嘱奠定了我支教方式的“主基调”——放下自己，更深入地沉入一线，了解教师的需求，与教师一起分享。一年多的“浸润式”支教，让我发现自己可以与教师有更深入的交流、更精彩的互动；教师们也可以在自然状态下解读、剖析、学习一位优秀教师。这比听我 100 节公开课的效果都要好得多。

在旁人看来，特级教师支教这件事显然是给支教园带来“福音”，但我更认为，这是共赢、是互动、是幸福，我很享受和教师、孩子一起度过的时光。“晶晶老师”，这个可爱的称呼见证了教师们与作为特级教师的我之间的亲密关系。走出来、沉下去、融进去——对于支教园的教师们而言，“专家”不是只能在讲座中远远望一眼的人，不是高高在上的理念说教者，而是可以在身边一起实践、一起研究、一起体验喜怒哀乐的同行者。正如一位青年教师所说：“现在我不再畏惧‘专家’，不再担心他们是来‘找碴’的，而是迫切地希望他们帮助我解惑，让我在专业上有所提升。”

当我支教 3 年期满时，我就希望离开这里的时候，教师们能抛却简单地照搬、模仿，在内化的基础上，拥有自主、独立、开放的思维方式，形成自己独有的看法和风格。授人以“渔”而非“鱼”，这是推动支教园和教师未来持续优质发展的关键，这是我想留下的最珍贵的礼物。

流动工作对我而言，很平实，也很精彩，但更多的是收获……

收获自身专业成长

“双特”流动工作，也让特级教师们重新认识了教师、教育，收获了自身专业成长。在不一样的教育场域，面对不一样的生源，他们能够重新调整自己，发现新的教育契机。

在流动校的支教，为特级教师们打开了全新的世界，在不一样的课堂中实现教育理想，重新认识教师的职业价值；了解孩子的独特性，走进孩子的内心世界，学会用孩子听得懂的语言沟通；坚定教书育人的使命，不断更新自身的教育教学理念，在多样的环境下得到宝贵的教育经验。

教育是双向的，在师生学习共同体中，教师也是学习者，施教的过程也是自身专业水平不断提升的过程。

做人要知足，

做事要知不足，

做学问要不知足，

踏实走好人生每一步。

吴思平，1985年参加教育工作。上海市特级校长（书记）。1998年7月走上中学党支部书记岗位。20余年间先后在5所中学担任党支部书记，现任上海市风华中学党总支书记，兼任上海市普教党建研究会高中专委会副主任、上海市中小学德育研究协会高中德育管理专委会副主任、静安区明灯讲师团成员等。

2015年至2018年流动到行知实验中学，同时担任行知实验中学和风华中学两所学校的党支部书记。两所学校在此期间都获评上海市文明单位、区教育系统党建示范点、上海市特色高中项目学校。2017年底，以“十九大引领忠诚新篇章”为题，举行了宝山教育系统干部带教基地结业汇报展示活动。先后编撰《忠诚》《修炼·走心》宝山教育系统干部带教基地成果汇编集，1项课题被评为上海市2017年度老干部工作课题调研成果二等奖。

一 起 成 长

吴思平

2015 年秋，我有幸结缘了职业生涯中的第四个区——宝山区，来到了由陶行知先生手创的行知实验中学。2018 年春，我续任为期 3 年的宝山教育系统骨干书记研修班导师一职，这一结缘便延续至今。

记得那是 2015 年国庆长假后的第一天，时任闸北区教育局副局长洪波同志陪同我前往宝山区教育局报到，时任宝山区教育局党委王岚书记亲自接待了我们，宣布了宝山区教育局党委的决定，由我担任行知实验中学党支部书记。同时，王岚书记将新的工作伙伴杨卫红校长介绍给了我。其实我与杨校长曾是市科教党校“十一五”第五期中学支部书记岗位培训班的同学，阔别 7 年后我们由同学进而成了同事，甚是高兴。

行实新兵献“情书”

（一）

育梦的少年激情飞扬入杏坛，
追梦的中年递接薪火恋讲台，
圆梦的路上啊，先锋的旗帜高举起，矢志不渝。

（二）

懵懂时，《闪闪的红星》告诉了我有个组织很了不起，
懂事后，有个信念教会我尽好职责没有什么了不起，
80 个壮丽的汉字汇成了誓言，成就了党员教师的责任和担当。

这是2016年我献给党的“情书”，至今存于心头。这是源于宝山区教育局党委在全系统开展“三行情书”献给党的征集活动。我作为与行知实验中学结缘的一名新兵，策划并带头参加了“党日活动献情书，方寸之间传信念”活动，我的“情书”还有幸登上了宝山教育官方微信公众号。

始于2015年秋的这场3年支教之约，我跨区在两所中学同时担任党支部书记，这是一种全新的挑战。但是做好基层党建工作，是我一生所追之梦，是我一生愿担之责。虽说学校党建工作的总体要求是一致的，但不同区域、不同学校的工作定位和落实方法肯定是不一样的，我每日工作“思维频道”的切换主要就是在往返两校的路上完成的。追梦之路，“走心”是关键，“走心”就是把党建工作的内涵铭刻于心，党建工作的任务了然于心，党建工作的对象牢记于心。习总书记曾指出：“人心是最大的政治。”做走心的书记，就应该学会与人交心、将心比心、以心换心，从而赢得全体教职工的信任和支持，做一名追梦路上的领头兵。

2016年，党支部以“忠诚”“品质”为核心词，制定了“三会一课”行动方案，先后开展了“誓言无声——手书入党誓词”“聆听国歌回望历史，重温誓词勇担责任”暑期党员集中学习，“行知像前誓承诺，不忘初心跟党走”新党员宣誓仪式，并开启党建“互联网＋”，即“线上自主学习，线下集体交流”的日常学习形式。尤其是通过以党小组为单位的“讲、学、辩、赛”组团式“行实党课微讲堂”模式，改变了原来由书记“一讲到底”的模式。

2016年5月举行的党员教师红色经典诵读活动，我特意将活动安排在温馨静谧的教工阅览室，还特别邀请了学校的区政协委员和党派同志做点评。当陈越天副校长为大家做点评时，他激动得潸然泪下，表示希望以后有更多机会参加党组织的活动。

在党组织全面开展“两学一做”学习教育活动时，团组织也正带领青年学生开展“一学一做”学习教育活动。我应团委书记邵老师之邀，以拉线广播的形式为高中学生上了一堂“今天怎样做一名合格的共青团员”的团课，课后同学们的反响还挺热烈，这说明我的思想观念“还青春”，“还在线”，我与青年学生一起成长。

行知育才旧院之新说

行知育才旧院是行知实验中学之宝！这座古朴清雅的四合院，是陶行知先生手创的育才学校从渝迁沪后，育才学校校舍旧址中至今唯一得以完整留存的历史性建筑物。一所学校办学育人的历史，就是一部生动的教科书，对于传承优良办学传统，凝聚全校人心，彰显学校精神，传承人文薪火，激发广大师生校友的爱校热情和报国之志，具有无可替代的教育功能。如何利用好这一得天独厚的资源开展校史教育，是我在行知实验中学3年里始终思考的问题。

陶行知先生说："在教师手里操着幼年人的命运，便操着民族和人类的命运。"2017年，党支部深入开展"话校史铭行知　铸师德强师能"主题实践活动，通过微型党课，走进"旧院"重温"行知"的历史文脉和特色文化；聘育才老校友为人生导师，与青年教师结对，弘扬行知精神；延伸陶行知先生"教学做合一"的主张，不断丰富"艺友"党员志愿服务活动。在温故、结对和服务中，我们深入挖掘和传承陶行知先生的教育思想，教人求真的育人精髓，寻找学校不断前行的文化支撑和时代动能。

正如青年党员教师李梦鸽在诗歌《"陶花"在党旗下绽放》中所写的：

从古朴清雅的行知育才旧院，到庄严肃穆的陶行知先生雕像
从厚重平实的"求真"石刻，到经典哲理的行知箴言语录牌
铭记教诲，坚定传承陶行知教育思想的精神之火
我相信，我们一定会在成长路上越走越远
……

在"求真求实"的文化浸润中，我领衔并执笔撰写了《领航助起航　培育新明师——发挥离退休干部优势领航青年教师成长的实践与思考》课题报告，获2017年度上海市老干部工作课题调研成果二等奖；撰写的《有效领导群团组织，加强思想政治工作的行动研究》获宝山区教育系统优秀党建论文二等奖。在不断领悟和践行陶行知先生博大精深的教育思想的道路上，我自身在成长，也继续引领着行知实验中学的同仁们一起成长。

支教中的N个第一次

这3年，也有不少我的第一次，第一次当点评“专家”，第一次为“中小学书记们”上课，第一次当导师。2015年初冬，我受聘担任第二期宝山名校长培养研修基地的导师，这是我职业生涯中第一次由组织安排担任指导同行的任务。徒弟们都是宝山教育系统高中学校优秀的书记，我内心既忐忑，当然更多的是一份“小欢喜”，因为能与同道之人一起成长，这是一份幸运、一份财富。

我确定了“源于基层　紧扣核心　破解难题　共享发展”的带教定位，并以实现预期成效为抓手，重点通过“研学典籍、理论引领，课题导向、释疑解惑，研讨展示、提升实效，专家会诊、强健本领，拓展视野、丰厚底蕴”五步法，在每月一校的深度互访互学中，努力当好师傅。

2017年底，在宝山区教育局党委和市普教党建研究会高中专委会的指导和关心帮助下，我与我的小伙伴们以“忠诚”为题，将两年来一起学习、一起探究、一起成长的经历编撰成册，并以此激励我们自己要永葆忠诚之心，要坚守专业之路，要谋求基层党建工作之实。同年11月15日，在行知中学举行了以“十九大精神引领‘忠诚’新篇章”为主题的宝山区教育系统干部带教基地书记专场展示活动，市教委人事处正处级调研员孙鸿、市普教党建研究会会长陈设立、普陀教育党工委书记吴凌昱、静安教育党工委副书记朱娴华和宝山教育局党委书记王岚等与会领导和专家，给予了我们很高的评价，使我们倍受鼓舞。

真可谓工作有期限，友谊不终场。2018年5月，新一轮宝山区名校长（书记）培养研修基地正式启动，我再次被聘为导师。作为新一轮名校长培养研修基地的导师，我颇感幸运和幸福，因为又结识了来自小学、九年一贯制、完中和高中学校的4位新同行，可以全领域接触和感知新时代中小学校党建工作的全貌，可以共同探究中小学党建一体化的思考与实践，更可以继续享受与同道之人一起再成长的美妙时光。我们不仅确定了“资源共享、困惑共商、友谊共建”的成长路径，也努力开展着中小学校党组织如何与学校工作深度融合，如何发挥党组织对少先队、共青团组织的领导,如何对高中学生进行有效的政治启蒙和源头培养,为党组织政治吸纳奠定坚实基础等新时代教育改革背景下的新思索。

2020年,我们一起经历了太多的不容易,更是见证了太多的了不起。这段时间,我们的见面方式也从线下转到了线上,似乎对话交流反而更便捷、更及时了。我们成功申报并立项了2020年市普教党建研究会课题,围绕“新时代中小学校党组织提高思政教育政治领导力的实践研究”,书记们结合本校实际,确定了指向或思政课堂改革,或思政队伍建设,或思政教育途径与方法等的子课题,通过问题导向和课题引领,大家完成了文献综述和个案撰写,对于党建科研可以有效带动具体实践有了较为深切和直观的感受。

我们坚持互访互学、互助互促的学习模式。每月走访一校,由被访学校的书记着重介绍本校党建的基本做法、特色创建以及所取得的成效,与会的其他书记担任“观察员”,既要找出亮点和盲点,也必须要提建议或意见。这或许是一种加速提高本领的学习方法,也或许是一种内心境界的自我修炼吧。

“根之茂者其实遂,膏之沃者其光晔”,意思是树根繁茂,就会果实丰硕;灯油充足,灯光就会明亮。我们研修基地致力于系统性学习、专业化实践和反思性研究,使自身在专业领域得到更多符合新时代学校党建工作要求的理论支撑和本领支持。又一本反映两年来基地小伙伴们访学经历、课题案例、“书记上党课”讲稿,以及“我与党建工作”等的汇编集《修炼·走心》出炉了,它是一次专业历练的独白,也是一种用心、走心的职业坚守,更是一段成长痕迹的记录。

续航再出发

从1998年7月走上学校党支部书记岗位,带着“时间都去哪儿了”的追问,20多年间我已先后在闸北、静安、宝山3个区的5所中学担任同一个角色,许多人都有“角色疲劳”的感受,而我淡化疲劳感的方法是用心体会与不同校长合作的新鲜感,前后共事过的7位校长们除了性别、年龄、党派不同,让我充满好奇感和决心挑战自我的是他们迥然不同的个性和为人处事的态度方法。书记与校长,秤杆与秤砣，合作愉快，才能共同推进学校的发展。我始终坚持相互尊重，彼此理解，既做挚友也做诤友，在一种健康、和谐的气氛中开展学校工作。

23年来，我也由“小书记”成了“老书记”，虽然书记的岗位没变，但我深深感到今天的书记工作“每一天都是新的”，因为工作对象、工作方法和工作内容不停地发生着变化，如果不跟上时代的变迁、不对标时代的要求，定是“hold”不住书记工作的。我也将矢志不渝地坚守这份沉甸甸的责任和使命，与志同道合的伙伴们继续一起奔跑，一起成长。

语文是有滋养生命的力量的

胡凌，1996年参加教育工作。语文特级教师。毕业于华东师范大学。现为复旦大学附属中学语文教师，德育处主任。2014年9月至2017年6月参加“双特”流动工作，在交大附中嘉定分校任语文教师兼语文教研组长。参与“国培计划”，多次组织各类型教研活动，培养青年教师迅速成长，多位教师荣获“嘉定区中青年教学评比”二等奖、“教学新秀比赛”一等奖，入选“区骨干教师”“教学新秀”。策划、主编了交大附中嘉定分校语文校本教材。

重新认识教师的职业价值

胡　凌

2016年6月1日下午，交大附中嘉定分校礼堂里，高一年级“伟大的人”单元贯通交流正在进行中。

礼堂外，展板上展示着同学们一年来语文单元贯通学习的经历和成果。礼堂内，台上的学生抛出了一个个问题：

“什么是伟大？”

“伟大这个词，到底属于别人给的评价，还是自身的某种品质？”

“伟大只能属于少数人吗？”

“在成为伟大的路上，苦难是必要的吗？”

“伟人是天生的吗？”

“伟大有高下之分吗？”

“社会是需要伟人越多越好，还是渐渐地可以不需要伟人？”

看着台上这些学生从容不迫地组织着讨论，我不禁想到前一晚语文办公室里的对话。

“老师，我们安排几个托儿吧？要是明天没人回答我们的问题，多尴尬呀！”一位女生犹犹豫豫地说。

我笑了：“这些问题要么是同学们在‘贯通作业’里提出来的，要么是你们根据大家的作业提炼出来的，怎么会没人理你们呢？”

学生们沉默着，我知道，他们紧张了。第二天的交流活动，有全区的语文教师旁听，还会通过网络直播。这是他们从未经历过的大场面。他们担心自己出错，更担心冷场尴尬。

“放心吧！明天要是真没人理你们，我就穿上校服，举手回答问题。”我的玩笑一下子就把几位学生逗乐了。

“不用了不用了，老师，我们把内容再梳理一遍，把设计的问题再讨论一下。”

“是啊，我们要相信自己，更要相信同学们，只要我们讨论的问题是同学们真正关注的、思考的，就不会冷场。”

现场的对话果然精彩，第一次全年级范围的大讨论，让学生们更多地了解了同伴的思想，也被激起了深入探讨的兴趣。

有的同学激动地说着说着，却卡壳了，其他同学就接着话题说下去；有的同学语出惊人，后一位同学就毫不留情地提出反驳；有的同学直接反问主持人的想法，主持人突然被问到，虽然有些慌乱，但也马上给出了回应。更多不同的观点被表达了出来，这是我理想中的讨论场面。应邀参加活动的复旦附中语文教研组长黄荣华老师在随后的点评中说：“我看到了一场真实的思想交流。”

这是我在交大附中嘉定分校支教第二年组织的一次语文学习活动。5 年以后，当我再次打开当年的视频，看到那些稚气未脱的学生们认真地讨论着宏大的命题，仍然止不住心潮澎湃。联想起如今他们在大学里的模样，我忽然意识到当年来到嘉定分校的真正意义。

我是作为流动支教的特级教师来到交大附中嘉定分校的。对于支教教师而言，这是一所特殊的学校。它是交大附中在郊区的第一所分校，生源质量仅次于 4 所委属高中本部。年轻教师大多毕业于名校，还有一批成熟教师加盟，毕业班的高考成绩非常出色。那天，当杜淑贤校长微笑着向我介绍学校情况时，我不禁满腹犹疑：生源不弱、师资不弱、成绩不弱——我去支教做什么？也许是看出了我的困惑，杜校长诚恳地对我说：“胡老师，我们是郊区的一所新学校，老师很拼命，学生很努力，考得很不错。但是，我们需要你来，把师生们再往上带一带。”

“往上带一带”，杜校长的话启发了我。嘉定分校紧密依托交大附中，从教学到考试都与本部联动，具有鲜明的交附特色。面对这样一所实质上已经非常成熟的“新”学校，我能做的也许不是改造些什么，而是提升些什么，突破些什么。这不正是我从复旦附中来到交大附中嘉定分校的意义吗？

我决定，在交大附中嘉定分校的高一年级实施语文单元贯通教学。

单元贯通教学是我所在的复旦附中语文组的特色，经过十几年的教学实践，学生培养成效显著，更与2017年版高中语文新课标的意旨高度契合。但是，我们也总听外校的教师议论说，因为复旦附中的学生语文素养好，所以才能落实单元贯通教学的要求。真是这样吗？单元贯通教学以学生生命价值为取向，指向人内在的言语与精神生命成长，这样的学习活动只能在复旦附中这个“实验田”里完成吗？

不。谁不期待在学习过程中发现自我生命的价值呢？是我们把学生降格为应试的机器。每一届，我总能从新入学的高一学生的眼神里，读到他们对高中学习的渴望与期待——嘉定分校学生的眼神同样灼灼闪光，令我怦然心动。我们的高中语文教学会辜负学生的期待吗？能给学生足够的生命体验和成长的满足感吗？能始终着眼于学生未来的发展，关注到“人”的命题吗？这些问题始终驱动着我在语文教学领域孜孜求索，从复旦附中到交大附中嘉定分校，在不一样的语文课堂中实现语文教学的理想，是支教送给我的契机。

我们就那样做起来了！嘉定分校高一年级一共有4个教学班，同一备课组还有两位青年教师。她们对单元贯通教学的思想非常认同，对理想的语文教学境界也很向往，但又不知从何入手。于是，我和她们一起研究教材，分析学生成长的经历特点和发展需求。我的每一堂课都是公开课，我们课后就讨论：如何打破单篇教学的桎梏，在单元内部和教材内部形成有序列的“贯通主题”？如何在教学的细节中引导学生关注语文学习和自身成长的关系？如何组织学生完成“贯通交流”，指导“贯通写作”，使学生的思考能够逐步深入，达到一定的深度？如何“牵”主题之“一发”而“动”教材知识与能力体系的“全身”，将语文的“听、说、读、写”训练与对学生的人文关怀整合起来？我们在这块理科气息浓厚的土壤上，试验着语文贯通教学的各种可能形式。

黄荣华老师曾经对嘉定分校的同学们说："你们能坚持把'贯通学习'做下来，不容易。"

"不容易"，我知道这3个字背后的分量，因为语文"贯通学习"最大的阻力来自学生自身。

"贯通学习"首先需要打破学生一直以来形成的固有习惯——改变阅读习惯、表达习惯和思维习惯——但太难了。但是我相信，学生天性不喜欢碎片化式的阅读，当他们在"贯通学习"的过程中触摸到自己认知狭隘的痛处，进而直面内心的困惑时，甚至感受到醍醐灌顶般的领悟之乐，又怎会逃避艰苦的学习呢？

缺乏足够的写作能力也是一个无法回避的障碍。我们要求每个单元完成2000—2500字的"贯通写作"，这对于高一学生来说是有压力的。"老师，我写不出来，怎么办啊？"面对学生的求助，我们一点一点地往前推动。上课时，我们帮助学生搭建起逻辑思维框架，推动学生思考必须解决的难点，这样学生就不会无话可说。在课外，我们补充相应的拓展阅读材料，打开学生视野，驱动学生从更广阔的角度思考问题。我们鼓励学生从片段写起，用循序渐进的方式积累文字和思想。我们更为学生描绘了一个美好的愿景，如果能够完成每个单元的"贯通写作"，那么在进入高三之前，他将坐拥数万字的"巨著"——这是多么有诱惑力的前景啊！很多学生就这样跟了下来。

最要紧的是，在"贯通"过程中，学生容易陷入认识的误区，甚至认真地说着错话。为什么会这样？我想，那是因为他的心中没有形成对高尚精神的体认。孔子曾说："不愤不启，不悱不发。"这是到了教育的关键时刻了，我们要让每一次"贯通写作"都成为锤炼学生思想，使之趋于成熟的重锤。

再看看那场关于"伟大"的讨论吧。

"如果把伟大定义为经历了一切苦难，那么伟大是有高下之分的。正如母爱是伟大的，但是这种伟大是普遍的，所以平凡。如果把伟大定义为站在人类思想金字塔的顶尖，那么伟大是没有高下之分的。"

"我们定义一个人的标准是多元的，不同伟人的功绩是不一样的，伟大本身是可以被区分的。”

“伟人首先是人。作为人，不是数据，不能做比较。但凡拥有高尚情怀的人，都可以被视作伟人，可能他们的功绩有高下之分，但是我们不能根据他们的功绩本身来评判他们作为人的高下。”

“所谓伟大，不应该是被我们看到的这些事情。”

“伟人分为两种：一种是个人英雄主义式的，另一种是牺牲自己成就他人的。我们究竟需要哪一种伟人？”

“当整个社会趋于稳定，那么出现超越时代的伟人的概率一定比较小了。”

“社会对于伟人的需求是定量的。”

“人是善恶并存的，不可能没有伟人，也不可能都是伟人。不能成为伟人的人，不一定是恶人。”

这些讨论有答案吗？恐怕未必。这些表达一定正确吗？恐怕未必。但是，他们真诚、坦率，愿意袒露思想，触及灵魂，他们表达了小小的个体生命对璀璨辉煌的人类思想的好奇心和探索心。在追问辩难中、在不确定中，伟大的“样貌”渐渐清晰。这一过程深深地刻印在学生心里，直到多年以后。那个曾向我提问的男生也在这一群学生当中。

语文学习的成果最终必将呈现为深刻认识自我之后的自由表达，就像学生们自己所总结的：“我们每个人都是极其个体化的，但是我们生在广大的社会中，彼此产生了联系。我们要把我们的力量汇聚在一起，指向全人类的未来。我们要造就我们自己的伟大，向着心中的远方，不停跑。”

这不也是我们教师实现职业价值的方式吗？每位教师都是极具个性的，但是如果终其一生都耕耘在“自留地”里，到底难免单调、狭隘甚至于怠惰。不一样的课堂，意味着全新的世界，内蕴着更广阔更理想的教育视野。这是使我们终身受益的财富。

回顾3年的支教经历，如果没有热爱学习的学生们自始至终的信任，如果没有谦逊、好学的嘉定分校语文组教师们携手共进，我的理想无从实现。河海不择细流，每一位教师都是滋润万物的流水，无论发源于哪一片土地，我们都会朝着东方入海口奔腾而去。走出本校课堂的教师如同流水一般，或随物赋形，或滴水穿石，盈科而后进，带去异土的养分，汇聚成新生的力量，达到那唯一的海。

宁静致远

阎俊,1998年参加教育工作。上海市政治特级教师,正高级教师。复旦大学附属中学政治教师。上海大中小学思政课一体化建设指导委员会专家指导组成员、上海市首届中青年骨干教师团队发展计划领衔人、上海市第四期“双名工程”攻关计划主持人、华东师范大学师范生兼职导师、全日制教育硕士研究生实践导师、杨浦区法治素养培育工作室主持人。

在“凶一点”和“等一会儿”之间的选择

阎　俊

“老师，我是你的粉丝！”一个小个子的女生一路追着喊着进了教室，不过我也没见到大多数“粉丝”会有的举动——例如乖乖地坐回位置上，等着“偶像”表演，哦，不，是上课。

“老师，我好想你啊！”在珠溪中学度过的第一个国庆假日之后，一个满头满脸粘着灰、结实的小胖子从操场一路喊着跑过来。毫无经验的我一定是一脸窘相，因为有几个男生马上站在我的面前，隔开他，争着说：“老师，你不要相信他，他对谁都这样说。”“是的是的，不要相信他，我也好想你。”“老师，你是不是没有听过土味情话呀？”……

这就是我的第一批六年级学生，最小的 11 岁，最大的也就 13 岁，是下了课就要冲出门“打”成一片的娃娃，是为了回答一个小问题就会争论到面红耳赤的儿童。他们说的很多话，写的很多“道理”，做的很多“游戏”，真的是我以前的学生没有“教”我的呢。

开学第一课，我的设计是要了解学生对道德与法治学科有多少认识，他们的学习水平如何，同时告诉学生我是谁，道德与法治是一门怎样的课。我信心满满地做好了课件，做好了学习任务单，早早地进入教室，准备上课。

然而，从我到达教室门口那一刻起，我就发现自己成了“展览品”，一双双好奇的眼睛盯着我上下左右，全方位 360 度扫描，我手中的书、学习任务单、笔袋等，一样也没有被“扫描仪”放过，有几个胆子大点的男孩子围了过来，问：

“老师，你是我们的道法老师吗？”我点点头。

“你以前是教体育，还是教语文啊？”

“啊，为啥这么问，我以前教高中政治，和道德与法治算一样的。”我话音未落，这个男孩子就挥舞着胳膊一路向教室后方窜了过去，嚷道：“道法老师来了，道法老师来了……”

“老师，初中道法课和小学一样吗？”“老师，你是不是拍过‘空中课堂’？”围在我身边的孩子们继续补充刚才的话题，眼睛“亮晶晶”的。

这样“亮晶晶”的眼神，在之前的高中课堂上很少看到呢。我是打心底里喜欢这样的眼神，也享受这样的“关注”。然而开始上课之后，我才发现，这些“亮晶晶”的背后，会有无数我意想不到的“麻烦”：一个孩子发言激动得踢翻一罐牛奶，接下来班级半数的学生开始搞卫生；一个男生回答完问题还没坐下，几个同学一起站起来，一边指着他，一边喊：“老师，他撒谎！”……有时，这样课堂气氛会“热烈”到湮没我的声音。我的课代表很为我着急，会向我递眼色，会在课后提醒我：“老师，你太温柔了！”“老师，你要凶一点！”……并且因为我的“凶不起来”，我的一个课代表嗓门变大了，脾气也似乎有些“暴躁”了……

我很发愁，从来没有想到，课堂秩序问题会成为我进行初中道德与法治课教学的障碍。为此，我请教了身边的多位老师，和班级的学生进行了个别交流。班主任给我分析了我任教班级的学生状况，我的学生中有一半是外来务工人员的子女，他们多数是选择回户籍地参加中考，这是其中有些孩子缺乏集体归属感、没有明确的学习目标的主要原因。个别交流中，我的学生们仍然会“亮晶晶”地看着我说：“老师，我们就是觉得你的问题很有意思啊！”“我们会忍不住啊！”“我不发言很难受。”甚至会红着脸说：“老师，你下次吼一下，提醒我们。”

这些反馈告诉我，孩子们为什么会兴奋，多数并不是因为他们不要学习，要捣蛋；相反地，是因为他们非常想为共同的学习经历贡献上自己独特的力量或观点——我恰恰又是一个喜欢抛问题、做活动的老师，所以课上他们有参与的机会，就一定要争先恐后地“表演”，释放能量。

我也在特级校长、特级教师写的《静待花开》一书中寻找育人智慧。于漪老师在《知心才能真正教心》中写道，“学生世界的事，教师无须喋喋不休，动辄下禁止令，管头管脚，而要深入了解他们的知识世界、生活世界、心灵世界，在关键处引导，坚持正面教育”。郑朝晖老师在《蔼然慕仁者，细雨化春风》中引用了杜威的一句话：一切教育的最终目的是形成人格。在郑老师看来，教与学的过程形成一种“场域”，使得师生之间的人格有了相遇与交流的可能，如果有谁一定要端定了架子，认为自己可以指导什么，大概也是太过自信的表现了。在两位老师的文字间，一些曾经在我的脑海中盘旋过的词语和方法羞愧地退去，在“亮晶晶”的眼神面前，我有什么资格“端定了架子”呢？我可能连学生世界的门在哪里都还没有找到。好在现在，他们至少是愿意在我的面前打开门的，而我要做的，是不恼、不烦，是走进去，找到关键之处。

给我启发最直接的是黄敏君老师在《成为一名真正的“孩童教师”》里的几句话：我们需要放下许多成年人的自我判断、自我束缚与羁绊，小心翼翼地踮起脚尖来，才能向孩童的精神世界看齐，才能与孩童“比肩”，和他们一起忧愁与欢乐，和他们一起感受真善美、创造真善美。于是，我试着把这些“麻烦”当作生命拔节生长的“声音”，跟着“亮晶晶”的目光，去思考、去探索我应该怎么做？我能够怎么做？在“凶一点”和“等一会儿”之间，我选择了“等一会儿”，等待“麻烦”之后更加鲜活的生命力。

这样的“等一会儿”，从改变我自己的课堂姿态开始。我站在黑板和投影仪之间讲和写的时间减少了，我会更多地站在学生的中间，倾听他们的讲述，欣赏他们的表演。有一次，我说着关于“生命可以永恒吗”的内容走到教室的正中间，蹲下去，“亮晶晶”们一起围过来看我头顶上的白发，他们没有像我事先担心的那样乱糟糟地议论，而是“哇”“啊”“呀”之后，安静地坐回位置上，等我布置接下来的学习活动。我把黑板和投影仪之间的位置更多地留给孩子们，而我则常常站在他们的旁边或身后，看着他们稚嫩地郑重其事，严肃地生动活泼，一笔一画地写板书，自豪与害羞交织着，把自己完成的作品投影在屏幕上分享，在一问一答中模仿着小小新闻发言人……

这样的"等一会儿"，也体现在我对学习活动方式的改进上。我认识到，我的六年级的孩子们，有不会写的字很正常，没关系，那就用拼音替代；有不能用文字表达的理解也没关系，那就用图画；有不能用图画表达的，用表情、用肢体语言都可以。我常常在课堂学习进行到20分钟左右的时候，和孩子们玩"123，木头人"的游戏。比如，我说，"当你拿着一张不及格的试卷回家的时候，打开家门，迎接你的是爸爸，这个时候，你会是什么样的心情，又会说什么呢？准备好了吗？123，木头人"。这个时候，孩子们会用各种静止的肢体语言来暗示，而只有被我"拍一拍"的孩子，才能"解锁"肢体语言，说出一句心里话。由于遵守了"木头人"的游戏规则，打断别人发言的孩子明显减少了，他们更多的是想着怎么做出与众不同的姿态来，吸引我去"拍一拍"。

这样的"等一会儿"，还让我学着慢慢掌握一些特殊的"语言"，和孩子们交流的"语言"。刚开始的时候，在我精心设计的试卷、作业或任务单上，有过自己提的问题和要求不被孩子们理解的尴尬，实际是我从高中生的视角在和孩子们交流，他们接受就有困难，反馈就更困难，甚至会出错。例如在和孩子们探究疫情防控期间"停课不停学"的社会影响时，我要求孩子们阅读数据回答：

"以满分10分为上海'空中课堂'打分"，为什么"师生平均给分达到8.2分"？你认为原因可能包含哪些？结合时政材料，写出两条原因。

我的本意是引导学生运用"成长的节拍"单元的相关知识，分析有助于学习效率提高的相关因素。而学生在回答这个问题时，却投射了很多个人的经历和情感，以至于我收到好几份回答，表示8.2分太低了，应该给10分，老师们辛苦了。类似这样的小误会、小笑话在我任教六年级的第一年并不少见，于是，我开始学习说话，说他们能懂的话。

在这样的"等一会儿"中，我发现一些"亮晶晶"变得沉稳一些了，和以前的脱口而出相比，他们会侧着耳朵，歪着小脑袋想一想再说、再问，懂得倾听、补充也是一项"技术活"，并试着去练习。特别感动的是在我的公开课前，班级的一位"亮晶晶"肚子疼，他妈妈已经来学校接他了，但他还要陪着我上完公开课……

教育现场的雷霆雨露，都是教师的专业成长。在和每一个孩子“斗智斗勇”的日子里，我没有失去“温柔”，而是在“等一会儿”中变得更加坚定。我秉承复旦“博学而笃志，切问而近思”的精神，力行、探索、热爱，和我的儿童们在一起，把脚放在绿色青浦坚实的沃土上，把知识践行在每一个需要的角落里。

我们只有不断地学习和思考，
才有机会找到那些力量背后的力量，
发现那些规律背后的规律，
并让它们为我们所用。

顾燕文，1998 年参加教育教学工作。上海市语文特级教师。毕业于上海师范大学。金山区教育学院师训部主任。兼任上海市青语会副会长、金山区中语会会长。2017 年至 2020 年参加流动工作。参与上海市第一期“空中课堂”录制，参与上海图书馆“2019 特级教师开课啦”公益讲座。

发表多篇论文，承担《普通高中教科书语文必修下册练习部分》的副主编工作，参与《普通高中教科书语文必修上册练习部分》《统编版高中语文单元教学指南(必修上册)》等书的编写工作。领衔的项目“依托区域语文学科发展中学提升教师专业发展能力的研究与实践”获得 2017 年上海市教育教学成果二等奖。

指导的金山中学青年教师获上海市见习教师基本功比赛二等奖、上海市德育精品课评比优课、上海市第三届青年教师“岗位敬业”技能大赛三等奖。

难忘的经历，宝贵的经验

顾燕文

在职业生涯的第20个年头，我有幸评上了上海市语文特级教师。这是一份荣誉，更是一种使命。这种使命感既来自对“特级教师”荣誉称号的敬畏与珍视，也来自面对流动支教这一“特殊”际遇，而我似乎尚未做好十足的心理准备，不免惶恐与不安。10年前，我从一个基层的普通教师成长为金山区高中语文学科教研员，从运动员变成了教练员；10年后，我又将带着区域学科课程指导的经验，回归到一线的语文课堂。

教研员做久了，还会上课吗？教研理念讲多了，还能“接地气”吗？和教师队伍接触多了，还能把握好和学生对话的节奏吗？甚至1个小时以上的报告做多了，还能有把握40分钟课堂的准确度吗？……课堂于我而言，虽说并非全然“陌生”，但10年的“抬头看天”，总让自己感觉少了些许“低头赶路”的底气和勇气。但是，这一“隔阂”，无论你愿不愿接受，它就在那里，于是惶恐与不安随之而来。为了尽快地消解这种惶恐与不安，我告诉自己要冷静地思考，只有想得明白才能干得清楚。

一、重新认识了“特级教师”的意蕴

2017年9月11日—12日，上海市特级教师研修班在上海师范大学开班。为期两天的任前培训让我思考颇多，收获颇丰。特别是在9月11日下午的工作坊活动中，上海市特级教师特级校长联谊会秘书长方培君老师结合自身的教育教学和在联谊会工作的经历，与大家分享了她30多年的追求、成长和感悟。方老师以平和的心态和积极进取的生命姿态，诠释了一个优秀特级教师在教育、教学、引领作用发挥等方面的追求意识与奉献精神。方老师的经验分享，激活了我的思维，坚定了我的信念，让我在3年的流动支教中，用自身的行动不断地去靠近“特级教师”这4个字所承载的使命。

特级教师是“教育真谛的探索者”。社会在发生深刻的变化，课程结构也在不断改变。教育者必须与时俱进，探索教育真谛，成为真正理解教育、理解人的教育工作者。限于事务不能自拔、不能思考、不能探究的教师，既难以自我突破，也困于无法引领。特级教师的责任与使命就是将教学从具体知识点中跳脱出来，立足学科，超越学科，形成跨学科的素养，进而形成自己的价值观。

特级教师是“学科思想的孕育者”。在人类发展中产生的各门学科，都是相对独立的知识体系，是经过运用并得到验证的，具有育人的功能。学科思想是学科教学的精髓和灵魂，在很大程度上决定了学生知识储存和能力发挥的状况，同时影响学生的未来发展。特级教师的学养与情操，就是要立足本学科，对学科思想进行符合世界发展的总结。

特级教师是“教学智慧的锤炼者”。教学智慧一定产生于教学现场。教学智慧往往总是自然而然地流淌出来的，是教师在课堂上遇到复杂而微妙的情境，瞬间知道该怎么做，十分有把握且恰当地采取行动的能力。这种能力需要锤炼，特级教师的智慧与勇气即是在教学智慧的锤炼之处。

二、深刻明晰了“流动支教”的任务

“流动支教”的机遇，于我个人而言，绝非成长规划“始料”所能及的。但这一特殊的经历，却能从另一个更高的维度让我思考自身的成长，以及支教学校、区域学科的建设与发展。

10月12日，上海市教育委员会召开了上海市特级教师流动工作会议。会上，金山区教育局原党委书记黄翔洲、第一批流动特级教师徐汇中学史莉莉、2017年流动特级教师静安区久隆模范中学毛东海、受援学校浦东新区曹路打一小学常务副校长张芳在会上进行了交流发言。领导与教师们的发言，让我又进一步提升了思想境界、明确了努力的方向，受益良多，同时在支教的3年中，我也努力践行着。

聚焦课堂，在课堂教学上狠下功夫。课改的关键在课堂，教师发展的生命力也在课堂。我深入课堂教学一线开展教育教学工作，把握当地教育特点，努力探索适应当地实际的教育教学规律，应用学科专业知识和教育教学经验，帮助提高当地教育教学水平。

引领教研，主动参与学校教研组、备课组活动。我自觉更新观念，勇于开拓、大胆创新，针对教育管理和教学中的重点、难点和瓶颈问题，开展课题研究，形成具有指导意义和应用价值的成果。

建设队伍，充分发挥示范引领和辐射作用。我积极承担校本培训的相关课程，带教指导青年骨干教师，帮助他们提升学科素养和教学水平，并形成一定风格与特色。

发展学科，积极推进区域教师专业发展。通过公开课、示范课、讲座、专题报告、听课评课等形式，带动教师队伍整体水平的提高，在区域乃至市级层面的教育同仁中形成一定声誉。

三、深度融合了“领袖气质，百姓情怀”与支教工作

我所支教的上海市金山中学，是上海基础教育对外展示的窗口、上海市现代化高标准寄宿制高中、上海市实验性示范性高中。原校长，现校党总支书记是上海市特级教师、上海市首批正高级教师徐晓燕女士。可以说，无论是学校的硬件环境还是软件素养，都为我的支教工作搭建了一个极高的平台，同时给予我发挥作用的优质团队。

我支教的第一周喜逢“金山中学九十华诞暨金中教育集团成立一周年庆典”。冥冥之中，似是巧合，实为缘分。学校非常重视校园文化的建设，通过丰富多彩的社团活动、紧张激烈的体育比赛、激情四射的文艺表演、唇枪舌剑的金中辩论等活

动，大力培育学生的“领袖气质”和“百姓情怀”。主题为“柘湖清波水·无声沃桃李”的校庆活动，无处不洋溢着气质与精神、情怀与感动。然而，这也给了我更大的挑战：如何让自己更快地融入其中？如何将学校的这种“领袖气质，百姓情怀”的培养目标与自身的责任与使命结合？如何通过自己的学科教学，让学生体认到具备“领袖气质”的意义，以及拥有“百姓情怀”的可贵？我给自己设计了“四步行动法”：

其一，用“观察体验”统揽全局。支教学校的办学理念、办学特色、办学成果，学校的课程结构、课程内容、品牌学科，教师的队伍现状、教研组特色、教研成果，生源特点、学习基础本身就是值得研究的载体和资源，融入和提升的前提是了解与熟悉，所以，以“不干扰”式的观察、“浸润式”的体验作为支教行动的第一步。

其二，用“思考交流”寻找突破。如何在一个相对陌生的环境中，用较短的时间被接纳、被认同，我运用自己掌握的教育教学理论、学科知识，针对学校的课改关键点、教研的瓶颈突破点，基于事实来交流表达，是做好这项工作的基本一步。

其三，用“服务指导”走进教师。我本身从教研岗位而来，因此对“服务指导”的方式与内容并不陌生，但是，如何精准地契合在学校发展的节奏点上，用共振式的节律与幅度进行“心贴心”的服务与指导，是对我支教工作的新挑战。我想，只有当自身真正成为学校教师群体的一员，才有可能毫无“违和感”地去开展工作，这是关键一步。

其四，用“设计引领”优化工作。支教工作的目的就是提升，产生影响力的最终目标是帮助学校，支撑教研组共同发展，携手向前。我需要把自己积累的经验和研究的成果与教师团队分享并发挥影响。在学科教学中实施立德树人、培养核心素养；用先进的教育理念去探索具有示范、引领作用的有效课堂，这是最后一步，也是最核心的一步。

四、合理汲取了“智慧教育”滋养学科的思想

金山中学坚持“师生发展为本”的办学思想，充分关注师生生命质量，努力拓

展师生发展空间，推动学校内涵发展。近年来，学校精心构建“智慧教育链”——智慧型管理者、智慧型教师、智慧型家长和智慧型学生，形成了智慧教育场。我们着力丰富“柘湖早荷”等五大课程群，形成智慧课程；实践“自学自研、互学互研、深学深研”的“三学三研”教学模式，形成智慧课堂；改革推行“导案导教导课”的“三导课”，形成智慧教研；实施“教职工发展性评价”“学生综合素质评价”，双管齐下，形成智慧评价。

这些都是我在自身成长中亟须汲取的养分，所以，在这些丰富的环境资源中，加强思考提炼，绝不能只“述”，而“不作”。3 年的流动支教中，我除了进一步坚定了自我的教书育人使命，以更多的付出履行好特级教师的职责外，始终关注了自身的成长。在支教的这段经历中，我记录了自己的发展轨迹，归纳了自己的教育教学思考路径，不断改进了教育教学理念；运用哲学思维，深入思考、准确把握教育教学的本质及其规律，不断优化育人效果，增强辐射引领作用。

流动支教的这 3 年，于我而言是一段特殊的经历，同时也真实地收获了宝贵的经验。用心灵感悟教学世界，享受这段支教生活的点滴乐趣，体味生命中的美好瞬间，思索爱与教育的真谛，是流动支教展现给我的亮丽风景。

编后语:流动的生命

有幸提前阅读了上海特级教师、特级校长又一本力作《一千天，拔节生长——特级校长、特级教师流动工作亲历记》的文稿，感受了特级教师、特级校长在参与上海基础教育优质均衡发展中作出的重要贡献。

为了进一步加强基础教育优质均衡发展，加强校长队伍建设，2013 年开始，市教委在新评特级校长中选派了 9 名校长，赴郊区进行区域柔性流动；2014 年流动扩大至新评特级教师，当年选派 20 名新晋特级教师流动到郊区学校全职工作 3 年，帮助郊区学校提升办学水平。这项举措一直坚持下来，规定凡是当年新评特级教师、特级校长和正高级教师中，须有不低于 20%的人员赴乡村学校和初中“强校工程”学校等进行为期三年的流动。

流动工作从最初的两年，到后面的全天候的三年，三年中须深入课堂教学一线开展教育教学工作，主动参与学校教研组、备课组活动，充分发挥示范引领和辐射作用，积极推进区域教师专业发展。这三年不仅仅是岗位的流动，实质是特级教师、特级校长们的教育生命在流动。

我记得沈德茜、李小华等老师是 2013 年第一批流动的特级校长。说实话，我们当年要推动流动这项工作是下了很大决心的，流动工作怎么管理，流动到郊区学校后怎么发挥作用，生活怎么安排，考核怎么进行，都是放在我们面前的新问题。李小华校长的“学评用一体化教学模式”在崇明流动的岗位上得到推广，沈德茜书记在流动的学校帮助教师在专业发展道路上如何晓之以理，如何搭建平台，如何创造机会等。流动的模式、机制、制度等，都是第一批的校长们为我们这项工作的开展积累下的很好的经验。

我那次去看望罗立新校长的时候,罗校长笑着介绍说:第一次来到松隐中学的时候,感觉自己单枪匹马,人生地不熟,迎头碰到的是有老师对着她说“我们不需要校长”的尴尬。她在札记里写到,经历长途奔波,恶劣天气、高速上的蛇形车队,遭遇车祸的伤痛,陡增了身在异乡的孤独感,但是,当看到学生在自己力推建立的社团活动中得到发展,学生的线描画和管乐已经成为松隐中学名闻四乡的艺术特色工作时,所有的委屈都烟消云散……

无独有偶,蒋明珠校长刚流动到嘉定紫荆小学,被老师们认为是来混三年的,因为,在老师们看来,紫荆的名声与蒋校长关系不大。但就是这位被老师们认为与学校关系不大的流动校长,在经过调查研究后,拿出了人人服气的绩效工资分配方案,以及详尽的工作预案。对方案进行民主投票时,老师们悄悄地在蒋校长耳边说:“校长,每次开会都是反对声迭起,这回有戏。”从中,我们感受到蒋校长的欣慰。

很多流动的校长和教师像樊波校长一样,在流动中秉持“一厘米之变”的信念和行动,真的是一厘米一厘米的坚持,才会有了学生的生命绽放,教师的专业尊严的凸显,学校面貌的焕然一新。

记得那年冬天,我们一行人到金山海边的小学堂慰问张悦颖校长,海边的空气潮湿中透着阴冷,而张悦颖校长忽闪着弯弯的、透着笑意的眼睛,一直述说着海边小学堂的新故事,使我们感到温暖。我想,如果没有像张校长们那样的全情投入,她们是不会发现小学堂的孩子们眼睛也是晶亮的,更不会去欣赏孩子们创造的低成本、高收益的积木伞架。

阎俊已经是一个特级教师,正高级教师“双料王”,可她刚到珠溪中学却搞不定同样是眼睛“亮晶晶”的充满活力的孩子们。学生哪管你是“双料王”,不会教就是没辙,阎俊用了杀手锏——等待。她的耐心等待,不是无为,她研究于漪老师的经典法宝,研究同行们的制胜秘籍,深刻比较“亮晶晶”们和复旦附中学生的异同,她终于明白当眼里有了学生,当自己蹲下身子与学生在同一视线的时候，“1、2、3，开始……”，终究等到“亮晶晶”们的成长，而她自己也坚定了决心：把脚放在绿色青浦坚实的沃土上，把知识践行在每一个需要的角落里。

记忆比较深刻的是，徐燕萍老师“真对真”“点对点”“面对面”的策略，知底找路，用心导路的方法，不把支教当做单程票，而是共同进步的双通道。毛东海老师在三年里主持100多场研讨活动，公开300多节家常课，听评160多节研究课，研发50多万字的课程。赵其坤老师初到崇明，走遍了每一个村庄，拜访过居委会、村委会、镇委会和相关企业主，克服自驾车往返近100多公里的辛苦劳顿，风寒雨雪，交通拥堵之苦，给孩子创设了绘画、书法、札染、剪纸、舞蹈、合唱、古筝、琵琶演奏等16门课程。袁晶晶老师一头扎进朱泾罗星幼儿园，坚持打造幼儿园环境要时刻牢记以孩子的发展为优先，布置上讲究简约化，用孩子们的作品呈现更能打造出好环境，支持孩子的发展与减轻教师负担并不矛盾，这些理念和实践与金山的本土田野课程完美结合，释放了不一样的精彩。郃方老师有个梦想，为崇明山歌搞一场全国全网首发仪式，领着所有裕安小学的学生自信自豪自由地去唱自己家乡的歌，传播崇明山歌，宣传裕安小学。她看到，在一个学校乃至一个地区的一个关键时间点的关键事件的带动下，农村学校的教师们的视界可以变得更开阔了。

这些众多的工作模式、操作方式、机制制度建设，都堪称流动工作教科书般的方法，一直会对后续的流动工作产生较深远的影响。

在整个流动工作中，校长和教师们提到的最多的词是“学生”，施洪昌老师将历史课堂搬到学生家乡青浦青龙镇遗址，带领青浦的学生研究青浦青龙镇考古遗址与古丝绸之路、一带一路的课题，正因为有了课题研究的经历，才有后面青浦高级中学师生荣获全市微电影比赛一等奖作品《阿尼玛卿》的基础，可以期许的是，将来学生们的艺术创造力是肯定无限的。张晓明老师面对流动的学校外来务工人员子女占比65％的现状，始终以每个孩子的成长和进步作为自己最大的责任，他鼓励学生小林发挥音乐特长，勇敢参加国际古筝音乐节的初赛,小林同学以少年组金奖的成绩入选吉尼斯世界纪录挑战赛。我想,不管将来小林是在上海继续求学,还是回家乡求学,长大后,不管身处何方,国际比赛上获奖的经历就是她一辈子的底气。

好多次听袁赟老师分享经验的时候,我总是感怀于她第一次看到朱泾小学的师生在英语绘本阅读节上绘声绘色的表演,成立了 Grama Star 学生戏剧社,看到学生们拿到全国和市级比赛一等奖时的那种喜悦和感动,像极了春天的多彩的田野。这时我就会生出更多的遐想,因为有一群有情怀干教育的老师和校长,孩子们可以有更大的发展可能性。

胡凌老师围绕语文单元贯通教学,在支教的学校开展有效的尝试,她在三年的流动工作中得出的结论是她领悟的一部分:每位教师都是极具个性的,但是如果终其一生都耕耘在自留地里,到底难免单调、狭隘甚至于怠惰。不一样的课堂,意味着全新的世界,内蕴着更广阔更理想的教育视野,这是使自己终身受益的财富。流动的生命很好地诠释了世上没有教不好的学生,只有不会教的老师。

我与李跃平校长开过座谈会,那年评审甫一结束,他就去了边陲小城叶城援疆。听他述说那里日常气候干燥,春秋天常常是沙尘弥漫,而他不仅在叶城撒下一些语文教研的种子,更是将自己融入国家脱贫攻坚的伟大战役中,使得我们油然而生敬意。

我相信,很多教师和校长在流动的初期,都会有类似王桂明老师的担心:单个人,改变不了什么;陌生,融合不到深处;为客,总不能喧宾夺主;途远,来回奔波。但是到流动工作结束后,往往是教育理想得到了实现,情感上多了一个家,专业发展上多了一群伙伴。

“双特”流动工作至今已进行了第八个年头,已有 150 多位特级教师、特级校长和正高级教师参与其中,除了市区两级行政部门规划外,市教育评估院和上海市特级教师特级校长联谊会的飞行检查,使这项工作的开展有了坚实的自律保障,但更重要的是这项工作更多地体现了“双特”们承担使命、践行职责，彰显了“双特”们自我提升、自我锤炼的更高境界。他们的教育生命在流动，体现了永无止境的探索、追求和奉献，流动工作更是“双特”们教育理想得以实现，教育生命得以绽放的广阔舞台。

图书在版编目（CIP）数据

一千天，拔节生长：特级校长、特级教师流动工作亲历记 / 上海市特级教师特级校长联谊会编. — 上海：上海教育出版社，2021.8
（上海教育丛书）
ISBN 978-7-5720-1056-9

Ⅰ. ①一… Ⅱ. ①上… Ⅲ. ①中小学 - 优秀教师 - 师资培养 - 研究 - 上海 Ⅳ. ①G635.1

中国版本图书馆CIP数据核字(2021)第134092号

策　　划　刘　芳
责任编辑　戴燕玲
封面设计　陆　弦

一千天，拔节生长：特级校长、特级教师流动工作亲历记
上海市特级教师特级校长联谊会　编

出版发行　上海教育出版社有限公司
官　　网　www.seph.com.cn
地　　址　上海市永福路123号
邮　　编　200031
印　　刷　上海盛通时代印刷有限公司
开　　本　700 × 1000　1/16　印张 19.25　插页 1
字　　数　283 千字
版　　次　2021年8月第1版
印　　次　2021年8月第1次印刷
书　　号　ISBN 978-7-5720-1056-9/G·0830
定　　价　69.80 元

如发现质量问题，读者可向本社调换　电话：021-64377165